国家社会科学基金项目
项目名称：推进“互联网+”经济发展的反垄断法保障研究
项目批准号：16BFX123

“互联网+”经济发展的反垄断法保障研究

王 炳 著

Research on the Anti-Monopoly Law Protection of "Internet +" Economy Development

法律出版社
LAW PRESS · CHINA
北京

图书在版编目(CIP)数据

“互联网+”经济发展的反垄断法保障研究／王炳著
. -- 北京：法律出版社，2023
ISBN 978-7-5197-8481-2

Ⅰ. ①互… Ⅱ. ①王… Ⅲ. ①网络经济－反垄断法－研究－中国 Ⅳ. ①D922.294.4

中国国家版本馆 CIP 数据核字(2023)第 251634 号

“互联网+”经济发展的反垄断法保障研究
“HULIANWANG+” JINGJI FAZHAN DE FANLONGDUANFA BAOZHANG YANJIU

王 炳 著

策划编辑 肖 越
责任编辑 肖 越
装帧设计 汪奇峰

出版发行 法律出版社
编辑统筹 法商出版分社
责任校对 晁明慧
责任印制 胡晓雅
经　　销 新华书店

开本 710 毫米×1000 毫米 1/16
印张 18.25 **字数** 280 千
版本 2023 年 12 月第 1 版
印次 2023 年 12 月第 1 次印刷
印刷 唐山玺诚印务有限公司

地址：北京市丰台区莲花池西里 7 号(100073)
网址：www.lawpress.com.cn
投稿邮箱：info@lawpress.com.cn
举报盗版邮箱：jbwq@lawpress.com.cn
销售电话：010-83938349
客服电话：010-83938350
咨询电话：010-63939796

书号：ISBN 978-7-5197-8481-2
定价：76.00 元
凡购买本社图书，如有印装错误，我社负责退换。电话：010-83938349

目　录

导　论 …… 001

一、问题的提出 …… 001

二、研究现状及其评价 …… 001

三、研究内容与研究目标 …… 010

四、研究意义与研究创新 …… 014

五、研究思路与研究方法 …… 016

第一章　“互联网+”经济发展的反垄断法挑战 …… 019

第一节　“互联网+”经济的界定 …… 019

一、“互联网+”的界定 …… 019

二、“互联网+”经济的界定 …… 021

第二节　“互联网+”经济领域的垄断类型化 …… 023

一、高端互联网平台垄断 …… 023

二、先进制造技术垄断 …… 025

三、智能终端服务垄断 …… 026

四、网络化协同服务垄断 …… 028

第三节　“互联网+”经济领域的反垄断法问题 …… 029

一、高端互联网平台滥用行为认定与排除问题 …… 029

二、高端互联网平台的经营者集中规制问题 …… 030

三、先进制造技术垄断与知识产权保护问题 …… 031

四、智能终端一体化服务垄断与正当理由问题 …… 032

五、网络化协同垄断与合法大数据分享问题 …… 033

第四节　“互联网+”经济领域的反垄断法实施难题 …… 033

一、“互联网+”经济垄断的类型化难题 …… 033
二、“互联网+”经济反垄断法适用与豁免难题 …… 034
三、本身违法原则与合理原则运用难题 …… 035
四、相关市场认定难题 …… 037
五、违法行为认定方法难题 …… 039
六、损害计算与评估难题 …… 041
七、实施体制与实施方式难题 …… 042

第二章 “互联网+”经济发展的反垄断法理论保障 …… 043
第一节 传统主流学派的理论困境 …… 043
一、哈佛学派的理论困境 …… 043
二、芝加哥学派的理论困境 …… 047
三、后芝加哥学派的理论困境 …… 052
第二节 新布兰代斯学派的理论发展及其不足 …… 054
一、新布兰代斯学派的理论发展 …… 054
二、新布兰代斯学派的理论不足 …… 060
第三节 理性的理论建构方法 …… 066
一、扬弃:保守主义与重构主义 …… 066
二、遵循:多元主义与合作实验主义 …… 068
三、运用:新经济学规律与新反垄断思维 …… 072
第四节 正当的理论体系 …… 074
一、消费者分享型社会总福利最大化理论 …… 075
二、动态正义理论 …… 078
三、促进创新理论 …… 079
四、多向交流理论 …… 084
五、传统经典理论 …… 085

第三章 “互联网+”经济发展的反垄断法规则体系内容保障 …… 087
第一节 “互联网+”经济反垄断法规则的体系 …… 087
一、反垄断法规则的一般构成 …… 087

二、"互联网+"经济对反垄断法规则的特殊需求 …… 090
三、"互联网+"经济反垄断法规则体系的比较考察 …… 092
第二节　"互联网+"经济反垄断法规则的主要内容 …… 108
一、"互联网+"经济反垄断法实施的目标 …… 108
二、"互联网+"经济反垄断法实施的原则 …… 111
三、"互联网+"经济反垄断法实施的方法 …… 112
四、"互联网+"经济反垄断法实施的豁免 …… 116
五、"互联网+"经济反垄断法实施的分析框架 …… 118
六、"互联网+"经济领域反垄断法实施中的损害评估 …… 125
七、"互联网+"经济领域反垄断法实施的重点领域 …… 128

第四章　"互联网+"经济发展的反垄断法重点实施方法保障 …… 130
第一节　超级平台滥用市场支配地位行为的反垄断法实施方法 …… 130
一、相关市场界定问题 …… 131
二、效率抗辩问题 …… 134
三、创新抗辩问题 …… 136
四、特殊滥用行为的认定问题 …… 137
第二节　智能制造领域的反垄断法实施方法 …… 141
一、智能制造标准的反垄断法问题 …… 141
二、协同化制造的反垄断法问题 …… 143
三、个性化定制有关的反垄断法问题 …… 144
四、智能制造平台的反垄断法问题 …… 144
五、智能制造工具的反垄断法问题 …… 145
六、智能制造专利联营的反垄断法问题 …… 146
第三节　先进技术互操作性的反垄断法实施方法 …… 147
一、互操作性的含义问题 …… 148
二、必需设施理论的适用问题 …… 148
三、知识产权保护问题 …… 149
四、创新保护问题 …… 150
五、救济执行问题 …… 151

第四节 算法合谋行为的反垄断法实施方法 …… 152
一、算法合谋行为的类型化问题 …… 153
二、算法合谋行为的认定方法问题 …… 154
三、算法合谋行为的责任主体问题 …… 157
第五节 未达到申报标准的经营者集中的反垄断法实施方法 …… 158
一、未达到申报标准的经营者集中的规制起因 …… 158
二、未达到申报标准的经营者集中的规制困境 …… 163
三、未达到申报标准的经营者集中的规制认知 …… 169
四、未达到申报标准的经营者集中的规制结构 …… 178
五、未达到申报标准的经营者集中的规制规则 …… 184

第五章 “互联网+”经济发展的反垄断法实施体制机制保障 …… 191
第一节 “互联网+”经济发展的反垄断法实施体制保障 …… 191
一、反垄断法实施体制的一般分析 …… 191
二、“互联网+”经济发展的反垄断法实施体制需求 …… 193
三、“互联网+”经济发展的反垄断法实施体制选择 …… 195
第二节 “互联网+”经济发展的反垄断法实施机制保障 …… 196
一、反垄断法实施机制类型化 …… 196
二、“互联网+”经济发展的反垄断法实施机制需求 …… 198
三、“互联网+”经济发展的反垄断法实施机制构成 …… 200

第六章 “互联网+”经济发展的我国反垄断法保障制度设计 …… 206
第一节 我国“互联网+”经济反垄断法实施体制变革 …… 206
一、构建统一协调的实施体制 …… 206
二、反垄断委员会的职能变革 …… 207
三、国家市场监管总局的执法能力建设 …… 207
四、工信部和网信办的参与规范 …… 208
五、反垄断私人实施保障设计 …… 209
六、反垄断群体诉讼体制变革 …… 209

第二节　我国"互联网＋"经济反垄断传统处理与软性处理机制改革建议 …… 210
一、反垄断执法方面 …… 210
二、反垄断和解方面 …… 212
三、反垄断指导方面 …… 212
四、反垄断咨询方面 …… 213
五、反垄断合规方面 …… 213
六、反垄断报告方面 …… 214
七、反垄断诉讼方面 …… 215
第三节　我国"互联网＋"经济发展的反垄断立法与相关反垄断指南建构 …… 216
一、《反垄断法》的未来完善问题 …… 216
二、互联网接入使用指南的制定问题 …… 218
三、平台经济领域反垄断指南的修订问题 …… 218
四、纵向协议反垄断指南的制定问题 …… 219
五、网络信息分享反垄断指南的制定问题 …… 220
六、网络知识产权领域相关反垄断指南的问题 …… 221
第四节　我国"互联网＋"经济发展的反垄断法适用难题应对策略建议 …… 222
一、价值目标的平衡:采用消费者分享型社会总福利最大化基准 …… 222
二、经营者概念的革新:市场经营者概念的引入 …… 223
三、相关市场范畴的革新:平台市场概念的增设 …… 223
四、垄断行为的认定:复合性垄断行为的区分 …… 224
五、豁免的考量:网络化豁免事项的分析 …… 225
六、技术分析的转向:人机一体化行为分析 …… 225

结　论 …… 227

参考文献 …… 242

后　记 …… 282

导 论

一、问题的提出

近年来,随着互联网技术的快速发展,搜索引擎、电子商务、社交网络等给人们的生活带来巨大便利,互联网经济成为经济社会发展的重要动力,但同时也产生了互联网垄断问题。由于互联网经济的虚拟性、高渗透性、边际效应递增性,反垄断法适用于互联网经济的难题明显增加。在国家积极推进“互联网+”行动的背景下,以云计算、物联网、大数据、人工智能为代表的新一代信息技术与现代制造业、生产性服务业深度融合,互联网向经济社会各领域加速渗透,互联网也由“消费互联网”向“产业互联网”发展,“互联网+”经济呈现网络化、智能化、服务化、协同化特征,“互联网+”产业垄断与反垄断法实施的问题更为复杂。因此,从反垄断法基础理论、反垄断法规则体系内容、反垄断法重点实施方法、反垄断法实施体制机制等方面研究“互联网+”经济发展的反垄断法保障问题具有重要的理论价值和现实价值。

二、研究现状及其评价

(一)国内外相关研究现状

自20世纪90年代微软案件掀起现代反垄断法实施的新问题以来,①互联网经济的反垄断法规制问题就开始引起学界的关注②。近年来,学界关注的相

---

① See Mark Furse, *United States v. Microsoft: Ill-Considered Antitrust*, International Review of Law, Computers & Technology, Vol. 12:1, p. 99 - 120(1998).

② See Josh A. Goldfoot, *Antitrust Implications of Internet Administration*, Virginia Law Review, Vol. 84:5, p. 909 - 954(1998). 有关中文文献参见徐士英、王良:《论新兴B2B电子商务市场的反垄断法规制》,载《法律科学(西北政法学院学报)》2004年第5期;王健、朱宏文:《“三网融合”与法律变革——兼论我国反垄断法如何应对“三网融合”的挑战》,载《法商研究》2008年第4期;蒋岩波:《网络产业的反垄断政策研究》,中国社会科学出版社2008年版,第187~217页。

关问题集中体现在以下方面。

1. 互联网相关市场的界定。由于互联网的快速更新性与无国界性，互联网行业的相关市场界定存在巨大挑战，[①]采用单边市场理论进行分析并不合理[②]。有的研究认为，应采用双边市场理论，根据平台向买卖双方收取的价格界定相关市场。[③] 当然，也有研究认为在特定情况下可绕过相关市场的界定直接认定有关垄断行为，[④]有的认为垄断协议案件和经营者集中案件原则上可以不界定相关市场，但滥用市场支配地位案件原则上需要界定相关市场，[⑤]但有的研究对此持怀疑态度[⑥]。在互联网相关市场的具体界定方法上，学界的观点存在差异，主要有：依据网关协议数据的独立价格计算法、[⑦]供给替代分析法、[⑧]需求替代分析法、[⑨]注意力替代分析法、[⑩]改进的假定垄断者测试分析法、[⑪]盈利模式测试法、产品性能测试法、销售方式测试法、[⑫]双边竞争性产品分析

---

① 参见孟雁北：《互联网行业相关市场界定的挑战——以奇虎诉腾讯反垄断案判决为例证》，载《电子知识产权》2013 年第 4 期。

② 参见李剑：《双边市场下的反垄断法相关市场界定——“百度案”中的法与经济学》，载《法商研究》2010 年第 5 期；王先林：《3Q 垄断纠纷案终审判决的行业意义与法律影响》，载《中国审判》2014 年第 11 期。

③ See Alexei Alexandrov et al. , *Antitrust and Competition in Two-Sided Markets*, Journal of Competition Law and Economics, Vol. 7:4, p. 775 - 812 (2011). 有关中文文献参见吴宏伟、胡润田：《互联网反垄断与“双边市场”理论研究》，载《首都师范大学学报（社会科学版）》2014 年第 1 期；丁晓东：《平台反垄断的法律标准——美国“运通案”的反思与互联网市场界定》，载《法律科学（西北政法大学学报）》2021 年第 4 期。

④ 参见宁立志、王少南：《双边市场条件下相关市场界定的困境和出路》，载《政法论丛》2016 年第 6 期；朱理：《互联网环境下相关市场界定及滥用市场支配地位的分析方法与思路》，载《人民司法（案例）》2016 年第 11 期。

⑤ 参见丁茂中：《数字经济领域“相关市场”界定的守正与变革》，载《法学》2023 年第 7 期。

⑥ 参见王晓晔：《市场界定在反垄断并购审查中的地位和作用》，载《中外法学》2018 年第 5 期。

⑦ See Alessio D'ignazio & Emanuele Giovannetti, *Antitrust Analysis for the Internet Upstream Market: A Border Gateway Protocol Approach*, Journal of Competition Law and Economics, Vol. 2:1, p. 43 - 70 (2006).

⑧ 参见仲春：《互联网行业反垄断执法中相关市场界定》，载《法律科学（西北政法大学学报）》2012 年第 4 期。

⑨ 参见胡丽：《互联网经营者相关商品市场界定方法的反思与重构》，载《法学杂志》2014 年第 6 期；许光耀：《互联网产业中双边市场情形下支配地位滥用行为的反垄断法调整——兼评奇虎诉腾讯案》，载《法学评论》2018 年第 1 期；陈兵：《平台经济领域相关市场界定方法审视——以〈国务院反垄断委员会关于平台经济领域的反垄断指南〉第 4 条为中心的解读》，载《法治研究》2021 年第 2 期。

⑩ 参见马栋：《注意力平台相关市场界定方法的反思与重构》，载《南海法学》2019 年第 4 期。

⑪ 参见王晓晔：《论相关市场界定在滥用行为案件中的地位和作用》，载《现代法学》2018 年第 3 期。

⑫ 参见吕明瑜：《网络产业中市场支配地位认定面临的新问题》，载《政法论丛》2011 年第 5 期；蒋岩波：《互联网产业中相关市场界定的司法困境与出路——基于双边市场条件》，载《法学家》2012 年第 6 期；侯利阳、李剑：《免费模式下的互联网产业相关产品市场界定》，载《现代法学》2014 年第 6 期。

法、[1]最小产品组合分析法、[2]经营者利润来源市场分析法、[3]间接网络效应分析法、[4]临界损失法和集群市场分析法、[5]围绕损害理论展开分析法、[6]产品界定和替代性分析二环节分析法、[7]多边市场结构评价分析法、[8]多元化相关市场界定法、[9]平台生态系统分析法[10]等。

2. 互联网垄断行为的认定分析。在互联网垄断行为的认定中，网络效应、封锁效应、市场进入障碍、正常商业抗辩、知识产权保护、动态竞争等都是反垄断法规制面临的新问题。[11] 对此，反垄断平民主义者的倾向是采用本身违法原则进行分析，[12]但有的认为应采用合理原则[13]。更加具体地，学界尝试从不同角度探讨互联网垄断行为的认定分析方法，主要有：滥用市场支配地位行为认定

---

① 参见黄勇、蒋潇君：《互联网产业中"相关市场"之界定》，载《法学》2014 年第 6 期。

② 参见李剑：《多产品下的相关市场界定——基于中国经营者集中典型案例的反思》，载《法学》2019 年第 10 期。

③ 参见孙晋、钟瑛嫦：《互联网平台型产业相关产品市场界定新解》，载《现代法学》2015 年第 6 期。

④ 参见杨利华：《双边市场条件下第三方支付相关市场的界定——基于互联网行业的反垄断法分析》，载《当代法学》2018 年第 6 期。

⑤ 参见丁春燕：《论我国反垄断法适用中关于"相关市场"确定方法的完善——兼论 SSNIP 方法界定网络相关市场的局限性》，载《政治与法律》2015 年第 3 期。

⑥ 参见兰磊：《反〈反垄断法〉上的"不相关"市场界定》，载《中外法学》2017 年第 6 期。

⑦ 参见张江莉：《论相关产品市场界定中的"产品界定"——多边平台反垄断案件的新难题》，载《法学评论》2019 年第 1 期。

⑧ 参见孙晋：《数字平台垄断与数字竞争规则的建构》，载《法律科学（西北政法大学学报）》2021 年第 4 期。

⑨ See Jens-Uwe Franck & Martin Peitz, *Market Definition in the Platform Economy*, Cambridge Yearbook of European Legal Studies, Vol. 23, p. 91 – 127 (2021). 有关中文文献参见张卫东：《欧盟平台经济领域的反垄断监管及其借鉴》，载《电子政务》2022 年第 3 期。

⑩ See Peter Alexiadis & Zuzanna Bobowiec, *EU Merger Review of "Killer Acquisitions" in Digital Markets-Threshold Issues Governing Jurisdictional and Substantive Standards of Review*, Indian Journal of Law and Technology, Vol. 16:2, p. 64 – 102 (2020).

⑪ 参见王健、吴宗泽：《反垄断迈入新纪元——评美国众议院司法委员会〈数字化市场竞争调查报告〉》，载《竞争政策研究》2020 年第 4 期；郜庆：《优化数字经济营商环境背景下支配地位认定条款之重塑》，载《行政法学研究》2020 年第 5 期。

⑫ See A. Douglas Melamed, *Antitrust Law and Its Critics*, Antitrust Law Journal, Vol. 83:1, p. 269 – 292 (2020).

⑬ See Herbert Hovenkamp, *Platforms and the Rule of Reason: The American Express Case*, Columbia Business Law Review, Vol. 2019:1, p. 35 – 92 (2019); Leon B. Greenfield et al., *Antitrust Populism and the Consumer Welfare Standard: What Are We Actually Debating?*, Antitrust Law Journal, Vol. 83:2, p. 393 – 428 (2020); Amy C. Madl, *Killing Innovation?: Antitrust Implications of Killer Acquisitions*, Yale Journal on Regulation Bulletin, Vol. 38, p. 28 – 52 (2020).

中的必需设施理论适用;[①]互联网搭售行为处理中合理原则与准本身违法原则的适用、[②]替代分析法的改进运用[③]以及平台竞争分析法的运用[④];互联网领域排他性交易行为认定中的合理原则适用[⑤]及反垄断法适用豁免[⑥];平台“二选一”行为的反垄断法认定区分问题;[⑦]对大数据经营者滥用市场支配地位行为的以质量、成本为主要工具的分析范式问题;[⑧]对平台封禁行为的动态权衡分析方法问题;[⑨]互联网领域歧视行为分析中企业中心地位的重要性及市场份额的次要性问题;[⑩]算法歧视认定中的消费者选择福利受损标准问题[⑪]以及个案经济分析与创新审查机制问题[⑫];采用更为简化的合理原则认定处理自我优待问题;[⑬]互联网转售价格维持行为认定中本身违法原则全面适用的错误性以及可反驳的违法假定原则的运用;[⑭]互联网掠夺性定价行为认定中对企业市场支配地位、低于成本销售行为、主观故意、损害的综合考量;[⑮]平台掠夺性定价行为的

---

① See Nikolas Guggenberger, *The Essential Facilities Doctrine in the Digital Economy: Dispelling Persistent Myths*, Yale Journal of Law and Technology, Vol. 23:2, p. 301 - 359(2021). 有关中文文献可参见殷继国:《互联网平台封禁行为的反垄断法规制》,载《现代法学》2021 年第 4 期。

② See Qiang Yu, *Technically Tying Applications to a Dominant Platform in the Software Market and Competition Law*, European Competition Law Review, 36:4, p. 160 - 173(2015).

③ See Samuel Noah Weinstein, *Bundles of Trouble: The Possibilities for a New Separate-Product Test in Technology Tying Cases*, California Law Review, Vol. 90:3, p. 903 - 958(2002).

④ 参见张江莉:《互联网平台竞争与反垄断规制——以 3Q 反垄断诉讼为视角》,载《中外法学》2015 年第 1 期。

⑤ 参见叶明:《互联网企业独家交易行为的反垄断法分析》,载《现代法学》2014 年第 4 期。

⑥ See Christophe Collard & Christophe Roquilly, *Closed Distribution Networks and E-commerce: Antitrust Issues*, International Review of Law, Computers & Technology, Vol. 16:1, p. 81 - 92(2002).

⑦ 参见王晓晔:《论电商平台“二选一”行为的法律规制》,载《现代法学》2020 年第 3 期;许光耀:《反垄断法前沿问题的研究进展》,载《价格理论与实践》2020 年第 1 期;焦海涛:《电商平台“二选一”的法律适用与分析方法》,载《中国应用法学》2020 年第 1 期;袁波:《电子商务领域“二选一”行为竞争法规制的困境及出路》,载《法学》2020 年第 8 期。

⑧ 参见殷继国:《大数据经营者滥用市场支配地位的法律规制》,载《法商研究》2020 年第 4 期。

⑨ 参见陈兵、赵青:《互联网平台封禁行为的反垄断法解读》,载《法治现代化研究》2020 年第 3 期。

⑩ See Alessio D'Ignazio & Emanuele Giovannetti, *Asymmetry and Discrimination in Internet Peering: Evidence from the LINX*, International Journal of Industrial Organization, Vol. 27:3, p. 441 - 448(2009).

⑪ 参见山茂峰、郑翔:《算法价格歧视反垄断规制的逻辑与进路》,载《价格理论与实践》2020 年第 5 期。

⑫ 参见喻玲:《算法消费者价格歧视反垄断法属性的误读及辨明》,载《法学》2020 年第 9 期。

⑬ 参见孟雁北、赵泽宇:《反垄断法下超级平台自我优待行为的合理规制》,载《中南大学学报(社会科学版)》2022 年第 1 期。

⑭ See Marina Lao, *Resale Price Maintenance: The Internet Phenomenon and Free Rider Issues*, Antitrust Bulletin, Vol. 55:2, p. 473 - 512(2010).

⑮ 参见叶明:《互联网企业掠夺性定价的认定研究》,载《法律科学(西北政法大学学报)》2015 年第 5 期。

反垄断思路中构建以低于成本销售、补偿可能性为特征的要件规则；[1]平台反垄断规制中超越传统反垄断对市场力量或垄断力量的分析方法；[2]采取掠夺假定方法禁止支配性平台的纵向一体化；[3]纵向限制中的纵向垄断协议和滥用市场支配地位行为的区分分析；[4]网络分销最惠国待遇条款认定的综合分析方法运用；[5]平台经营者统一销售策略行为的垄断协议性质分析；[6]对轴辐协议的本身违法原则和合理原则区分适用；[7]组织帮助型垄断协议的认定方法问题；[8]协同性单边公告认定的善意标准问题；[9]大数据语境下卡特尔发现的范式转换问题，即应采取市场竞争总体状况评估、企业行为数据归集、异常数据信号预警机制等发现方法；[10]关于算法共谋，提出从算法内容入手，[11]采意思联络认定标准、[12]采"读心政策"的主观标准、[13]区分主动合谋与被动合谋、[14]采取成本效益分析方法、[15]采取公私主体双向驱动型算法解释工具进行认定[16]，还可以采用共同市场支配地位制度处理算法默示共谋行为[17]；将数据作为必需设施进行分析；[18]提出

① 参见张晨颖：《平台掠夺性定价的反垄断思路——以反垄断法预防功能的限度为视角》，载《东方法学》2023 年第 2 期。
② 参见金俭：《超越市场力量和垄断力量：平台经济时代的反垄断规制》，载《比较法研究》2023 年第 1 期。
③ See Lina M. Khan, *Amazon's Antitrust Paradox*, Yale Law Journal, Vol. 126:3, p. 710 – 805 (2017).
④ 参见宁立志、贺敬林：《纵向限制的反垄断法规制》，载《法律适用》2021 年第 1 期。
⑤ 参见黄勇、田辰：《网络分销模式中最惠国待遇条款的反垄断法分析》，载《法律适用》2014 年第 9 期。
⑥ 参见焦海涛：《平台经营者统一销售策略行为的反垄断法适用》，载《法学》2015 年第 7 期。
⑦ 参见戴龙：《论组织帮助型垄断协议的规制——兼议我国〈反垄断法〉的修订》，载《法学评论》2021 年第 1 期。
⑧ 参见王玉辉：《垄断协议组织帮助行为条款缺陷及其补救》，载《法学》2023 年第 2 期。
⑨ 参见王炳：《反垄断法中协同性单边公告违法性的认定标准》，载《法律科学（西北政法大学学报）》2020 年第 3 期。
⑩ 参见江山：《大数据语境下卡特尔发现的范式转换》，载《当代法学》2019 年第 2 期。
⑪ 参见周围：《算法共谋的反垄断法规制》，载《法学》2020 年第 1 期。
⑫ 参见殷继国等：《人工智能时代算法共谋的规制困境及其破解路径》，载《华南理工大学学报（社会科学版）》2020 年第 4 期。
⑬ 参见吴太轩、谭娜娜：《算法默示合谋反垄断规制困境及其对策》，载《竞争政策研究》2020 年第 6 期。
⑭ 参见戚聿东等：《数字平台智能算法的反竞争效应研究》，载《山东大学学报（哲学社会科学版）》2021 年第 2 期。
⑮ 参见丁国峰：《大数据时代下算法共谋行为的法律规制》，载《社会科学辑刊》2021 年第 3 期。
⑯ 参见刘辉：《双向驱动型算法解释工具：以默示算法共谋为场景的探索》，载《现代法学》2022 年第 6 期。
⑰ 参见时建中：《共同市场支配地位制度拓展适用于算法默示共谋研究》，载《中国法学》2020 年第 2 期；张晨颖：《共同市场支配地位的理论基础与规则构造》，载《中国法学》2020 年第 2 期。
⑱ 参见王健、吴宗泽：《论数据作为反垄断法中的必要设施》，载《法治研究》2021 年第 2 期；袁波：《必需数据反垄断法强制开放的理据与进路》，载《东方法学》2023 年第 3 期。

个人信息与个人隐私的反垄断法保护问题,[①]采用定性和定量方法分析数据驱动型并购隐私损害[②];认为经营者集中规制应分析并购对数字经济创新的影响,[③]加强对扼杀式并购的规制[④]等。

3. 对互联网垄断行为的处理。一是在具体处理措施方面,提出应运用反垄断剥离、[⑤]网络开放措施[⑥]处理互联网垄断行为,但在大多数情况下应避免拆分[⑦]。二是在实施策略方面,认为互联网行业应采用谦抑性理念,[⑧]谨慎适用反垄断法,[⑨]并应利用民事诉讼的多重功能,[⑩]对大数据领域的反垄断执法应秉持谦抑审慎原则、[⑪]遵循包容审慎的监管原则进行平台反垄断、[⑫]采取以"软执法"为主的反垄断执法体制应对算法合谋、[⑬]对互联网服务行业经营者集中救济应采用谦抑理念[⑭];但有的研究提出了强监管的建议,分析对数字经济实行事前监

① 参见焦海涛:《个人信息的反垄断法保护:从附属保护到独立保护》,载《法学》2021 年第 4 期;张占江:《个人信息保护的反垄断法视角》,载《中外法学》2022 年第 3 期。See Elyssa Diamond, *Distrust & Antitrust: Using Facebook to Understand Competition Law's Role in Regulating Data and Data Privacy Concerns around the World*, Fordham International Law Journal, Vol. 45:5, p. 873 – 906 (2022).

② 参见王磊:《数据驱动型并购中隐私损害的反垄断审查》,载《当代法学》2023 年第 3 期。

③ 参见仲春:《我国数字经济领域经营者集中审查制度的检视与完善》,载《法学评论》2021 年第 4 期。

④ See Mikah Roberts, *Killer Acquisitions and the Death of Competition in the Digital Economy*, The Tennessee Journal of Business Law, Vol. 24:1, p. 61 – 114(2022).

⑤ See Howard A. Shelanski & J. Gregory Sidak, *Antitrust Divestiture in Network Industries*, The University of Chicago Law Review, Vol. 68:1, p. 1 – 99(2001).

⑥ See Daniel F. Spulber & Christopher S. Yoo, *Mandating Access to Telecom and the Internet: The Hidden Side of Trinko*, Columbia Law Review, Vol. 107:8, p. 1822 – 1907(2007).

⑦ See Herbert Hovenkamp, *Digital Cluster Markets*, Columbia Business Law Review, Vol. 2022:1, p. 246 – 278(2022).

⑧ See Elyse Dorsey et al., *Consumer Welfare & the Rule of Law: The Case against the New Populist Antitrust Movement*, Pepperdine Law Review, Vol. 47:4, p. 861 – 916(2020).

⑨ See Geoffrey A. Manne & Joshua D. Wright, *Google and the Limits of Antitrust: The Case against the Antitrust Case against Google*, Harvard Journal of Law & Public Policy, Vol. 34:1, p. 171 – 244 (2011). 有关中文文献参见焦海涛:《论互联网行业反垄断执法的谦抑性——以市场支配地位滥用行为规制为中心》,载《交大法学》2013 年第 2 期;叶卫平:《平台经营者超高定价的反垄断法规制》,载《法律科学(西北政法大学学报)》2014 年第 3 期;李丹:《算法共谋:边界的确定及其反垄断法规制》,载《广东财经大学学报》2020 年第 2 期。

⑩ 参见黄勇、申耘宇:《论互联网反垄断民事诉讼的多重功能》,载《法律适用》2014 年第 7 期。

⑪ 参见詹馥静、王先林:《反垄断视角的大数据问题初探》,载《价格理论与实践》2018 年第 9 期。

⑫ 参见马平川:《平台反垄断的监管变革及其应对》,载《法学评论》2022 年第 4 期。

⑬ 参见唐要家、尹钰锋:《算法合谋的反垄断规制及工具创新研究》,载《产经评论》2020 年第 2 期。

⑭ 参见孙晋:《谦抑理念下互联网服务行业经营者集中救济调适》,载《中国法学》2018 年第 6 期。

管的合理性，[①]主张对超级平台施行“强监管、早监管、长监管”的规制模式，[②]对超大型数字平台企业双轮垄断行为采用全景式、前置式与穿透式反垄断监管方式[③]。有的认为对自主学习型算法共谋应实行事前预防与监管，[④]认为构建事前防范、事中监督和事后执法的系统才是治理算法合谋的有效路径，[⑤]认为互联网平台反垄断法律规制应向事前干预范式转型，[⑥]应建立以滥用公共性为底层逻辑的规则、对适格的平台经营者设立竞争性义务[⑦]。有的认为，在数字经济时代我国应确立阶段性的反垄断执法目标，同时通过大胆调查、综合应对的务实策略，[⑧]应针对数字行业生命周期的不同阶段适用不同的反垄断监管强度[⑨]。有的认为，反垄断不仅是加强反垄断执法机构的权力，还应使公用事业法规重现活力，[⑩]应在公用事业或公共承运人理论基础上以新公用事业理念开展平台反垄断，[⑪]对平台经济实行反垄断与监管的二元分治，[⑫]如对数字新闻市场要管制与反垄断法并用、[⑬]对学术期刊数据库实行反垄断与竞争导向型监管策略[⑭]。不过，有的认为我国近期不宜在平台经济领域立即引入行业规制，但可继续强化反垄断。[⑮] 有的认为以公共承运人、新公用事业为代表的公共性理论都存在缺陷，应采用以自然垄断理论为内核的经济管制方法管制数字平台。[⑯] 有的认

---

① See Eoin Jackson, *Upping the (Ex) Ante-Digital Competition Reform in the Era of Google Shopping*, Plassey Law Review, Vol. 2, p. 7 – 19 (2022).

② 参见陈兵：《因应超级平台对反垄断法规制的挑战》，载《法学》2020 年第 2 期。

③ 参见翟巍：《超大型数字平台企业双轮垄断的规制范式》，载《财经法学》2021 年第 1 期。

④ 参见王健、吴宗泽：《自主学习型算法共谋的事前预防与监管》，载《深圳社会科学》2020 年第 2 期。

⑤ 参见王延川：《算法合谋的演生逻辑与治理路径》，载《华东政法大学学报》2023 年第 3 期。

⑥ 参见张玫瑰：《互联网平台反垄断法律规制的范式转型——反垄断法事前干预范式的构建》，载《政治与法律》2023 年第 4 期。

⑦ 参见张晨颖：《公共性视角下的互联网平台反垄断规制》，载《法学研究》2021 年第 4 期。

⑧ 参见刘云：《互联网平台反垄断的国际趋势及中国应对》，载《政法论坛》2020 年第 6 期。

⑨ 参见吴子熙：《反垄断法促进数字平台创新的法经济学分析》，载《当代法学》2023 年第 3 期。

⑩ See Lina M. Khan, *The End of Antitrust History Revisited*, Harvard Law Review, Vol. 133:5, p. 1655 – 1682 (2020).

⑪ 参见高薇：《平台监管公用事业理论的话语展开》，载《比较法研究》2022 年第 4 期。

⑫ 参见周汉华：《论平台经济反垄断与监管的二元分治》，载《中国法学》2023 年第 1 期。

⑬ 参见喻玲：《个性化推荐、公共性贬损与数字新闻市场反垄断》，载《法学》2022 年第 11 期。

⑭ 参见王伟：《学术期刊数据库的反垄断监管》，载《现代法学》2022 年第 4 期。

⑮ 参见侯利阳：《平台反垄断的中国抉择：强化反垄断法抑或引入行业规制？》，载《比较法研究》2023 年第 1 期。

⑯ 参见李剑：《数字平台管制：公共性理论的反思与经济管制的适用》，载《法学研究》2023 年第 5 期。

为,在反垄断法规制和行业监管的基础上应重视对行业监管的公平竞争审查。[①]有的认为,应加强公平竞争审查和政府数据开放以防止行政性垄断[②]。

4. 互联网反垄断规则的建构。随着互联网经济的发展,反垄断法规则的回应也是紧迫性问题。[③] 虽然我国已发布了平台经济反垄断相关指南,但有研究认为囿于指南自身缺陷,需修订《反垄断法》予以补强,[④]包括以市场力量分析为指引拓补滥用市场支配地位行为制度[⑤]或为规制平台剥削性滥用修订滥用市场支配地位行为规制规则[⑥];有的甚至认为我国反垄断法应基于平台、数据、算法而重构,[⑦]如以基础设施理论、互联互通理论与平台中立理论为基础,对超级平台企业设置专门的义务性规定[⑧]。在建构策略方面,有研究认为我国反垄断法应处理好定位、定向与定则问题,[⑨]应贯彻比例原则,[⑩]应处理好一般规则和特殊规则的关系如经营者集中申报的一般标准和兜底条款问题[⑪]。但有的研究认为,非经济效率目标使反垄断法更具有现实回应性。[⑫] 此外,有的认为反垄断的创新目标应是“促进创新”而非“鼓励创新”。[⑬] 此外,有的研究关注到一些司法管辖区由消费者福利标准向模糊的公民标准和公共利益标准的转向问题;[⑭]有的认为应同时放弃消费者福利和竞争过程标准[⑮]。

---

① 参见杨利华:《第三方支付行业竞争的反垄断法规制》,载《法商研究》2019 年第 6 期。

② 参见陈兵、赵秉元:《数据要素市场高质量发展的竞争法治推进》,载《上海财经大学学报》2021 年第 2 期。

③ 参见王晓晔:《我国〈反垄断法〉修订的几点思考》,载《法学评论》2020 年第 2 期;王先林:《我国反垄断法修订完善的三个维度》,载《华东政法大学学报》2020 年第 2 期。

④ 参见孙晋:《数字平台垄断与数字竞争规则的建构》,载《法律科学(西北政法大学学报)》2021 年第 4 期。

⑤ 参见郭传凯:《走出网络不当竞争行为规制的双重困境》,载《法学评论》2020 年第 4 期。

⑥ 参见孟雁北:《反垄断法规制平台剥削性滥用的争议与抉择》,载《中外法学》2022 年第 2 期。

⑦ 参见杨东:《论反垄断法的重构:应对数字经济的挑战》,载《中国法学》2020 年第 3 期。

⑧ 参见郭传凯:《超级平台企业滥用市场力量行为的法律规制——一种专门性规制的路径》,载《法商研究》2022 年第 6 期。

⑨ 参见张守文:《反垄断法的完善:定位、定向与定则》,载《华东政法大学学报》2020 年第 2 期。

⑩ 参见焦海涛:《我国反垄断法修订中比例原则的引入》,载《华东政法大学学报》2020 年第 2 期。

⑪ 参见陈轩禹、徐涛:《“互联网+”经济形态下我国经营者集中申报制度问题探析》,载《新疆财经大学学报》2019 年第 2 期。

⑫ 参见李剑:《平台经济领域的反垄断法实施:以经济效率目标为出发点》,载《中外法学》2022 年第 1 期。

⑬ 参见方翔:《论数字经济时代反垄断法的创新价值目标》,载《法学》2021 年第 12 期。

⑭ See Aurelien Portuese, *Beyond Antitrust Populism: Towards Robust Antitrust*, Economic Affairs, Vol. 40:2, p. 237 – 258 (2020).

⑮ See Seth B. Sacher & John M. Yun, *Twelve Fallacies of the Neo-Antitrust Movement*, George Mason Law Review, Vol. 26:5, p. 1491 – 1530 (2019).

5. 互联网反垄断的定位。在"互联网+"时代背景下,有的认为反托拉斯法至少包括政治经济权力分配、阻止财富不公正地转移、维护开放市场竞争三重目标,[①]甚至还包括保护就业[②]。有的研究认为,有必要从战略的高度来认识和对待相关反垄断问题,[③]有的甚至认为反垄断法自始具有重大的政治经济使命,平台反垄断应提高站位。[④] 但有的认为,广泛的目标会导致反垄断主要关注大企业的政治力而不是市场力,会延缓经济增长进而损害消费者利益,带来权力寻租,进而损害法治。[⑤]

(二)国内外研究现状述评

总体而言,国内外的研究已关注到互联网领域反垄断法适用中的突出问题,不过也存在以下不足。

1. 已有研究更多从具体互联网垄断行为的反垄断法应对处理角度切入,而非主要从互联网经济发展的反垄断法保障角度展开,故对互联网经济领域反垄断法问题的研究并不系统、全面,未对互联网经济领域的反垄断法理论、反垄断法规则体系内容、反垄断法重点实施方法、反垄断法实施体制机制等进行综合考量,因此在面对快速发展的互联网经济时,相关研究分析的作用并不理想。

2. 已有研究重在分析具体互联网垄断行为的反垄断法具体应对问题,虽然其中也有一些研究论及相关应对原则、标准问题,但是总体上忽视对互联网经济领域反垄断法价值目标的分析,导致理论界对该领域反垄断法的应对缺乏整体性的理性思考,难以指导相关反垄断法规则建构及其具体实施。

3. 已有研究重在关注互联网经济领域反垄断法实施中的实体问题,而忽视

---

① See Lina M. Khan & Sandeep Vaheesan, *Market Power and Inequality: The Antitrust Counterrevolution and Its Discontents*, Harvard Law & Policy Review, Vol. 11:1, p. 235 – 294(2017).

② Tim Wu, *The Curse of Bigness: New Deal Supplement*, COnnecting REpositories, https://core.ac.uk/download/pdf/328008435.pdf,访问日期:2023年6月20日。

③ 参见王先林:《以法律为基础的反垄断战略问题论纲——兼论我国〈反垄断法〉的修订与完善》,载《法学评论》2020年第4期。

④ 参见孔祥俊:《论互联网平台反垄断的宏观定位——基于政治、政策和法律的分析》,载《比较法研究》2021年第2期。

⑤ See Elyse Dorsey, Jan Rybnicek & Joshua Wright, *Hipster Antitrust Meets Public Choice Economics: The Consumer Welfare Standard, Rule of Law, and Rent-Seeking*, CPI Antitrust Chronicle, Apr. 18, 2018, p. 33; Carl Shapiro, *Antitrust in a Time of Populism*, International Journal of Industrial Organization, Vol. 61, p. 714 – 748(2018).

将实体问题与程序问题进行统一考量。互联网相关市场的界定、垄断行为的认定等问题固然重要,但程序正义的问题不可忽略。已有相关研究偏重实体问题研究而忽视程序问题分析,研究存在偏颇性。

4. 已有研究虽然重视多种研究方法的运用,但是相关研究方法的运用还不够深入。其中,尤其是历史分析的方法运用得不够,对互联网的迭代更新的研究还缺乏历史纵深,对反垄断法及反垄断法理论的演变及其走向的分析还不够深入,进而导致相关领域反垄断法问题研究缺乏一定的深度和高度。

5. 在国家推进“互联网 +”行动的背景下,已有研究成果的价值意义更显单薄。过去,互联网垄断主要存在于“消费互联网”领域。随着“互联网 +”行动的展开,各行各业尤其是制造业等产业都将与互联网进行深度融合。在此背景下,互联网经济垄断问题将有扩大的风险。过去多年的研究主要集中于传统互联网经济领域的反垄断法问题,最近几年关于平台经济领域的反垄断法问题研究明显增多,但对智慧互联网经济领域尤其是工业互联网经济领域的反垄断法问题的研究还不深入。因此,为促进市场有序发展,保护公平竞争,防止形成行业垄断,研究“互联网 +”经济发展的反垄断法保障问题具有积极的意义。

三、研究内容与研究目标

(一)研究内容

“互联网 +”经济具有网络化、智能化、服务化、协同化特征,“互联网 +”经济垄断与以云计算、物联网、大数据、人工智能为代表的新一代信息技术紧密结合,将在制造业、农业、能源、环保、金融、电子商务、物流等行业广泛出现,制约“互联网 +”经济健康发展。本书在国家推进“互联网 +”行动的背景下,以“互联网 +”经济发展的反垄断法保障为研究对象,从反垄断法理论保障、反垄断法规则体系内容保障、反垄断法重点实施方法保障、反垄断法实施体制机制保障入手,探讨我国“互联网 +”产业的反垄断法理论与对策,建构反垄断法的理性规则,为“互联网 +”经济发展保驾护航。

本书将紧扣“互联网 +”经济领域的反垄断法难题,研究“互联网 +”经济发展的反垄断法保障问题。本书的总体框架可以概括为:基于一个难题——“互联网 +”经济领域的反垄断法难题;把握四个问题——“互联网 +”经济发展的反垄断法基础理论、规则体系内容、重点实施方法、实施体制机制;实现一个目标——“互联网 + ”经济发展的反垄断法保障。本研究的主要内容有以下方面。

1.“互联网 + ”经济领域的反垄断法难题

深刻分析“互联网 + ”经济领域的反垄断法难题是研究“互联网 + ”经济发展的反垄断法保障的前提基础。

首先,本研究从互联网商用由“消费互联网”向“产业互联网”转变的视角,分析互联网电子商务向“互联网 + ”制造业、农业、服务业、信息业等产业发展问题,进而分析“互联网 + ”产业垄断问题。

其次,围绕“互联网 + ”新经济形态的网络化、智能化、服务化、协同化特性,分析“互联网 + ”产业垄断类型,包括高端互联网平台垄断、先进制造技术垄断、智能终端服务垄断、网络化协同制造与服务垄断问题等,在此基础上探讨“互联网 + ”经济领域的反垄断法问题,包括高端互联网平台滥用市场支配地位行为认定与排除问题、高端互联网平台的经营者集中规制问题、先进制造技术垄断与知识产权保护问题、智能终端一体化服务垄断与知识产权保护问题、网络化协同垄断与合法大数据分享问题等。具体如图 0 – 1 所示。

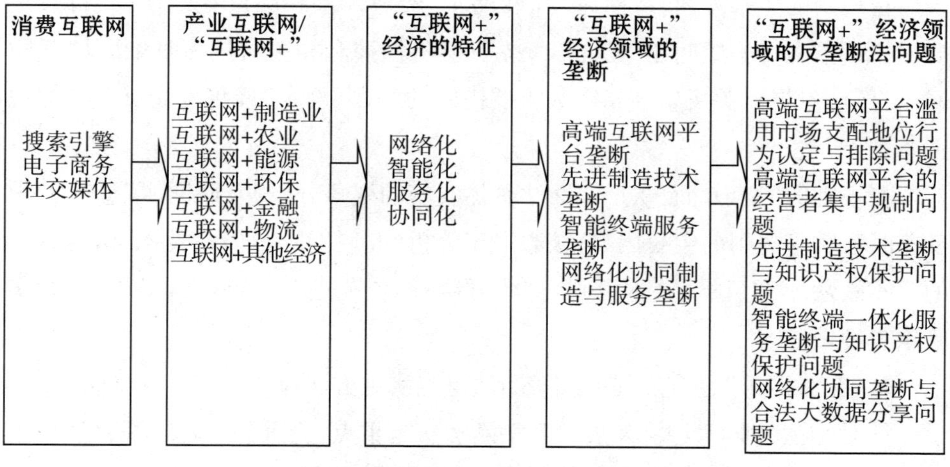

图 0 – 1　“互联网 + ”经济领域的反垄断法问题

最后,从“互联网 + ”经济垄断的处理角度分析反垄断法实施的难题,包括“互联网 + ”经济垄断的性质,“互联网 + ”经济反垄断法适用与豁免、本身违法原则与合理原则运用、相关市场认定(含商品市场、技术市场、创新市场)、违法行为认定方法、损害计算与评估、实施体制与方式问题等。

2.“互联网＋”经济发展的反垄断法理论保障

“互联网＋”经济领域的反垄断法理论是“互联网＋”经济发展的反垄断法保障的理论依据。本部分主要从四个层面展开研究。

首先，分析哈佛学派、芝加哥学派、后芝加哥学派反垄断法理论适用于“互联网＋”经济领域的困境，以揭示新的反垄断法理论建构的必要性。

其次，分析新近出现的新布兰代斯学派的主要观点及学界的相关批评，进而阐明本研究的理性思考。

再次，从方法论的角度分析构建“互联网＋”经济领域反垄断法理论应反对的方法和应采取的方法。

最后，结合多元主义、合作实验主义、互联网经济学等，分析正当的“互联网＋”经济领域的反垄断法理论体系。

3.“互联网＋”经济发展的反垄断法规则体系内容保障

“互联网＋”经济领域的反垄断法规则体系内容是保障“互联网＋”经济发展的关键支撑。本部分将从规则的体系、规则的主要内容等角度展开分析。

在规则的体系方面，将探讨“互联网＋”经济发展相关反垄断法律、行政法规、规章、指南的构成问题，建构以反垄断基本法律和相关法规为基础，以“互联网＋”经济发展相关反垄断指南为重要内容的“互联网＋”经济发展反垄断法规则体系。

在规则的内容方面，从反垄断法具体实施的视角分析“互联网＋”经济领域反垄断法实施规则的主要内容，核心在于分析“互联网＋”平台、技术、信息垄断的反垄断法实施目标、基本原则、基本方法、豁免范围、分析框架、损害评估、实施重点领域等。

4.“互联网＋”经济发展的反垄断法重点实施方法保障

针对“互联网＋”经济发展的反垄断法实施重点，着重分析超级平台滥用市场支配地位行为的反垄断法实施方法、智能制造领域的反垄断法实施方法、先进技术互操作性的反垄断法实施方法、算法合谋行为的反垄断法实施方法、未达到申报标准的经营者集中的反垄断法实施方法，为推进“互联网＋”经济发展提供关键支撑。

5."互联网+"经济发展的反垄断法实施体制机制保障

在推进"互联网+"行动的背景下,"互联网+"经济发展的反垄断法实施体制机制保障尤为重要。

首先,从固有资源、技术资源、人力资源、实施能力等角度分析互联网行业规制机构与反垄断执法机构的协调问题以及"互联网+"时代反垄断执法机构与其他规制机构之间的统一协调问题。

其次,分析"互联网+"经济反垄断法实施机制问题,针对"互联网+"经济发展的变化性、信息技术的复杂性,探讨反垄断传统处理与软性处理机制,分析新型反垄断法实施机制如事前指导、事中咨商与和解、常规合规与报告的运用问题。

其中,本研究从实体问题处理与程序正义的角度,分析"互联网+"经济反垄断法实施中的专家参与机制、社会公众参与治理问题,为"互联网+"经济反垄断法处理注入新的机制动力。

6."互联网+"经济发展的我国反垄断法保障制度设计

结合以上分析研究,构建"互联网+"经济发展的我国反垄断法保障制度是本研究的目的。为此,将从四个层面展开研究。

一是研究我国"互联网+"经济领域反垄断法实施体制问题,分析国家市场监管总局、工信部、网信办以及其他中央机构的权力配置及相关协调问题,分析上述机构授权地方机构执法的体制问题。

二是研究我国"互联网+"经济领域反垄断法实施机制问题,分析我国反垄断执法、反垄断和解、反垄断指导、反垄断咨询、反垄断合规、反垄断报告、反垄断诉讼等机制的完善问题,其中包括专家参与、社会公众参与的程序问题,以保障反垄断法实施中公平正义的实现。

三是研究我国"互联网+"经济领域反垄断立法与反垄断指南的建构完善问题,其中包括互联网接入指南、纵向协议反垄断指南(含"互联网+"经济)、网络信息分享反垄断指南、网络知识产权领域相关反垄断指南等。

四是提出我国"互联网+"经济发展的反垄断法适用难题应对策略建议,包括价值目标的平衡、经营者概念的革新、相关市场范畴的革新、复合性垄断行为的区分、网络化豁免事项的分析、人机一体化行为分析等方面。

在本研究中,研究重点为:(1)针对"互联网+"产业垄断特性,在传统反垄断法理论和新布兰代斯学派观点的基础上，结合多元主义、合作实验主义等理论，分析保障“互联网+”经济发展的反垄断法理论。(2)基于制度保障的考虑，从规则的体系、规则的主要内容、重点实施方法等角度探讨推进“互联网+”经济发展的反垄断法立法、实施规则和实施技术问题。(3)基于有效实施的考量，研究分析“互联网+”经济发展的反垄断法实施体制机制保障问题。

在本研究中，研究难点有：(1)结合前沿理论与典型实践，在分析“互联网+”产业垄断特性的基础上，从实体与程序相统一的角度构建保障“互联网+”经济发展的反垄断法基础理论是本研究的主要难点。(2)针对“互联网+”经济领域反垄断法实施难题，运用规范分析、案例分析、比较分析、经济分析等方法，分析反垄断法实施规则的主要内容，尤其是“互联网+”平台、技术、信息垄断的反垄断法原则、方法、豁免、分析框架、实施体制机制问题等，这也将是本研究的难点所在。(3)紧密结合我国现实，借鉴域外先进经验，研究我国“互联网+”经济领域反垄断法实施体制、执法机制、体系规则、实施方法问题也是其中的研究难点。

(二)研究目标

1. 研究“互联网+”产业反垄断法实施的正当理论，保障相关行业有效竞争，为我国推进“互联网+”经济发展和最大限度优化资源配置提供理论依据。

2. 研究“互联网+”经济领域反垄断法实施体制机制，理顺反垄断法实施机构的权力配置，明晰反垄断法实施机制的运用策略，为推进“互联网+”经济发展提供保障。

3. 研究“互联网+”经济领域反垄断法体系、规则内容、实施方法及我国具体制度设计问题，为我国“互联网+”经济领域反垄断治理提供直接的法律适用参考，以促进“互联网+”经济的健康发展。

四、研究意义与研究创新

(一)研究意义

1. 对“互联网+”经济发展的反垄断法理论保障问题进行研究，促进反垄断法理论的发展。在分析哈佛学派、芝加哥学派、后芝加哥学派反垄断法理论和新布兰代斯学派观点的基础上，针对“互联网＋”经济的网络化、智能化、服务化、协同化特征，根据多元主义、合作实验主义等理论，构建“互联网＋”经济领域的反垄断法理论，以促进反垄断法理论的发展。

2. 建构“互联网＋”经济领域的反垄断法实施策略，推进我国法律实施机制理论创新发展。针对“互联网＋”经济发展的变化性、信息技术的复杂性，探讨反垄断执法、反垄断诉讼、反垄断和解、反垄断指导、反垄断咨商、反垄断合规与报告、专家及社会公众参与治理等机制在“互联网＋”经济领域的运用问题。这一研究成果有助于推进我国法律实施机制理论创新发展。

3. 研究“互联网＋”经济发展的我国反垄断法保障制度设计，保障“互联网＋”行动的顺利推进。研究保障我国“互联网＋”经济发展的反垄断法实施体制机制、法律规则问题，包括《反垄断法》的未来完善、互联网接入使用指南的制定、平台经济相关反垄断指南的修订、纵向协议反垄断指南（含“互联网＋”经济）的制定、网络信息分享反垄断指南的制定、网络知识产权领域相关反垄断指南的完善等问题，有助于保障“互联网＋”经济健康发展，为国家积极推进“互联网＋”行动提供重要支撑。

（二）研究创新

1. 提出针对“互联网＋”经济的网络化、智能化、服务化、协同化特征，应在多元主义、合作实验主义等理论基础上，构建实体与程序相统一的“互联网＋”经济领域反垄断法理论与实施制度，形成由消费者分享型社会总福利最大化理论、动态正义理论、促进创新理论、多向交流理论和传统经典理论构成的“互联网＋”反垄断法理论，在思想上具有创新性。

2. “互联网＋”经济发展的反垄断法保障的核心是要处理好先进信息技术创新保护与信息技术垄断行为规制之间的平衡关系，关键在于合理认定与处理先进信息技术滥用与信息协同行为，防止形成信息行业垄断，促进“互联网＋”产业有效竞争，保障“互联网＋”经济健康发展，在学术观点上具有创新性。

3. 针对“互联网＋”经济发展的变化性、信息技术的复杂性，探讨反垄断事前指导、事中咨商与和解、常规合规与报告、专家及社会公众参与治理等机制在“互联网＋”经济领域的运用问题。这一研究成果有助于推进我国法律实施机制理论创新发展。

4. 提出我国应通过继续完善《反垄断法》，完善平台经济领域的相关反垄断指南、网络知识产权领域相关反垄断指南，制定互联网接入指南、纵向协议反垄断指南（含“互联网＋”经济）、网络信息分享反垄断指南等，指导“互联网＋”经济领域的反垄断法实施，保障“互联网＋”经济健康发展，在研究观点上具有创新性。

五、研究思路与研究方法

（一）研究思路

本研究立足于“互联网＋”经济领域反垄断法实施难题，紧紧围绕“互联网＋”经济发展的反垄断法保障这一中心命题展开研究。首先，从互联网商用由“消费互联网”向“产业互联网”转变的视角，分析“互联网＋”经济的特征和“互联网＋”经济领域的垄断情形，进而分析我国“互联网＋”经济领域反垄断法实施的难题，包括“互联网＋”经济垄断形成分析、垄断类型认定、反垄断法适用与豁免、处理原则与方法、相关市场认定、违法行为认定方法、损害计算与评估、执法处理方式难题等。其次，从反垄断法基础理论、规则体系内容、重点实施方法、体制机制层面分析“互联网＋”经济发展的反垄断法保障问题。在理论层面，将在哈佛学派、芝加哥学派、后芝加哥学派相关理论的基础上，结合新布兰代斯学派观点及其相关争议，并结合国内外反垄断法实施实践，研究有效的“互联网＋”经济领域反垄断法理论。在规则体系内容层面，将分析“互联网＋”经济领域反垄断法规则体系和实施规则的主要内容问题。在重点实施方法层面，将对超级平台、智能制造领域、先进技术互操作性、算法合谋行为、未达到申报标准的经营者集中的反垄断法实施方法进行深入分析。在实施体制机制层面，将分析反垄断执法机构与互联网行业规制机构之间的关系和传统执法机制与软性执法机制的关系。最后，将结合国外的先进经验，针对我国推进“互联网＋”行动计划，研究分析我国“互联网＋”经济发展反垄断法保障制度，保护“互联网＋”产业的有效竞争，为国家积极推进“互联网＋”行动保驾护航。

本研究的技术路线如图0－2所示。

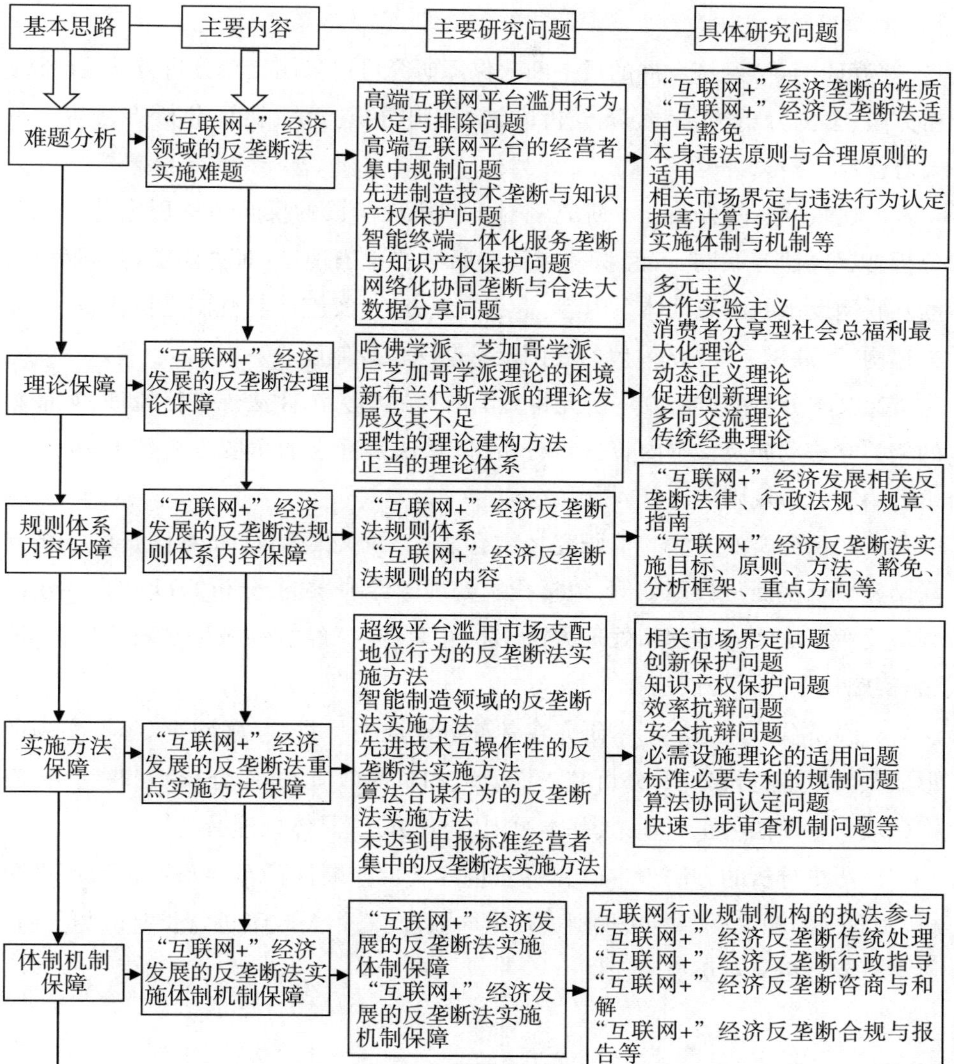

图 0－2 本研究的技术路线

（二）研究方法

“互联网 + ”经济发展的反垄断法保障研究可以采用比较分析方法、文本分析方法、案例分析方法、经济分析方法、历史分析方法、实证分析方法等。主要有：

1. 比较分析的方法。本研究将对不同历史阶段的反垄断法理论进行比较分析，以分析“互联网 + ”经济领域反垄断法的正当理论；对主要发达国家地区的互联网反垄断法规则体系内容、重点实施方法、实施体制机制进行比较，以促进建构“互联网 + ”经济发展的我国反垄断法保障制度。

2. 文本分析的方法。本研究将对国内外的相关法律法规进行梳理，对最新的相关立法动向及文本内容进行分析，以从法解释学的角度分析理论，从立法论的角度分析规则的完善问题。

3. 案例分析的方法。本研究将结合法律文本、案例文书、案例资料分析互联网领域反垄断法典型案例，包括我国处理的经典案例，分析“互联网 + ”经济领域反垄断法实施难题和处理方法，为“互联网 + ”经济领域反垄断法理论、策略、实施程序分析提供基础。

4. 经济分析的方法。本研究在各部分论证中将对“互联网 + ”经济垄断的形成及其效应进行分析，分析其正面效应和负面效应，进而分析“互联网 + ”经济领域反垄断法的正当理论、基本原则、合理方法、具体处理措施等。

5. 历史分析的方法。本研究将对世界上反垄断法的重要理论进行历史分析，对我国的相关反垄断法规则进行纵向梳理，对相关政策进行长时段的分析，以求研究分析具有历史纵深性。

第一章

“互联网+”经济发展的反垄断法挑战

第一节 “互联网+”经济的界定

一、“互联网+”的界定

1. 互联网的历史发展

从基本含义看,“互联网是由多个计算机网络相互连接而成,而不论采用何种协议与技术的网络”①。从根源上看,互联网的产生是技术革命的产物。当计算机技术发展到晶体管时代后,在现代通信技术的推波助澜下,旨在解决计算机之间通信联络的互联网革命拉开了帷幕,这场革命经历了阿帕网(ARPA net)②、因特网(Internet)和万维网(WWW)③的历史阶段。④ 从更微观的角度审视,互联网的发展可以划分为七个历史阶段:一是基础技术阶段(20世纪60年代),其标志是1969年阿帕网诞生。二是基础协议阶段(20世纪70年代),在此期间不同的网络之间互联取得成功,因特网出现。三是基础应用阶段(20世纪80年代),全球联网格局基本形成。四是Web 1.0阶段(20世纪90年代),万维网诞生并走向大众。五是Web 2.0阶段(21世纪00年代),此期间社交媒体兴起,网民成为内容生产主体。六是移动互联网阶段(21世纪10年代),其中随着智能手机的发展,移动互联网发展扩散。七是物联网阶段(21世纪20年

---

① 全国科技名词审定委员会:《通信科学技术名词》,载《中国科技术语》2007年第1期。

② ARPAnet是美国Advanced Research Project Agency Net(美国高级研究计划署网)的缩写。

③ WWW是英文World Wide Web的简称,也可称环球网。

④ 参见鄢显俊:《论信息技术革命的社会历史原因——基于SST理论的分析》,载《科学学研究》2005年第5期。

代),随着5G应用的展开,全球进入万物互联新阶段。[①] 现在,网络无处不在。然而,互联网的发展历史不过五十余年。

就我国而言,互联网自1994年实现与国际互联网全功能连接以来,其商业价值逐步发展、社会价值日益凸显。[②] 因此,从历史发展历程看,在万维网形成的初期,我国就融入了国际互联网。从互联网使用看,我国使用互联网的人数最多,2018年6月就已达8.02亿,[③]2022年12月达10.67亿,[④]是互联网使用大国。

2.“互联网+”的界定

广义上的“互联网+”,是指以互联网为主的新一代信息技术(包括移动互联网、云计算、物联网、大数据、人工智能等)在经济、社会、文化、法律、政治、军事、国防、外交等各行业各领域的深度应用。中义上的“互联网+”则是指互联网技术与经济社会发展的深度融合,不涉及政治、法律、军事、国防、外交等领域。从某种意义上说,我国国务院2015年7月发布的《关于积极推进“互联网+”行动的指导意见》(国发〔2015〕40号)提及的“互联网+”就是中观意义上的概念,其将“互联网+”界定为把互联网的创新成果与经济社会各领域深度融合,推动技术进步、效率提升和组织变革,提升实体经济创新力和生产力,形成更广泛的以互联网为基础设施和创新要素的经济社会发展新形态,其中不仅涉及互联网与经济的深度融合,也涉及互联网与社会的深度融合。狭义的“互联网+”,则是指将互联网技术深度应用于各经济领域中,以更有效地促进市场经济发展。因此,广义的“互联网+”涉及国家治理新形态,狭义的“互联网+”则主要涉及经济发展新形态。[⑤] 但无论如何,“互联网+”都表达的是互联网与其他现象的深度融合关系。在抽象意义上,“互联网+”表述的是一种关系。在这种关系上,存在三个方面的要素。

---

① 参见方兴东等:《全球互联网50年:发展阶段与演进逻辑》,载《新闻记者》2019年第7期。

② 参见陈建功、李晓东:《中国互联网发展的历史阶段划分》,载《互联网天地》2014年第3期。

③ 参见崔传桢等:《2018全国网民网络安全感满意度调查》,载《信息安全研究》2019年第1期。

④ 参见中国互联网络信息中心(CNNIC):《第51次中国互联网络发展状况统计报告》,载中国互联网络信息中心网,https://www.cnnic.net.cn/NMediaFile/2023/0322/MAIN16794576367190GBA2HA1KQ.pdf,第23页。

⑤ 参见徐志发:《“互联网+”背景和内涵研究——兼谈电信运营企业的历史机遇》,载《通信管理与技术》2015年第3期。

一是现代互联网。现代互联网是高级互联网,也是新一代互联网。从技术层面看,“互联网+”是指互联网技术发展到具有广泛深入应用基础的范畴。在互联网发展的早期,不可能出现“互联网+”的概念。只有互联网已成为可普遍使用的技术,才会将互联网的深入应用作为各行业领域的重要手段乃至必要手段,使之成为一种物质生产和社会生产的方式。从这个角度看,“互联网+”是互联网技术发展到高级阶段的范畴。这也就是“互联网+”这个概念在近年来才被提出的根本原因。

二是互联网之外的现象。互联网之外的现象无所不包,既包括物质的,也包括非物质的;既包括主体的,也包括客体的;既包括地球空间的,也包括外层空间的。从人类社会角度看,互联网之外的现象主要涉及满足人们基本物质生活需要的现象,满足人们精神生活需要的现象,满足人类物质生产经营需要的现象等。从涉及的领域看,互联网之外的现象涉及经济、政治、社会、文化、宗教、军事等各个方面。

三是广泛的深度融合关系。互联网与其他现象的融合具有广泛性,即互联网与世界上的物质现象具有更普遍性的融合关系,联系得越全面则表明联系越广泛。互联网与其他现象的融合具有深度性,即互联网与世界上的物质现象的融合关系越来越紧密,越来越不能割裂开来。

于此,值得指出的是,“互联网+”与“+互联网”是人们常用的两种表达。但一般而言,前者更多是指互联网技术深度融合于行业领域中,后者更多是指各行业领域主动与互联网融合。从某个角度看,这是从不同的视角分析互联网与行业领域融合的现象,都是合理的。就我国而言,“互联网+”的概念也含有“+互联网”的内涵,否则“互联网+”就不可能将其功能发挥到最优程度。

二、“互联网+”经济的界定

“互联网+”经济,是指基于互联网与各经济行业领域的深度融合而形成的经济形态,即广义的互联网经济。在过去,互联网经济主要指依赖互联网技术发展起来的电子商务经济。在现在看来,电子商务经济是狭义的互联网经济。

从互联网迭代的角度看,经济领域的互联网已由原来的消费互联网发展至产业互联网。也就是说,“互联网+”经济包括各经济行业领域的“互联网+”

经济。有的研究将“互联网 +”与工业互联网联系起来。[①] 这是积极的理解，但仍需要拓展之。显然，工业互联网是互联网发展到高级阶段的产物，其目的是实现互联网与工业生产的广泛深度融合。这样，工业生产过程中的物联网就是必然的现象。狭义上的物联网是指连接物品之间的网络，实现物品的智能化识别和管理；广义上的物联网则将一切事物数字化、网络化，在物品之间、物品与人之间、人与现实环境之间实现高效信息交互，并通过新的服务模式使各种信息技术融入社会行为，是信息化在人类社会综合应用达到的更高境界。[②] 从这个角度看，网约车、共享单车、无人驾驶汽车、商品物流等都基于物联网技术运行。[③] 可见，工业物联网只是物联网的一个领域，而物联网则基于互联网技术。因此，物联网是互联网的一个分支，工业物联网则是互联网的更小分支。以上分析表明，将“互联网 +”与工业互联网联系起来理解有一定的积极意义。但是，如果将“互联网 +”等同于工业互联网则是不科学的。

理由在于，在“互联网 +”的背景下，即使是在经济领域，互联网也包括生产领域的互联网、销售领域的互联网、消费领域的互联网等。从行业看，以前的互联网主要存在于第三产业，现在的互联网则需要向第一产业和第二产业深入发展。也就是说，工业互联网、服务业互联网、信息业互联网、农业互联网都是应然的范畴。当然，信息业互联网是其他互联网发展的基础。因此，从这个意义上说，“互联网 +”经济包括农业互联网经济、工业互联网经济、服务业互联网经济等。

国务院《关于积极推进“互联网 +”行动的指导意见》提及十一项重点行动，其中涉及农业互联网经济的事项有 2 项（“互联网 +”现代农业、“互联网 +”绿色生态），工业互联网经济有 4 项（“互联网 +”创业创新、“互联网 +”协同制造、“互联网 +”智慧能源、“互联网 +”人工智能），服务业互联网经济有 5 项（“互联网 +”电子商务、“互联网 +”普惠金融、“互联网 +”益民服务、“互联网 +”高效物流、“互联网 +”便捷交通）。其中，“互联网 +”益民服务涉及健康、养老、教育、旅游、社会保障等领域。尽管有些行业领域主要属于社会发展

---

① 参见徐志发：《“互联网 +”背景和内涵研究——兼谈电信运营企业的历史机遇》，载《通信管理与技术》2015 年第 3 期。

② 参见孙其博等：《物联网：概念、架构与关键技术研究综述》，载《北京邮电大学学报》2010 年第 3 期。

③ 参见张大伟等：《基于物联网大数据技术的智慧交通系统》，载《中国设备工程》2019 年第 2 期。

领域，但其中都离不开经济发展的支撑。故，这些领域的经济形态也可归入“互联网+”经济范畴中。可见，在我国，“互联网+”经济是一个广义的概念，其含有互联网与各经济行业领域深度融合的内涵。本书中所采用的“互联网+”经济也采其广义。

第二节 “互联网+”经济领域的垄断类型化

在互联网经济发展过程中，垄断问题一直困扰着理论界与实践部门。因此，过去诸多研究关注双边市场等问题。不过，这更多的是对消费互联网领域垄断问题的关注。在“互联网+”背景下，相关垄断问题更加复杂：一是垄断问题也向工业互联网、农业互联网等扩展；二是消费互联网垄断问题更加复杂；三是互联网垄断呈现跨界现象。总体而言，“互联网+”经济领域的垄断行为有以下类型值得特别分析。

一、高端互联网平台垄断

在现代经济生活中，互联网平台是重要载体。原因在于，面对无限的经济信息，人们期待有简单快捷的方法实现交易，与前互联网时代的市场交易一样便捷。于是，互联网平台作为交易市场就出现了。从实质上看，互联网平台是传统交易市场的电子化形式，是电子交易市场的集中化。在互联网平台中，经营者与经营者之间的交易、经营者与消费者之间的交易都集中在平台中进行。这样，互联网平台就具有多边优势。

当互联网从传统互联网发展到移动互联网，进而发展到物联网，再进而发展到更高级的泛在网时，交易主体、交易客体、平台主体、监管主体等泛在互联，互联网平台就拥有更大的优势。也就是说，在“互联网+”经济时代，互联网平台不再是单纯的虚拟空间提供者，而是数据的聚合、提炼、加工、分析和提供者，可能发展为高端互联网平台。高端互联网平台的特征在于其数据的海量化、数据管理的智能化、数据利用的高速化等。有分析指出，平台可以分为离线计算平台、实时计算平台和智能计算平台三个部分，其中离线计算平台又包括数据存储、数据处理和数据访问等部分，实时计算平台主要包括实时抽取、实时计算和多维分析查询等部分，智能计算平台主要包括深度学习、运筹学、回归、分类和聚类等部分。① 因此，在网络效应的基础上，高端互联网平台通过智能化的管理手段，利用客户的反馈循环形成数据优势，并通过杠杆效应，使其数据信息优势迅速扩大。这种优势的核心在于，平台可以采用更强的人工智能技术，可为经营者提供更高级的算法，以至于平台内经营者通过平台算法就可以进行更快速的交易或自动交易，消费者可以利用平台算法更高速或自动筛选交易相对人。在这种情况下，依托大数据、人工智能技术的高端互联网平台就具有优势或便利条件。这就为高端互联网平台垄断行为的形成提供了“温床”。

概括而言，高端互联网平台垄断主要涉及滥用市场支配地位行为、垄断协议行为和经营者集中行为。高端互联网平台的滥用市场支配地位行为主要涉及其对平台内经营者的剥削性滥用和阻碍性滥用，包括通过不公平高价或不公平低价剥削平台内经营者的正当利益，通过掠夺性价格、搭售、拒绝交易、排他性交易等行为实施不法垄断行为等。同样地，高端互联网平台垄断也可能将其市场支配地位滥用于消费者。

不仅如此，高端互联网平台更有便利条件与平台内经营者达成纵向垄断协议，实施纵向共谋，在此基础上可促进平台内经营者达成共谋。在生活中，平台的算法越来越高级，平台内经营者的协同行为越来越隐蔽，因此其对消费者合法权益的损害就十分突出，例如网约车在高峰时段的共同提价现象、在线预订酒店价格的趋同现象、在线房屋租赁的价格协同问题、②机票订购中的价格一致问题、购物平台的最惠条款问题等就是如此。此外，高端互联网平台之间的垄断协议行为也有可能出现。

另一个复杂问题是高端互联网平台的经营者集中行为引起的反垄断法问题。一般而言，高端互联网平台的经营者集中行为可分为横向集中、纵向集中和复合型集中等类型。③ 在互联网经济发展的初期，网络平台主要是网络购物

---

① 参见龙虎、李娜：《大数据处理技术下的电商云平台建设与应用研究》，载《电脑知识与技术》2018 年第 28 期。

② 例如 Airbnb（爱彼迎）就曾利用预测定价算法为房屋出租者提供价格指导，显然这带来了垄断问题。参见王水莲等：《共享经济平台价值创造过程模型研究——以滴滴、爱彼迎和抖音为例》，载《管理评论》2019 年第 7 期。

③ 参见仲春：《我国数字经济领域经营者集中审查制度的检视与完善》，载《法学评论》2021 年第 4 期。

平台和网络服务平台。随着互联网经济的快速发展,网络平台数量呈几何级数增长。在此背景下,互联网平台之间的横向并购得以出现。而随着互联网平台技术的快速升级,平台之间的竞争日益激烈,大型平台、超大型平台也随之出现。这样,具有先进算法技术、拥有数据优势的高端互联网平台的横向集中、纵向集中和复合型集中都可能发生。这样,高端互联网平台的经营者集中行为就构成了反垄断法的规制对象。

二、先进制造技术垄断

先进制造技术,其实就是“制造技术”加“信息技术”加“管理科学”,[①]其包括三个方面,一是先进制造产品的精确化、苛刻化、人文化,二是先进制造过程的绿色化、快速化、节约化、高效化,三是先进制造技术的数字化、自动化、集成化、网络化、智能化。[②] 先进制造技术涉及现代设计理论与方法(并行工程技术、虚拟制造技术等)、先进制造工艺(精密成型技术、精密与超精密加工技术、新型材料的成型与加工技术、构件或材料之间的连接技术、表面新技术)、自动控制技术(传感及拉制技术,测量及检验技术,焊接、搬运、装配机器人技术,环保技术等)、信息技术和综合自动化(实现将企业内外市场、技术、生产、经营有机集成,形成智能制造系统)、管理技术(数据标准、工艺标准、质量标准、生产计划与控制、质量管理、市场分析、用户与员工培训等)等。[③] 在这些要素中,数字化技术是先进制造的核心技术,因为数字化制造的核心技术是建模与仿真,其推动制造技术由经验制造转向科学制造。[④] 可见,互联网在先进制造技术中具有巨大的潜力。故此,先进制造与网络化制造、云制造的概念得以产生,以实现服务型制造。[⑤] 因此,“互联网+”环境下的先进制造技术实现了网络技术和制造技术的有效融合,并可实现个性化定制,将互联网技术应用到企业生产、制造、营销以及管理的全过程,实现信息化带动工业化。[⑥]

---

① 杨叔子、吴波:《先进制造技术及其发展趋势》,载《机械工程学报》2003 年第 10 期。

② 参见杨叔子等:《再论先进制造技术及其发展趋势》,载《机械工程学报》2006 年第 1 期。

③ 参见路甬祥:《关于先进制造技术》,载《自然杂志》1996 年第 4 期。

④ 参见宁汝新:《数字化技术是先进制造的核心技术》,载《中国制造业信息化》2011 年第 6 期。

⑤ 参见张霖等:《云制造及相关先进制造模式分析》,载《计算机集成制造系统》2011 年第 3 期。

⑥ 参见张清郁:《基于“互联网+”的先进制造技术探析》,载《内燃机与配件》2018 年第 12 期。

可见,先进制造技术涉及先进材料技术、精密加工技术、先进集成化技术、先进自动化技术、先进数字化技术、先进网络技术等。这样,先进制造技术就涉及各领域的科学技术知识,涉及算法问题。其中,有些是公开的知识产权技术,有些则属于未公开的知识产权的保护范畴。对于前者,知识产权拥有人可能具有市场支配地位并可能滥用该地位;对于后者,相关科学技术发现者可能并不公开相关信息,进而形成企业优势,加强其市场地位,形成垄断行为。此外,先进制造技术还涉及标准问题。而纳入标准的必要专利可能具有垄断力,这就会使先进制造技术的垄断问题更加突出。

在先进制造技术垄断中,专利权垄断、著作权垄断以及其他知识产权垄断问题都将更加突出。其中,包括软件技术引起的垄断问题、互联网技术引起的垄断问题、算法引起的垄断问题,而算法垄断问题则是反垄断法中的难点问题之一。

不仅如此,先进制造技术还涉及产业政策问题。有研究指出,我国应建立国家高技术产业发展基金,实行优惠税收、财政扶持和拓宽融资渠道、建立创业风险投资等措施,扶持先进制造领域高技术产业发展。[①] 可问题是,这些产业政策在实施中也需遵守公平竞争原则,以避免行政性垄断。这样,对先进制造技术产业政策的公平竞争审查问题就是一个突出的反垄断法难题。[②]

三、智能终端服务垄断

智能终端服务是指经营者对终端产品的智能服务。这种服务既可能由生产者提供,也可能由销售者提供,还可能由其他经营者提供。从技术层面看,智能终端服务主要体现为远程服务,即服务提供者并不实际接触终端产品即可完成服务。于此,存在三个层面的垄断问题值得反思。

首先,生产服务一体化垄断问题。随着科学技术的发展,生产商和服务提供商走向融合是大势所趋。例如,在电子产品领域,硬件终端产品的生产者和软件产品的提供者进行深度融合是一种发展趋势。这就导致硬件、软件生产者与服务提供商进行融合,有形的产品与无形的服务形成组合,并可实现基于语

---

① 参见李京文:《我国先进制造领域高技术产业发展的思路》,载《中国工业经济》2000 年第 2 期。

② 理性的公平竞争审查应是一个四位一体的体系,其中最高层次的是合宪性审查。参见王炳:《公平竞争审查的合宪性审查进路》,载《法学评论》2021 年第 2 期。

义的智能终端产品服务系统定制。[①] 在技术层面,Web 服务可依托其部署对象(或组件),以一种松散的服务捆绑集合形式来动态地创建电子商务应用。[②] 这样,生产与销售服务就可实现纵向一体化。这就引起经营者集中的反垄断法问题。在这种情况下,即使生产商与服务提供商不实现合并,也会形成紧密的合作关系,进而可能导致纵向垄断协议问题甚至滥用市场支配地位问题。

其次,远程服务提供层垄断问题。在网络技术发展背景下,终端服务存在“云—端”两点计算,云为语义,端为语用,“云端共存、云端互动”。[③] 也就是说,云是基础计算层,是大数据汇集层,当终端存在服务需求时,数据云计算启动,进而为终端提供服务。这就会带来云层技术垄断问题。有研究指出,云计算系统是以付费使用的形式向用户提供各种服务的分布式计算系统,其本质是对虚拟化的计算和存储资源池进行动态部署、动态分配、实时监控的系统,从而向用户提供满足质量服务保证要求的计算服务、数据存储服务以及平台服务。[④] 其中,涉及软件层(提供软件服务和产品)、平台层(提供标准的开发平台)、基础设施层(提供计算资源和基础设施,提供硬件设备虚拟化服务)。[⑤] 在云计算服务中,一般存在合同条款、商业秘密条款、技术措施等,这虽可以保护云计算服务商的知识产权,[⑥]但也可能带来云计算产业的反垄断法问题,包括网络效应与市场支配地位、规模经济与市场进入壁垒、知识产权与技术垄断问题等。[⑦] 其中,在滥用市场支配地位行为认定方面存在市场份额作用弱化、市场进入壁垒呈现新形式、交易相对人依赖性因素影响增强等现象。[⑧] 在界定云计算相关产品市场时,技术替代性、用户锁定、潜在竞争、定价机制都是需要考量的因素。[⑨]

---

① 参见李锋等:《基于语义的智能终端产品服务系统定制》,载《制造业自动化》2019 年第 2 期。

② 参见陈亚军、邵贝恩:《Web 服务在企业生产销售一体化系统中的应用》,载《微计算机信息》2006 年第 30 期。

③ 参见王朝晖:《个性化服务体验与云平台 – 智能终端两点计算架构》,载《移动通信》2013 年第 9 期。

④ 参见张建勋等:《云计算研究进展综述》,载《计算机应用研究》2010 年第 2 期。

⑤ 参见景秀丽:《云计算背景下软件企业创新的趋势——基于技术创新和模式创新层面》,载《沈阳师范大学学报(社会科学版)》2012 年第 6 期。

⑥ 参见罗先觉、尹锋林:《云计算对知识产权保护的若干影响》,载《知识产权》2012 年第 4 期。

⑦ 参见岳琳等:《云计算产业的反垄断规制》,载《中国物价》2013 年第 8 期。

⑧ 参见刘佳:《云计算产业中市场支配地位的认定》,载《山东理工大学学报(社会科学版)》2016 年第 2 期。

⑨ 参见岳琳、唐素琴:《云计算相关市场与市场支配地位的认定及挑战》,载《电子知识产权》2013 年第 6 期。

这些都是反垄断法处理的难题。

最后,服务连接端口的智能化垄断问题。智能服务需要服务连接端口,其中物理接触是不重要的或不需要的,核心是需要数字连接。这种服务连接端口就是连接服务提供者与服务需求者的密钥等一系列技术措施。在生活中,共享单车的扫码开锁、智能充电技术等都是如此。这样,服务提供者就可建立起智能的“微服务”系统。[①] 但是,这种密钥等服务连接技术可能是服务提供者滥用市场支配地位的工具,形成密码技术滥用行为和其他垄断行为。

四、网络化协同服务垄断

在传统工业社会中,协同行为主要是通过秘密会商方式进行的。这种会商会见常不留痕迹,无任何正式的协议。但是,多个经营者事后的行为一致现象展露了协同行为的端倪。进而,在其他证据被发现的情况下,协同行为得以认定,违法者的行为得以惩处。

随着信息时代的到来,经营者不通过签订正式协议而进行协同的方式发生了变化,电子邮件等秘密手段可以替代直接会见的方式。这使协同行为的发现变得更加困难。不仅如此,经营者通过网络公告的方式进行协同则更加隐蔽。也就是说,经营者发出的网络公告名义上是向消费者发出的商业信息,但实际上也是协同行为的信号,有的公告中可能夹杂着只有其他经营者可识别的暗号。这就使经营者之间的协同行为认定更加复杂。

随着计算机技术和网络技术的发展,经营者的协同行为更加隐蔽。经营者可以通过算法保持价格一致,并通过动态跟踪算法保持协同。更为复杂的是,当算法能自我学习时,算法之间的协同行为可能不受人的控制。这就使算法协同成为协同行为的高级形式。

可见,随着“互联网+”经济的发展,协同行为方式已经发展改变,反垄断法的认定处理就存在新挑战。

---

① 参见王卫国、潘雨:《智能终端运营管理系统之微服务架构改造实践》,载《信息技术与网络安全》2018年第10期。

第三节 “互联网+”经济领域的反垄断法问题

一、高端互联网平台滥用行为认定与排除问题

如前所述,高端互联网平台的滥用市场支配地位行为(或简称滥用行为)可能十分突出,其可能滥用数据信息优势损害市场竞争,并波及多个相关市场。例如,美国领英公司拒绝 hiQ 公司抓取数据信息案、脸书公司拒绝 Power 公司访问其数据案、欧盟对谷歌公司的处罚案、我国奇虎公司与腾讯公司垄断纠纷案、抖音诉腾讯垄断纠纷案都反映了高端互联网平台滥用行为的存在及其复杂性。总体而言,高端互联网平台可能实施拒绝交易等阻碍性滥用行为妨碍市场进入,也可能实施剥削性滥用行为以获得非法垄断利益。显然,高端互联网平台滥用行为不仅损害市场竞争,还损害消费者权益,应受到反垄断法调整。

但是,在高端互联网平台滥用市场支配地位行为的认定中,是否存在效率、创新、用户隐私保护、平台数据权益保护等抗辩正当理由是一个十分棘手的问题。理由在于,多元平台竞争未必带来效率,平台的市场行为可能存在创新因素,平台保护用户隐私也是法律赋予平台的义务,而基于平台经营而产生的数据权益保护问题也具有正当性。这使高端互联网平台滥用市场支配地位行为的认定与豁免问题更加复杂。

当然,在高端互联网平台滥用市场支配地位行为的认定与豁免问题中,相关市场的认定问题是其中一个基础但棘手的问题。原因在于互联网平台相关主体的多元性与互联网的无国界性,如何界定互联网行业的相关市场存在巨大挑战。一般而言,采用单边市场理论分析互联网行业的相关市场并不合理,而采用双边市场理论在某些情况下合理,但有时采用双边市场理论也不适当,需要引入复杂的多边市场分析方法。[①] 因此,学界对相关市场界定存在依据网关协议数据的独立价格计算法、供给替代分析法、需求替代分析法、改进的假定垄

---

① See Kristine Laudadio Devine, *Preserving Competition in Multi-Sided Innovative Markets: How Do You Solve a Problem Like Google*, North Carolina Journal of Law and Technology, Vol. 10:1, p. 59 – 118 (2008).

断者测试分析法、盈利模式测试法、产品性能测试法、销售方式测试法、双边竞争性产品分析法、经营者利润来源市场分析法、间接网络效应分析法、临界损失法和集群市场分析法、围绕损害理论展开分析法、产品界定和替代性分析二环节分析法、多边市场结构评价分析法、多元化相关市场界定法、平台生态系统分析法等不同观点。这对反垄断法实施来说增加了问题的复杂性。

二、高端互联网平台的经营者集中规制问题

在“互联网+”行业领域,经营者集中涉及多个类型,例如聚合平台经营者集中、一般平台经营者集中、平台内经营者集中、软件经营者集中①等。高端互联网平台的经营者集中规制问题的特殊性体现在以下方面。

其一,强制申报经营者集中的申报标准问题。我们知道,强制申报经营者集中的申报门槛一般较高,其主要目的是仅将大企业的集中行为纳入审查范围。可是,高端互联网平台的资本数额、市场份额、销售额差异较大,有的远远超过传统大企业的规模,有的则远远低于传统大企业的规模,其并购的对象可能规模较小,甚至可能是初创企业。这样,如果采用传统经营者集中申报标准,可能导致诸多高端互联网平台的经营者集中行为成为经营者集中审查的“漏网之鱼”。因此,是否需要调整高端互联网平台的经营者集中申报标准及其计算方法就是一个问题。

其二,未达到申报标准的经营者集中规制问题。首先值得指出的是,即使是在传统的反垄断法实施中,未达到申报标准的经营者集中也可能是反垄断法的调整对象。因此,在“互联网+”时代,即使规定了相对较低的经营者集中强制申报标准,但仍有一些经营者集中虽未达到申报标准却有排除、限制竞争的影响。因此,如何处理未达到申报标准的高端互联网平台经营者集中问题就十分重要。

其三,对经营者集中排除限制竞争影响的分析问题。高端互联网平台经营者集中的分析难点包括市场竞争的动态性、创新保护的必要性、效率维护、网络经济的特殊性等方面。就“互联网+”市场的竞争动态性而言,由于市场进入、

---

① 美国甲骨文(Oracle)与仁科(PeopleSoft)合并案就涉及软件企业之间的并购。参见冯江主编:《中国网络市场之竞争法博弈》,法律出版社 2015 年版,第 55~59 页。

退出可能都比较快速,因此如何评估经营者集中对相关市场的影响就是个难题。就创新保护的必要性而言,并购企业可能具有创新企业的特征,被并购企业也可能具有创新性,因此如何保护市场创新就是经营者集中审查中需要解决的问题。就效率维护而言,高端互联网平台企业的效率与互联网优势企业的“赢者通吃”特征相联系,因此如何认定“赢者通吃”平台的效率及其并购所带来的效率就是棘手的问题。如果认定不当,可能带来反垄断法实施的错误假阳性或错误假阴性问题。

其四,对经营者集中的救济问题。高端互联网平台的经营者集中涉及平台技术、平台数据、平台其他设施等,因此采取结构性的剥离性救济似乎是困难的。但是,如果采取行为性救济方式,则存在如何合乎比例地确定救济方案的问题。其中,由于“互联网+”企业的高速变动性,如何确定行为救济的时间就十分棘手。

其五,经营者集中与相关行为的区分问题。高端互联网平台经营者集中可能就是经营者滥用市场支配地位行为的方式,在集中过程中也可能存在垄断协议行为问题。因此,在高端互联网平台的经营者集中规制中,如何处理经营者集中与相关行为的关系就显得十分重要。

三、先进制造技术垄断与知识产权保护问题

在“互联网+”时代,先进制造技术与互联网深度融合,制造过程不再是条块分割的多个程序的简单拼合,而是智能化程序控制的过程。因此,先进制造技术改变了传统制造的方式,其中涉及数字化软件、物联网技术、定制化生产等要素。这样,先进制造技术就是制造设备、智能软件、先进材料等多要素紧密结合应用的领域,在一项先进制造技术的背后是诸多行业领域技术的交汇和融合,其中可能包含多项专利或非专利技术等知识产权。这样,如何防止先进制造技术滥用以保护市场竞争而同时保护创新则是一个难题。更为复杂的是,一些先进制造技术可能发展成为技术标准,进而引起标准必要专利的反垄断法难题。先进制造技术垄断行为的认定难题在于,如何平衡其中的知识产权保护问题。我们知道,无论是美国、欧盟,还是我国,都对先进制造技术发展采取创新促进策略,核心在于保护先进制造技术知识产权。而“互联网+”时代的先进制造技术则强化了制造技术的信息化、网络化、智能化,使知识产权保护问题复杂

化。因此,其中的反垄断法实施难题在于如何认定先进制造技术垄断行为相关的知识产权抗辩问题,如美国的一起3D打印案就是如此。[①] 这表明,先进制造技术垄断已是反垄断法需要解决的迫在眉睫的问题。当然,其中产品市场、技术市场、创新市场的认定问题也是先进制造技术垄断行为处理中的难题,尤其是先进制造技术涉及的相关技术市场和创新市场还不十分明晰时,反垄断法实施问题更加复杂。

四、智能终端一体化服务垄断与正当理由问题

智能终端一体化服务垄断问题是“互联网+”时代的另一反垄断法难题。智能终端一体化服务垄断的表现在于,产品或服务的售后服务网络化,其完全由经营者远程控制。这样,产品或服务的销售市场与售后服务市场呈现一体化,纵向限制的程度急剧增加。在智能终端一体化服务中,产品或服务的销售市场与售后市场紧密融合,生产者、销售者和售后服务者一体化,以单一企业或紧密结合型的企业联合形式出现,上下游市场的相关性进一步提高。这就带来了上下游市场之间的封锁问题,可能使市场竞争者无法进入售后服务市场。这种阻碍的表现是,智能化技术连接销售商品或服务与售后服务,在未解码智能化技术的情况下,竞争者无法提供售后服务。例如,美国Lexmark International 诉 Static Control Components 案就涉及打印机油墨加注智能技术,Chamberlain 诉 Skylink 案涉及智能开门系统技术,其中都存在智能终端一体化服务垄断问题。在我国发生的某品牌电池附加 infolithium 技术涉嫌技术滥用行为案、某电器销售商设置安装开机授权密码案也都是此类问题的反映。显然,智能终端一体化服务垄断对市场竞争的损害是十分明显的。但是,应值得注意的是,智能终端一体化服务也能提高经营者效率,对消费者而言并非完全没有福利,因此如何权衡智能终端一体化服务带来的积极影响与智能终端一体化服务垄断所导致的弊害是一个难题。此外,智能终端一体化服务中也可能存在商品服务安全、客户主动要求等特殊理由。这都给反垄断法实施带来巨大挑战。

---

① See DSM Desotech, Inc. *v.* 3D Sys. Corp., 749 F. 3d 1332 (Fed. Cir. 2014).

五、网络化协同垄断与合法大数据分享问题

在反垄断法中,协同行为是垄断协议的形式之一。协同行为认定的难题在于,经营者实施协同行为是通过非明示协议的方式进行的,常常是经营者行为一致但心照不宣。在“互联网+”时代,经营者实施协同行为更加便捷。原因在于,无论是在互联网平台中,还是在其他互联网媒介中,诸多数据信息是较为公开流动的,这就极有可能为网络化协同垄断行为提供便利。网络化协同垄断行为不再采用传统的方式进行,而是通过互联网数据、算法、平台技术等进行。其中核心的难题在于,经营者实施协同行为所依据的数据信息也是市场交易的数据信息,数据信息成为经营者协同的媒介甚至手段。例如,美国亚马逊公司在线销售海报固定价格案,优步公司与个体司机签订纵向协议引起的横向合谋案,Aston 与 Topkins 等公司合谋案,欧盟委员会对 Asus、Philips、Pioneer 等公司发起的反垄断调查都涉及网络化协同垄断。更令人担忧的情形是,人工智能参与协同行为乃至其直接实施协同行为将使问题变得更加复杂。例如,监督算法、平行算法、信号算法、自我学习算法,可能促进算法合谋。在算法合谋中,明示共谋容易判断,默示共谋的问题则十分复杂。因为其中除可能带来协同行为问题外,还存在向社会公众传递信息的问题。换言之,算法的应用有利于提升市场透明度,进而促进竞争,这是算法的积极作用。这样,就产生了如何区分协同行为与合法大数据分享的难题。

第四节 “互联网+”经济领域的反垄断法实施难题

随着“互联网+”经济的发展,反垄断法实施问题变得更加复杂,出现或可能出现诸多反垄断法实施难题。主要分析如下。

一、“互联网+”经济垄断的类型化难题

在传统的反垄断法框架中,垄断行为的三大支柱是滥用市场支配地位行为、垄断协议行为、经营者集中行为。滥用市场支配地位行为是具有市场支配地位的企业实施的行为,一般情况下为企业的单边行为,但也可能是多个企业

的共同滥用市场支配地位行为;垄断协议行为是通过协议、协同行为或行业协会的决定实施的行为,实际上是多个企业采取一致行动或导致多个企业采取一致行动,进而损害竞争;经营者集中行为是企业通过并购等聚集垄断力的行为。总体而言,这三大行为之间的界限是相对清晰的。

但是,在“互联网+”经济垄断中,传统的垄断行为分类理论就存在适用难题。一是多个企业共同滥用市场支配地位的行为与垄断协议行为存在区分难题。在“互联网+”经济中,可能出现多个企业共同占有市场支配地位的情形,它们之间虽然存在竞争,但其实施垄断协议的情况也会存在。原因是,在“互联网+”经济条件下,网络化协同更加便捷。这样,出现某种垄断行为后,究竟是认定为滥用市场支配地位行为还是垄断协议行为就存在诸多难题。这些难题若处理不当,则产生反垄断法实施是否公平的问题。原因是,两种类型的垄断行为在认定方法和法律处理上存在差异。二是垄断协议行为与经营者集中行为的界限模糊化。在“互联网+”时代,企业之间的集中行为比传统社会的集中更加复杂,其可能利用集中过程实施垄断协议行为,因为其间的信息交流更加便利,进而就带来垄断协议问题。三是滥用市场支配地位行为与经营者集中行为的界限也将模糊。例如,市场支配地位者通过滥用其市场力而实施的经营者集中就是一个复杂的问题。理由是,“互联网+”经济呈现所谓“赢者通吃”现象,相关经营者很容易滥用市场支配力,进而实现经营者集中,使滥用市场支配地位行为与经营者集中行为出现行为嵌套现象。四是垄断行为内部的类型化也十分困难。例如,平台经济中最惠待遇条款的性质就存在纵向限制竞争说和中心辐射型限制竞争说的争论。[①] 理由在于,中心辐射型限制竞争存在横向限制与纵向限制的融合情形,因此,将相关行为认定为横向限制行为还是纵向限制行为就是个难题,二者在认定方法和具体处理上存在不同。

二、“互联网+”经济反垄断法适用与豁免难题

在反垄断法中,适用豁免或除外是一个永恒的话题。在滥用市场支配地位行为认定中,需要对诸多“正当理由”因素进行认定,进而分析是否排除反垄断法的适用;对于垄断协议行为,则有多项可能排除反垄断法适用的理由,例如,

---

① 参见孙晋、徐则林:《平台经济中最惠待遇条款的反垄断法规制》,载《当代法学》2019年第5期。

为了科技发展需要、公共利益需要、对外贸易需要、环境保护需要等；在经营者集中的处理中，则需要考虑效率抗辩、破产企业抗辩等原因。

在“互联网+”经济中，正当理由认定则更加复杂。主要原因在于，“互联网+”经济属于新经济样态，是各个国家或地区都予以促进发展的领域。这样，创新和效率是“互联网+”经济领域反垄断法实施的关键考量问题。因此，在多大程度上反垄断法适用之、多大程度上反垄断法豁免之则十分复杂。更加关键的难题是，“互联网+”经济依托的技术还处在发展中，存在不确定性因素。另外，传统的豁免因素往往在互联网经济中并不起作用，如对于“二选一”案件而言，专属投资因素、宣传“搭便车”因素、建立销售体系因素皆无用武之地。① 同时，“搭便车”理论在网络时代的转售价格维持行为认定中也存在失灵问题。② 又如，随着互联网技术的发展，观众并不需要现场观看体育比赛，体育赛事转播豁免规则是否适用值得思考。③ 再如，特殊产品经销豁免规则是否适用于在线销售限制行为认定也是一大难题。④ 还如，在快递行业发展迅速的今天，邮政业是否适用反垄断法豁免也值得拷问。⑤ 此外，网络安全可能构成“互联网+”经济领域的反垄断豁免事由，但其可能并不是无限制的。例如，美国2015年《网络安全信息分享法》(Cybersecurity Information Sharing Act)对此就做了二分规定。⑥ 面对如此之多的不确定性因素，法律适用往往存在确定性适用的需要。于是，如何在反垄断法的适用与豁免中找到平衡点就是难题。

三、本身违法原则与合理原则运用难题

在反垄断法中，本身违法原则是指只要存在某种垄断行为就应认定其为违法行为的原则，其中无须考虑是否存在合理因素；相反的适用情形则属于合理

---

① 参见焦海涛：《“二选一”行为的反垄断法分析》，载《财经法学》2018年第5期。

② 参见王自力等：《跨期外部性、零售服务与转售价格维持》，载《当代财经》2019年第2期。

③ 参见朱雪忠、杨曦：《美国体育赛事转播反垄断审查豁免规则及其对中国的启示》，载《科技与法律》2016年第2期。

④ 参见陈焱：《互联网经济下特殊产品经销协议的集体豁免规则》，载《法治论丛(上海政法学院学报)》2012年第5期。

⑤ 参见张卫东：《欧美竞争法在邮政行业的适用及其对我国的借鉴意义》，载《环球法律评论》2013年第3期。

⑥ See Cybersecurity Information Sharing Act(US), Sec. 104(e), 108(e).

原则。一般地，本身违法原则主要适用于核心垄断行为或重大垄断行为，例如，欧盟就把价格卡特尔等垄断协议行为作为重大违法垄断行为，以本身违法原则处理之。除核心垄断行为或重大垄断行为外，一般采取合理原则分析之。

但是，在“互联网+”背景下，究竟适用本身违法原则还是合理原则分析垄断行为是一个难题。例如，在美国脸书一案中，原告主张被告的行为是一种本身违法行为、在合理原则下也构成违法的行为。① 又如，搭售行为认定传统上采用本身违法原则，但对软件搭售是否适用本身违法原则就值得拷问和权衡，如对微软垄断案，美国采用合理原则处理，而欧盟则采用本身违法原则处理。② 有研究则指出，对于技术性搭售应采用准本身违法原则。③ 再如，尽管世界上多个国家或地区已在2007年美国 Leegin 案后逐步采用合理原则，但英国在线酒店预订案则采用本身违法原则处理最惠国条款问题。④ 此外，美国法院在苹果电子书价格垄断案中虽认定代销协议行为本身违法，但又分析协议的排除限制竞争效果，因此该案的适用原则存在模糊性。⑤ 此外，收入共享协议究竟是适用本身违法原则还是合理原则也是一个难题。⑥ 可见，本身违法原则与合理原则的适用范围值得分析。⑦

不过，人们越来越重视合理原则在“互联网+”经济领域的反垄断法适用。有的研究认为，由于存在消费者线下考察而在线上购买的情况，故经营者控制转售价格具有一定的合理性，因此应采用合理原则认定相关行为。⑧ 有分析指出，互联网企业独家交易行为认定不应采用本身违法原则，而应适用合理原则。⑨

---

① 参见姚建军：《本身违法原则与合理原则在垄断协议案中的适用》，载《人民司法》2015年第2期。

② 参见郑鹏程、张坤：《论软件搭售违法认定中的难题及其解决办法》，载《湖南大学学报（社会科学版）》2015年第3期。

③ 参见郑鹏程：《论搭售的违法判断标准》，载《中国法学》2019年第2期。

④ 参见黄勇、田辰：《网络分销模式中最惠国待遇条款的反垄断法分析》，载《法律适用》2014年第9期。

⑤ 参见吴韬、何晴：《美国“苹果电子书价格垄断案”争点释疑》，载《法学》2017年第2期。

⑥ 参见应珊珊、蒋传海：《收入共享契约下价格歧视及配置效率分析》，载《管理科学学报》2018年第10期。

⑦ 参见吕明瑜：《知识经济引发的反垄断法新问题探析》，载《甘肃政法学院学报》2010年第1期。

⑧ 参见刘蔚文：《美国控制转售价格判例的演进及其启示》，载《华东政法大学学报》2012年第1期；王妮妮：《互联网搭售行为的反垄断规制——“3Q案”与“微软案”的比较》，载《江西社会科学》2015年第4期。

⑨ 参见叶明：《互联网企业独家交易行为的反垄断法分析》，载《现代法学》2014年第4期。

也有研究认为,对互联网企业排他性行为应采用合理原则进行规制。[①] 对于转售价格维持行为的认定,有的认为应采取合理原则,但有的认为应采取本身违法原则。[②] 有研究认为,蔓延至网络的转售价格维持行为会妨碍创新和损害效率,采用合理原则对原告而言举证负担过重,因此可抗辩的本身违法原则比合理原则更为可取。[③]

可见,合理原则是否统一适用将是“互联网+”经济领域反垄断法实施的重大挑战。也就是说,合理原则的适用是否存在边界是一个复杂的问题。此外,合理原则如何保证确定性也是个复杂的问题,因为合理原则的适用带来反垄断法适用的不确定性问题是十分明显的。因此,如何在“互联网+”经济发展中,确保反垄断法适用的规范性是一个复杂的问题。

四、相关市场认定难题

一般而言,在“互联网+”经济中,相关市场界定需从产品、地域和时间三个维度分析。然而,这三个维度的分析都存在难题。[④] 在传统工业社会中,商品市场、技术市场和创新市场是可分的。商品市场主要是指有形产品的市场,技术市场主要是指已有成熟技术尤其是知识产权情形的市场,创新市场主要是指研发市场。但是,在“互联网+”背景下,产品生产、技术运用和创新研发融为一体。在一些场合,一个企业同时涉及三个市场;在另一些场合,一个企业主要涉及一个市场如商品市场,但与技术市场、创新市场的关系非常紧密。例如,被捆绑在一起的软件是一个集成产品还是两个独立的产品就是一个认定难题。[⑤] 尽管分析单一产品问题对互联网经济领域的反垄断法实施具有意义,但单一产品标准在理论上争议较大,而其在实践中又存在需求标准、功能标准和交易习惯

---

① 参见蒋岩波、王胜伟:《互联网产业的竞争与排他性交易行为的反垄断规制——以“3Q”案为例》,载《河南社会科学》2016年第7期。

② See Julie Beth Albert, *Adding Uncertainty to the Virtual Shopping Cart: Antitrust Regulation of Internet Minimum Advertised Price Policies*, Fordham Law Review, Vol. 80:4, p. 1679 - 1720(2012).

③ 参见张骏:《转售价格维持反垄断法规制路径之争的化解》,载《法学》2017年第7期。

④ 参见杨文明:《网络经济中相关市场的界定》,载《西南政法大学学报》2012年第4期。

⑤ 参见郑鹏程、张坤:《论软件搭售违法认定中的难题及其解决办法》,载《湖南大学学报(社会科学版)》2015年第3期。

标准等不同判断方法,[①]这加剧了对这一问题的分析难度,使认定相关市场的问题变得十分复杂。也就是说,在多个相关市场之界限越来越模糊时,相关市场的界定就十分复杂了。例如,在奇虎诉腾讯案中,焦点问题是即时通信市场、微博市场、社交网络市场等是否存在替代关系,是否属于同一相关市场,原告认为综合性即时通信服务市场属于独立的相关市场,而广东省高级人民法院和最高人民法院则持相反意见,进而认定腾讯公司不具有市场支配地位并驳回了原告的诉讼请求。[②] 又如,在美国 SunGard 公司、Comdisco 公司并购案中,核心问题是为用户提供计算机损害修复服务的共有网站业务(将用户信息转移到其他计算机系统)、公司内部网站业务(用户在公司内设置系统修复计算机)、快船服务业务(提供替代计算机系统)是否属于同一相关市场。美国司法部将共有网站业务界定为一个相关市场,进而计算并购后企业的市场份额为71%。而集中当事人提供证据证明共有网站方式与公司内部网站方式具有竞争性,以此界定相关市场后双方并购后企业的总市场份额为35%。美国法院最终采纳了集中当事人的意见,并认定并购导致的价格上涨幅度为2.38%,属于并不显著的上涨,因此驳回了美国司法部的阻止合并的请求。[③] 还如,在美国德州仪器公司滥用知识产权纠纷案中,法院详细区分了 ADSL 非标准技术市场、ADSL 技术市场和 ADSL 系统的产品市场。[④]

“互联网+”经济垄断相关市场界定的另一个复杂问题是,相关市场具有免费性、双边性甚至多边性,尽管有人反对这样的认识。[⑤] 这在平台经济中表现得特别突出。[⑥] 我们知道,在平台经济中,平台一边对消费者提供更多免费服务,一边对平台内经营者提供收费服务。这就带来了免费模式下的相关市场界定难题。[⑦] 在这种情况下,经营者小幅价格上涨分析方法(SSNIP 方法)很难见效。

---

① 参见李剑:《合理原则下的单一产品问题——基于中国反垄断法搭售案件的思考》,载《法学家》2015年第1期。

② 参见最高人民法院(2013)民三终字第4号民事判决书。

③ 参见冯江主编:《中国网络市场之竞争法博弈》,法律出版社2015年版,第59~60页。

④ 参见冯江主编:《中国网络市场之竞争法博弈》,法律出版社2015年版,第89~90页。

⑤ See Giacomo Luchetta, *Is the Google Platform a Two-Sided Market*, Journal of Competition Law and Economics, Vol. 10:1, p. 185-208(2014).

⑥ 参见张江莉:《论相关产品市场界定中的“产品界定”——多边平台反垄断案件的新难题》,载《法学评论》2019年第1期。

⑦ 参见侯利阳、李剑:《免费模式下的互联网产业相关产品市场界定》,载《现代法学》2014年第6期。

理由是,采用经营者小幅价格上涨分析方法并不影响“相关市场”的范围,消费者也并不因此寻求消费品替代。这样,传统的相关市场认定方法在“互联网+”经济时代就呈现了无法适应的症候。

“互联网+”经济垄断相关市场界定的困难还在于相关市场的虚拟性。也就是说,在线市场与实体市场共存、国内市场与国际市场共在。这样看来,传统的地理市场界定在“互联网+”经济中遇到困难。在奇虎诉腾讯案中,广东省高级人民法院将相关市场界定为全球市场;而最高人民法院则认为境内外市场之间并未形成竞争约束,因而认定相关市场为境内市场。①

从时间角度看,相关市场的动态性、变化性、发展性也是影响相关市场认定的难题之一。② 也就是说,若从较短时间看,相关市场可能是一个垄断性市场,存在一个临时性或短暂性垄断问题,但该情形可能很快发展变化,市场支配地位者可能很快被技术创新者和新进入者替代。因此,于此情形下理论上存在是否需要干预相关市场行为的对立观点。③ 我们知道,“互联网+”经济仍在发展中,诸多现象还存在不确定性,相关市场在不断发展变化,稳定性较弱。这使相关市场的界定比较困难。

可见,由于网络经济的外部性、开放性、虚拟性、无界性、动态性,相关市场认定存在特殊性。④ 而随着互联网经济的发展,反垄断司法实践中的相关市场的界定也存在不确定性。⑤ 显然,这不利于对经营者市场行为提供确定性指引。

五、违法行为认定方法难题

在反垄断法实施中,对于某种垄断行为的认定一般都应遵循一定的原则,在原则之下存在认定方法选择问题。这些方法都是根据时代发展而建构的。

---

① 参见最高人民法院(2013)民三终字第4号民事判决书。

② 参见仲春:《互联网行业反垄断执法中相关市场界定》,载《法律科学(西北政法大学学报)》2012年第4期。

③ See Cento G. Veljanovski, *Competition Law Issues in the Computer Industry: An Economic Perspective*, Queensland University of Technology Law and Justice Journal, Vol. 3:1, p. 3－27(2003).

④ 参见申屠彩芳:《网络环境下滥用市场支配地位行为的认定——以腾讯QQ要求用户“二选一”行为为例》,载《杭州电子科技大学学报(社会科学版)》2011年第3期。

⑤ 参见蒋岩波:《互联网产业中相关市场界定的司法困境与出路——基于双边市场条件》,载《法学家》2012年第6期。

随着时代的发展，一些方法不再有效，就需要建构新的方法。在“互联网＋”经济发展中，违法行为的认定存在新的因素。这类新因素不仅在新的垄断行为认定中存在，而且在新背景下的传统垄断行为认定中也存在。因此，在“互联网＋”经济背景中按照何种法律推理来认定垄断行为就是十分重要的问题。

在“互联网＋”经济时代，滥用市场支配地位行为的认定的难点在于，阻碍性滥用行为更多采用网络技术手段实施，且与大数据相联。例如，一些经营者实施“二选一”的经营策略，强制消费者只能选择其产品或服务，且采取隐蔽的方式实施。这不仅导致发现涉嫌违法行为比较困难，而且在认定中还需要考量封锁效应和用户转移成本问题，更需要考虑安全抗辩、知识产权保护、效率等特殊抗辩问题。又如，在互联网企业掠夺性定价行为认定中，互联网产品的免费性特征使关注定价成本的方法难以适用。[①] 在剥削性滥用市场支配地位行为中，同样可能存在经营者零利润的情况，也可能存在利润无法计算的情形和需要考虑效率、创新保护、安全保护等因素问题。例如，平台经营者不仅对消费者提供免费服务，而且对平台内经营者或其他主体提供补贴。这使认定平台经营者是否获得利润问题十分复杂。又如，酒店对消费者“杀熟”、打车软件实施算法歧视（包括针对消费者不同或消费者使用的手机不同而歧视）的行为都存在复杂的认定问题。[②] 再如，标准必要专利权人的滥用市场支配地位行为认定也是复杂的问题。[③] 还如，若经营者实施区块链滥用行为也存在复杂的情形。理由是，其中不仅涉及数据相关市场认定的难题，而且还存在抗辩转嫁的复杂问题，如相关滥用行为存在依次传递转嫁效率、成本等问题。

有研究指出，互联网经济给反垄断法实施带来挑战，其中算法歧视在旅游业、酒店预订、零售、体育及娱乐业等存在，算法共谋在旅游业、酒店预订、机票预订、零售等行业广泛存在。[④] 这不仅涉及滥用市场支配地位行为认定问题，而且涉及垄断协议行为的认定问题。也就是说，通过大数据、网络技术、算法技术

---

① 参见叶明：《互联网企业掠夺性定价的认定研究》，载《法律科学（西北政法大学学报）》2015 年第 5 期。

② 参见刘友华：《算法偏见及其规制路径研究》，载《法学杂志》2019 年第 6 期。

③ 参见袁波：《标准必要专利权人市场支配地位的认定——兼议“推定说”和“认定说”之争》，载《法学》2017 年第 3 期。

④ 参见陈兵：《数字经济发展对市场监管的挑战与应对——以“与数据相关行为”为核心的讨论》，载《东北大学学报（社会科学版）》2019 年第 4 期。

实施的明示协议、行业决定、默示共谋等是反垄断法实施中的重大难题。于此,明示协议与默示共谋的界限十分模糊,且生活实践中市场行为一致性几乎是常见现象,信息交流或意思联络似乎广泛存在。因此,似乎我们可以将诸多算法协议归入反垄断法的实施疆域,但又面临着是否对新经济网开一面的难题。

不仅如此,“互联网+”时代的经营者集中规制也存在复杂性问题。例如,相关企业的营业额过低使相关并购很难达到申报标准,如规模不大的高新“互联网+”企业并购问题就是如此。即使经营者集中达到了申报标准,效率因素的阻却又是一个复杂的问题。其中,在效率因素方面需考虑动态效率、创新效率等,而不仅是生产效率、分配效率。此外,破产企业抗辩一直都是经营者集中审查中的复杂问题。

此外,“互联网+”时代的行政性垄断也呈现出复杂的技术性特征,技术性地区封锁、地区歧视、实行地方标准以及制定技术性规则问题都使得行政性垄断行为规制十分复杂,[①]都给反垄断法实施带来难题。

六、损害计算与评估难题

对某种垄断行为的损害计算是反垄断法实施的难题之一。对此,尽管有时需要以受害人的损失为标准进行计算,有时需以行为人的收益进行计算,但有时以两种方法计算都存在难题。在“互联网+”经济发展背景下,计算一种垄断行为的损害更加困难。主要原因是,“互联网+”经济存在不确定性,故计算垄断行为的损害也十分困难。就行政性垄断行为而言,若出现了违反公平竞争的“互联网+”经济政策,如何评估政策的公平性更是难题。

有研究建议采用“成本推算法”“前后比较法”“标杆法”以计算互联网反垄断民事诉讼中的损害赔偿问题。[②] 有研究指出,交易不成损害虽有“纯粹经济损失说”和“所失利益说”,但二者有时并不合理,因此提出了以“转换交易的收益

① 2020年11月,河南省市场监管局依法对洛阳市城市管理局涉嫌滥用行政权力限制共享单车准入案进行立案调查,后向洛阳市人民政府发出行政建议书,建议洛阳市人民政府责令洛阳市城市管理局改正相关行为,恢复相关市场的公平竞争。参见河南省市场监管局:《河南省市场监管局纠正洛阳市城市管理局滥用行政权力排除、限制竞争行为》,载国家市场监督管理总局网,2021年7月6日,http://www.samr.gov.cn/jzxts/tzgg/qlpc/art/2023/art_febe063dd6fc4b4464400c4c81d29d64.html。

② 参见黄勇、申耘宇:《论互联网反垄断民事诉讼的多重功能》,载《法律适用》2014年第7期。

和成本”为基础的方法，且也适用于网络垄断案件。① 可是，这些方法是否具有可操作性仍值得深思。

七、实施体制与实施方式难题

在传统工业社会中，诸多国家或地区的反垄断法实施主要由公权力机关主导，或行政机关主导，或司法机关主导，或行政机关与司法机关共同主导。其中的主要原因是，反垄断法实施机构具有一定的专业知识优势。但是，在“互联网＋”经济发展中，面对新型的垄断行为，相关知识体系尚未形成，经营者的专业知识仍在发展中，行业协会的知识也较为欠缺，反垄断法实施机构的知识更是如此。比较而言，一些“互联网＋”巨头掌握技术优势，因此由不掌握知识优势的反垄断法实施机构去分析具有知识优势的经营者的垄断行为，就可能存在反垄断法实施知识认知背反问题。这样，仅依靠某一主体主导实施反垄断法的情况就不得不进行变革。

从某个角度看，反垄断法的实体正义判断变得十分困难时，需要从程序正义视角进行解决。这样，就需要反垄断法的知识共同体合力发挥作用，即需要反垄断法实施机构、“互联网＋”经济行业甚至相关理论界的共同参与。显然，这又带来一个知识权威向法律权威升华的过程。也就是说，“互联网＋”经济行业、理论界的参与需要按照程序法规则进行规范。

在反垄断法实施方式方面，传统的方式主要是采取强制性执法方式，如采用自由罚、资格罚、金钱罚等。可是，在“互联网＋”背景下，采取强制性执法方式会导致对新经济的不当影响，因为“互联网＋”经济具有变动性、发展性、不可预知性。因此，采取“金刚怒目”、二元对立、强制遵从的反垄断法实施方式并不合适，甚至很难奏效。这样，我们就不得不转变实施方式，执法和解、接受承诺、宽大政策、竞争指导、竞争倡导等都是十分重要的实施方式。可是，面对“互联网＋”经济，这些非强制性执法方式的运用也应有其边界。因此，我们就不得不省思“互联网＋”时代的反垄断法实施方式革新与限度问题。

---

① 参见李俊峰：《反垄断法中交易不成损害的可赔偿性》，载《现代法学》2012 年第 4 期。

第二章

“互联网+”经济发展的反垄断法理论保障

第一节 传统主流学派的理论困境

在反垄断法理论长河中，存在诸多理论，形成了一些有代表性的流派，其中哈佛学派、芝加哥学派、后芝加哥学派、弗莱堡学派、奥地利学派的相关理论影响较大。[①] 但是，随着时代的发展，这些理论显示出一些不足。在“互联网+”时代，这些理论的适用存在困境。

一、哈佛学派的理论困境

在20世纪50—60年代，结构主义者的哈佛学派（The Structuralist Harvard School）主导着美国反垄断的思想，其中主要代表人物有乔·贝恩（Joe Bain）、卡尔·凯森（Carl Kaysen）和唐纳德·特纳（Donald Turner）。哈佛学派或古典哈佛学派（The Paleo-Harvard School）的干预主义政策的药方是基于“结构—行为—绩效”范式（structure-conduct-performance paradigm），即认为市场结构预先

---

① 除哈佛学派、芝加哥学派、后芝加哥学派外，弗莱堡学派、奥地利学派也有一定的影响力。不过，以欧根等人为代表的弗莱堡学派把完全竞争作为理想的竞争模式，总体上追求经济自由，因而反对可能压制经济自由的垄断，主张一定程度上的政府干预。故此，该学派也被称为秩序自由主义学派。参见陈秀山：《现代竞争理论与竞争政策》，商务印书馆1997年版，第46～49页。以米塞斯、哈耶克、熊彼特等人为代表的奥地利学派虽然批评芝加哥学派忽视企业家的应有作用、忽视研发创新，但其同芝加哥学派、后芝加哥学派一样倡导自由放任，认为竞争总能提升福利。参见方燕：《互联网竞争逻辑与反垄断政策：纷争与出路》，社会科学文献出版社2020年版，第271～275页。总体而言，弗莱堡学派和奥地利学派的思想影响了欧洲竞争法的发展。不过，自20世纪70年代始，芝加哥学派的思想开始在欧洲传播，其也影响了欧洲竞争法的发展。参见余东华：《欧美并购规制政策中效率条款的演进及对中国的启示》，载《天津社会科学》2010年第3期。

决定了经营者的竞争表现。[①] 他们认为,企业结构是反竞争行为和不良经济表现的主要决定性因素,结构必然导致一定的行为,该行为必然导致不良表现,因而行为作为一种变量可以忽略进而可以从结构推演市场绩效。[②] 不过,古典哈佛学派的观点后来被不断修正,出现了新哈佛学派(The Neo-Harvard School),代表人物除唐纳德·特纳外,还有菲利普·艾瑞达(Phillip Areeda)和赫伯特·霍温坎普(Herbert Hovenkamp),他们强调更为谨慎的干预主义。[③] 之所以以哈佛学派称谓相关研究,主要原因是其理论主导者是哈佛大学的相关学者。从历史看,该学派的反垄断理论从20世纪30年代就已兴起。当然,该理论的源头可以溯及更早的年代。从发展看,哈佛学派的反垄断理论影响深远。

根据哈佛学派的理论,以下三个方面最值得分析。其一,在经典的哈佛学派理论框架下,市场结构是最重要的因素,其决定了市场行为,进而影响了市场绩效。因此,反垄断法的核心在于反对滥用市场支配地位行为与预防阻碍竞争的市场结构,即在规制滥用市场支配地位行为的同时预防大企业的并购。在处理方式上,拆分大企业通常是最好的方法。在这种思维主导下,结构主义的反垄断法具有深远的影响。因此,世界上的反垄断法都注重市场结构要素的分析。在滥用市场支配地位行为的认定中,一个企业是否具有市场支配地位甚至可以通过市场份额进行推定,即使这并不是断然性证据,但一个市场份额微不足道的企业是不大可能被认定为市场支配地位企业的。在经营者集中审查中,需要申报的是达到一定申报标准,即通常是具有一定规模的企业并购。在垄断协议规制中,市场份额微不足道的企业的行为通常并不是反垄断法关注的对象。其二,哈佛学派的第二个具有影响力的方面是其特别注重本身违法原则的运用。由于哈佛学派认为市场结构是导致反竞争行为的根本原因,因此其在分析反竞争行为时重在找寻问题根源,进而采取本身违法原则处理案件。也就是说,在哈佛学派的反垄断框架下,正当理由问题并没有受到更多的关注。这种

---

① See Daniel A. Crane, *A Neo-Chicago Perspective on Antitrust Institutions*, Antitrust Law Journal, Vol. 78:1, p. 43 - 66(2012).

② See Herbert Hovenkamp, *Harvard, Chicago, and Transaction Cost Economics in Antitrust Analysis*, Antitrust Bulletin, Vol. 55:3, p. 613 - 662(2010).

③ See Daniel A. Crane, *A Neo-Chicago Perspective on Antitrust Institutions*, Antitrust Law Journal, Vol. 78:1, p. 43 - 66(2012).

方法的优点在于可比较简单地处理垄断案件,对市场具有明确的指导性。但是,这种方法的弊端在于其可能错误地处理一些本不应处理的企业行为。其三,哈佛学派的第三个值得关注的方面是其经验主义的反垄断态度。哈佛学派的反垄断思想源于对现实主义的经验观察,基于对经济现象的实际分析,因此其具有一定的经验主义特征。

随着经济社会的发展,经济样态已在传统农业经济、工业经济、信息经济的基础上形成了"互联网+"经济。在这种经济模式下,市场经济不仅实现了互联网化,而且实现了算法化、智能化、大数据化。在此背景下,哈佛学派反垄断理论的适用存在一定的难题。

首先,"互联网+"经济中的"赢者通吃"倾向与哈佛学派的结构主义方法相悖。我们知道,"互联网+"经济是注意力经济,[①]消费者往往将消费集中于一家注意力最高的企业。也就是说,某一企业的产量越大,其对消费者的价值越大,进而形成消费规模经济(economies of scale in consumption)效应。[②]这样,就很容易导致在某一个行业形成"赢者通吃者"。自然地,该企业一般也具有较大的市场份额,按哈佛学派的理论其很容易被推定为市场支配地位者,接着该企业的行为很可能被认定为非法垄断行为而被制裁。但问题是,即使对该企业进行拆分,后续又会出现一个新的"赢者通吃者"。如果我们继续拆分新的"赢者通吃者",则后续的重复性反垄断法实施无休无止。也就是说,哈佛学派希望将市场结构维持在传统经济社会中的理想状态,这在"互联网+"经济中并不可行。换言之,若采取结构主义的反垄断法方法处理"互联网+"企业,似乎与"互联网+"经济模式相悖,似乎不符合现代经济发展的规律。

其次,"互联网+"经济中的非结构性影响型并购现象与哈佛学派的结构主义方法相悖。在哈佛学派反垄断思维的影响下,反垄断法处理的并购主要是大企业之间的并购或者达到一定规模的企业并购。但是,在"互联网+"经济中,一个企业对市场份额十分微小的企业的并购可能也具有反竞争影响,例如,对一个初创企业的并购就是如此。因此,在一些经营者集中中,"互联网+"经济

---

① 参见叶明:《互联网经济对反垄断法的挑战及对策》,法律出版社2019年版,第24页。

② See Richard A. Posner, *Antitrust in the New Economy*, Antitrust Law Journal, Vol. 68:3, p. 925-944 (2001).

集中往往规模小、相关企业营业额小,很难达到申报标准,但可能有排除、限制竞争的影响。显然,这与哈佛学派的结构主义理论方法存在冲突。进一步说,若对未达到申报标准的经营者集中进行处理,则会带来更复杂的问题,即何种集中损害竞争,其中的竞争减少如何认定也是难题,当然其中也存在救济难题。也就是说,如果该类集中已经实施完成,救济实际上很难进行甚至不可能实施救济。

最后,“互联网+”经济要素与哈佛学派的结构主义方法存在非匹配性。例如,在“互联网+”经济中,相关市场界定非常艰难。理由是,“互联网+”相关市场通常不是一个单边市场,其中存在双边市场或多边市场,消费者与平台形成交易关系,经营者也与平台形成交易关系。不仅如此,一个平台还存在多个业务平台,这样就导致一个超级平台的市场是广域的市场,甚至是全行业的市场。这样,相关市场的界定问题就是一个难题。更为复杂的是,一个大型平台可能是分层的,超级平台与其子平台形成业务关系,子平台与平台内经营者形成业务关系,平台内经营者与消费者形成业务关系。这样,从纵向看,相关市场的认定就十分困难。在缺乏准确的相关市场界定后,就带来市场支配地位认定的难题,进而导致滥用市场支配地位行为认定的难题。此外,如何拆分平台也是复杂的问题。即使在法律上可以规定对平台业务进行分割,但这样的做法可能并不是消费者所期待的。理由是,消费者期待的是能在平台间进行自由切换,而不是在具有阻碍的平台之间进行转换。也就是说,在平台之间进行具有高成本的转换是不经济的。

从以上分析可见,哈佛学派的反垄断理论对“互联网+”经济存在非适应性,核心在于该学派的以结构主义为中心的方法与“互联网+”经济存在非匹配性,进而导致根据该学派的本身违法原则分析某一行为是否合法也是值得怀疑的。更言之,哈佛学派的经验主义主要是传统工业社会的经验,该经验并不适合“互联网+”经济。值得指出的是,哈佛学派的反垄断理论的非适应性的根源不仅在于经济社会背景发生了变迁,更在于哈佛学派仅仅以静态的思维分析经济现象。或言之,哈佛学派更多从静态市场结构的视角分析市场环境,而不是从动态发展的角度分析经济现象。也就是说,从任何静态的时间去分析经济现象、市场结构、市场行为、市场绩效是不全面的。如果如此,只能使哈佛学派的反垄断理论的适用带来被动性。

二、芝加哥学派的理论困境

20 世纪 70—80 年代,芝加哥学派(The Chicago School)或称古典芝加哥学派(The Paleo-Chicago School)对古典哈佛学派的观点进行了激烈批判,特别是其不相信哈佛学派对市场结构与市场绩效的关系的分析,认为许多反竞争的市场行为完全是良性的。[①] 也就是说,若按照哈佛学派的思维进行分析,芝加哥学派主要关注市场绩效,而市场结构、市场行为并不属于其关注的焦点。因此,按照芝加哥学派的观点,即使是市场集中度较高的市场结构,只要存在市场绩效,其也是良性的;即使是传统上的反竞争行为,只要其存在市场绩效,也是合理的。从这一角度看,芝加哥学派实际上解构了市场结构、市场行为、市场绩效之间的单向性影响关系,去除了三者之间的必然性连接,最终使哈佛学派的反垄断理论失去根基。这样,哈佛学派的结构主义、本身违法原则等重要的反垄断理论方法都失去了理论前提。一般认为,芝加哥学派的代表人物有博克(R. H. Bork)、波斯纳(R. A. Posner)、德姆塞兹(H. Demsetz)、斯蒂格勒(G. J. Stigler)等。[②]

芝加哥学派的反垄断理论核心有二:一是法律须以消费者福利为中心,而非市场集中度;二是反垄断分析必须以价格理论为基础。[③] 也就是说,首先,消费者福利或经济效率是反垄断的唯一焦点;其次,芝加哥学派倾向于将经济分析原则运用于反垄断中,包括价格理论。[④] 换言之,芝加哥学派关注的市场绩效具体是指消费者福利最大化或经济效率。这是芝加哥学派的反垄断理论的第一个突出方面。我们知道,福利经济学上的福利包括生产者福利和消费者福利,因此还有一个社会总福利的概念。这样就产生了一个问题,即反垄断法究竟应关注生产者福利最大化还是消费者福利最大化或是社会总福利最大化。其中的难题在于,福利有实际福利、现实福利或近期福利,还有期待福利、未来

---

① See Daniel A. Crane, *A Neo-Chicago Perspective on Antitrust Institutions*, Antitrust Law Journal, Vol. 78:1, p. 43 - 66(2012).

② 参见许光耀:《垄断协议的反垄断法调整》,人民出版社 2018 年版,第 32 页。

③ See Pedro Aranguez-Diaz, *A New Opportunity for Digital Competition: Facebook, Libra, and Antitrust*, Stetson Law Review, Vol. 50:1, p. 199 - 232(2020).

④ See Christopher S. Yoo, *The Post-Chicago Antitrust Revolution: A Retrospective*, University of Pennsylvania Law Review, Vol. 168:7, p. 2145 - 2170(2020).

福利或长期福利。因此,如何界定反垄断法上的福利最大化是一个棘手问题。芝加哥学派和哈佛学派一样关注社会总福利最大化,例如,博克就提出了社会总福利标准(the total-welfare standard)。[①] 也就是说,博克所称的消费者福利(consumer welfare)是指社会总福利,即消费者剩余加生产者剩余和经济效率(equivalent to consumer plus producer surplus and economic efficiency),而此处的消费者也包括中间产品生产者。[②] 可见,博克在消费者福利这个概念上制造了混乱,美国最高法院因此也受到了误导。[③] 波斯纳也认为,反垄断的唯一目标是促进经济学意义上的效率,即要反对厂商人为地将价格推动到竞争水平之上的垄断价格所带来的无效率问题(损害卡尔多-希克斯效率或潜在的帕累托效率),但反垄断法不是更公平地分配收入或分配财富的恰当手段。[④] 因此,在他看来,生产者因为垄断给消费者带来的损害并不是反垄断法关注的核心,反垄断法关注的是垄断行为导致消费者避免支付垄断价格中的努力和垄断导致销售者谋求垄断的努力中存在的成本问题;此外,他认为试图以反垄断法为工具保护小企业的利益也是无效率的。[⑤] 从这里可以看出,波斯纳认为反垄断法的终极目标是效率,即使对于反垄断法可能减少消费者的成本或给消费者带来福利问题,其也是从效率角度进行分析的。这样,在主流的芝加哥学派学者看来,反垄断法应关注资源配置效率,理想的模式是在资源配置效率最大化的同时促进消费者福利最大化,即使局部损害消费者福利但有利于社会总福利的增加的相关行为也是合法的。[⑥]

芝加哥学派的反垄断理论的第二个突出方面是注重经济分析,具体而言是

---

① See Christopher S. Yoo, *The Post-Chicago Antitrust Revolution: A Retrospective*, University of Pennsylvania Law Review, Vol. 168:7, p. 2145 - 2170(2020).

② See Kenneth Heyer, *Consumer Welfare and the Legacy of Robert Bork*, Journal of Law and Economics, Vol. 57:3, p. s19 - s32(2014).

③ See Barak Y. Orbach, *The Antitrust Consumer Welfare Paradox*, Journal of Competition Law & Economics, Vol. 7:1, p. 133 - 164(2011).

④ 参见理查德·A. 波斯纳:《反托拉斯法》(第2版),孙秋宁译,中国政法大学出版社2003年版,第2~3页。

⑤ 参见理查德·A. 波斯纳:《反托拉斯法》(第2版),孙秋宁译,中国政法大学出版社2003年版,第14、28页。

⑥ 参见任剑新:《美国反垄断思想的新发展——芝加哥学派与后芝加哥学派的比较》,载《环球法律评论》2004年第2期。

注重运用价格理论等经济学方法进行分析。这样,确认某一市场行为是否违法,需要分析其竞争损害,因此需要比较消费者的收益和成本,分析某一市场行为是否带来产品或服务价格的增加,进而从经济学角度分析某一市场行为是否应该予以处理。这就使芝加哥学派的反垄断理论走向了以合理原则分析为中心的道路。因此,这也带来个案处理原则,即具体案件具体分析的反垄断法方法的应用问题。受到芝加哥学派的影响,全球反垄断法实施近几十年来主要采取经济分析的方法分析某一市场行为是否为反垄断法的调整对象。因此,反垄断法中的合理原则及其个案分析方法是非常重要的。

当然,芝加哥学派的反垄断理论的另一个重要方面是从消费者福利角度分析市场行为,进而使该学派成为“行为主义”分析学派。也就是说,尽管市场绩效是第一位的,但其受到市场行为的影响,因此需要对市场行为是否损害市场绩效进行分析。这样,芝加哥学派的分析方法就关注到了市场行为。但是,这与哈佛学派理论中的从市场结构影响市场行为,进而市场行为影响市场绩效的逻辑是完全不同的。

随着人类社会进入“互联网+”社会,人们也开始怀疑芝加哥学派的反垄断法理论的有用性。不过,相关学者仍为芝加哥学派的反垄断理论进行辩护。波斯纳认为,新经济由于规模经济、网络外部性特征将经济推向垄断的同时也推向竞争,因为争夺垄断的竞争也是一种重要的竞争形式,进而一连串短暂的垄断使创新达到最大化,因此反垄断法不需要关注这类垄断,反垄断法需要关注的是拥有垄断份额的企业阻止市场进入、排他性搭售等实现非效率的行为。[①]可见,波斯纳认为芝加哥学派的理论足以解决问题,但需要解决的是反垄断法实施机构的知识欠缺问题,因此其提出了仲裁、技术专家机制问题。[②] 博克也认为,芝加哥学派的思想是保护竞争而非竞争者,故不应对谷歌等公司进行处罚。[③] 易斯特布鲁克也认为,那种认为新产品或低价格或新的分配手段损害消

---

① 参见理查德·A.波斯纳:《反托拉斯法》(第2版),孙秋宁译,中国政法大学出版社2003年版,第289~302页。

② See Richard A. Posner, *Antitrust in the New Economy*, Antitrust Law Journal, Vol. 68:3, p. 925 – 944 (2001).

③ See Robert H. Bork & J. Gregory Sidak, *What Does the Chicago School Teach about Internet Search and the Antitrust Treatment of Google*, Journal of Competition Law and Economics, Vol. 8:4, p. 663 – 700 (2012).

费者的主张是极其令人怀疑的，因为微软的零价格策略并没有提高产品价格，也没有减少产量。[①] 但理性地看，芝加哥学派的反垄断理论在“互联网+”经济时代具有一定的非适应性。

第一，效率很难认定。在芝加哥学派的反垄断法理论中，效率是反垄断的终极目标，有时也是可豁免反垄断法适用的一个正当理由。但是，效率标准可能带来无效率问题。例如，企业联合进行生产但仍按联合前的价格进行竞争性销售时，并没有增加社会总福利中的消费者剩余；若企业联合生产且联合地提高价格进行销售，则可能带来消费者剩余损失，且该消费者剩余损失可能低于联合生产的成本节约，进而使社会总福利减少。[②] 不仅如此，在“互联网+”经济中，效率的认定存在难题。理由是，“互联网+”经济存在高变动性，一个企业的生存时间有时很短，市场中的企业数量和组成变化较大，都使效率很难认定。例如，一个由于网络效应而产生的“赢者通吃”企业的效率是难以认定的。这样，如何处理大企业的行为与效率之间的关系就变得十分复杂。由于缺乏有效的经济政策分析，人们批评反垄断法过于依赖非古典理论为基础的假定、原则和标准，使得法院的合理原则分析方法总体上具有不确定性，[③]因此合理原则是法院强烈呼唤法律标准的领域。[④]

第二，“互联网+”经济中的消费者福利最大化认定的难题。有研究指出，社会总福利标准理论认为成本节约具有传导性，进而导致价格竞争，最终使消费者受益，但是创新和仿真等传导是不及时、不完全的，在存在市场进入障碍的情形中则不可能发生，因此消费者不能最终享受到利益。[⑤] 在“互联网+”经济中，消费者福利不再仅限于低廉的价格、优质的服务，更包括更多的选择福利。

---

① See Frank H. Easterbrook, *Chicago on Vertical Restrictions*, Competition Law International, Vol. 3:1, p. 3-7(2007).

② See Steven C. Salop, *Question: What Is the Real and Proper Antitrust Welfare Standard-Answer: The True Consumer Welfare Standard*, Loyola Consumer Law Review, Vol. 22:3, p. 336-353(2010).

③ See Ross E. Bautista, *The Never-Ending Quest for Clarity amidst Uncertainty: Hospital M&A and Antitrust Scrutiny*, San Diego Law Review, Vol. 54:1, p. 149-176(2017).

④ See Ryan T. Jardine, *Economic Law-Vertical Minimum Pricing in Leegin-Adrift with the Rule of Reason: Sinking with Stare Decisis; Leegin Creative Leather Prod., Inc. v. PSKS, Inc.*, Wyoming Law Review, Vol. 8:2, p. 683-702(2008).

⑤ See Steven C. Salop, *Question: What Is the Real and Proper Antitrust Welfare Standard-Answer: The True Consumer Welfare Standard*, Loyola Consumer Law Review, Vol. 22:3, p. 336-353(2010).

在传统社会中，消费者福利主要是消费者能享受到的产品价格优惠。这使传统上反垄断法中的消费者福利计算相对简单。但是，随着社会的发展，消费者福利还包括优质的服务，而服务有时是可计算价格的，有时是无法计算价格的。这就给反垄断法的消费者福利分析带来难题。在“互联网+”经济中，消费者福利还包括相关企业给消费者带来的多元选择、个性体验。这样，消费者福利的计算更加复杂。更为复杂的是，由于经济的高变动性，消费者福利计算更加困难。加之随着“互联网+”经济发展深化，行业之间的界限模糊化，导致相关市场的界定十分艰难，相关行为的消费者福利损害计算更为艰难。

第三，效率与消费者福利之间的关系难以平衡。在芝加哥学派的部分学者看来，最理想的模式是在资源配置效率最大化的同时促进消费者福利最大化。若二者发生冲突，资源配置效率最大化是优先的标准，因为从长期看这可促进消费者福利。但是，在“互联网+”经济中，效率是否存在很难认定，而消费者福利最大化更难认定。至于二者发生冲突时，如何处理二者的关系则更为复杂，甚至无从下手解决。

第四，免费市场与价格理论的背离。在“互联网+”经济中，经常存在经营者聚合平台，而平台对消费者进入是免费的。这样，就使得采用价格理论分析相关市场行为存在困难。也就是说，在芝加哥学派的反垄断理论中，消费者与经营者之间的交易存在价格，进而可以据此分析消费者福利。但是在平台经济中，消费者零价格进入使价格理论分析是无效的。退言之，若将双边市场或多边市场纳入统一分析，则增加了分析的复杂程度。若将消费者注册平台信息作为一种价格，则似乎与传统价格理论存在背离。可见，“互联网+”经济与价格理论的适用之间存在一定的鸿沟。因此，有研究认为，价格理论面对零价格市场是无效的，因此其只能使高科技公司受益。①

值得指出的是，芝加哥学派的反垄断理论的局限性主要源于其更多从静态角度分析问题。也就是说，该学派主要分析静态福利，而未考虑到现代“互联网+”经济的高变动性和动态性。不仅如此，芝加哥学派的反垄断理论的局限性还存在于其对市场自我修复、自我矫正功能的高度信任，而未考虑现代“互联

---

① See John M. Newman, *Antitrust in Zero-Price Markets*: *Foundations*, University of Pennsylvania Law Review, Vol. 164:1, p. 149 – 206(2015).

网+”经济是螺旋式动态发展的,其中也存在大企业的不良行为,如阻碍市场进入、实施掠夺性定价行为等。但是,如果政府对这种短期性的大企业的行为都不予以干预,则可能使消费者、其他经营者的利益受到损害。因此,以静态效率为中心的分析方法对“互联网+”经济市场是不利的。

三、后芝加哥学派的理论困境

后芝加哥学派(The Post-Chicago School)与芝加哥学派一样拒绝平民主义的考量,而接受经济福利最大化作为反垄断法的唯一焦点。二者的差异不在于目标,而在于相关经济学理论的不同。后芝加哥学派接受了博弈理论(the game theory),使之不同于芝加哥学派;后芝加哥学派将策略行为作为分析的中心,使之不同于哈佛学派聚焦于市场结构而忽视市场行为;后芝加哥学派采用比芝加哥学派更加复杂的动态分析方法,但不是哈佛学派的案例研究方法,而是抽象的方法。① 有研究认为,古典哈佛学派或前芝加哥学派的“结构—行为—绩效”范式是高度经验化的,因此最终是失败的;而芝加哥学派的经验主义缺失导致其实际上也是无意义的;而旨在替代芝加哥学派的后芝加哥学派是更现实的。② 一般认为,后芝加哥学派的代表人物主要有夏皮罗(Shapiro)、萨勒普(Salop)、泰勒尔(Tirole)、奥多瓦(Ordover)、施瓦兹(Schwarz)、施马兰西(Schmalensee)等。③

虽然后芝加哥学派的研究推进了反垄断法理论的发展,但是其在应对“互联网+”经济的垄断问题方面仍存在以下不足。

第一,未形成统一的理论方法。如前所述,后芝加哥学派采取博弈论、策略理论分析垄断行为,乃至采取其他理论方法进行分析。但是,该学派很难形成统一的观点,至少缺乏十分有效的统一的方法。从目前来看,该学派仍然属于芝加哥学派的后续发展,仍属于芝加哥学派的发展分支,很难称为独立的反垄断理论学派。这样,面对“互联网+”经济,我们似乎很难采用统一的后芝加哥

---

① See Christopher S. Yoo, *The Post-Chicago Antitrust Revolution: A Retrospective*, University of Pennsylvania Law Review, Vol. 168:7, p. 2145 – 2170(2020).

② See Daniel A. Crane, *Chicago, Post-Chicago, and Neo-Chicago*, University of Chicago Law Review, Vol. 76:4, p. 1911 – 1934(2009).

③ 参见周茂荣、辜海笑:《新产业组织理论的兴起对美国反托拉斯政策的影响》,载《国外社会科学》2003 年第 4 期。

学派的反垄断法理论进行分析。

第二,消费者福利最大化困境。后芝加哥学派并未抨击芝加哥学派关于反垄断法的目标的分析,或言之赞同反垄断法的目的应在于促进福利最大化。但是,二者不是完全一致的。也就是说,后芝加哥学派更关注财富的转移问题,认为理想的模式是促进社会总福利最大化,同时并不存在消费者福利的损害,[①]他们认为消费者福利标准可以是在促进总福利的同时增长消费者福利。[②] 这样,后芝加哥学派实际上转向了终端用户标准(an end-user standard)。[③] 因此,若某一行为虽然带来社会总福利的增加,但若存在消费者损害,则相关经营者的行为也是违法的。但是,后芝加哥学派对于这种方法如何应用未形成较好的方案。

第三,反垄断法的不确定性。后芝加哥学派的复杂分析方法导致反垄断法采取以个案分析为中心的方法,而由于其缺乏理论上统一的支撑,使反垄断法的实施具有不确定性。在"互联网+"经济发展的今天,反垄断法的不确定性会给市场带来不明确性。显然,这对反垄断法的实施是不利的。

第四,"互联网+"经济中出现了诸多新问题。"互联网+"经济是全行业互联网化经济,消费互联网、工业互联网、服务互联网、信息互联网、农业互联网等都是"互联网+"经济的相关形态,其中工业互联网将使生产制造与终端服务连为一体,并将形成以智能制造平台为中心的经济模式。这样,高端智能平台垄断问题、智能协同行为问题、互操作性问题、未达到申报标准的经营者集中等问题得以产生。这就使得相关反垄断法实施问题变得更加复杂。而后芝加哥学派的相关理论未对此进行有效回应。

总体而言,后芝加哥学派虽然承继了芝加哥学派的观点,但其不再坚持静态的效率,而是关注动态的效率。该学派不仅关注效率,更关注创新;不仅关注市场行为,更关注博弈论、信息经济学的运用等。不仅如此,后芝加哥学派也关

---

① 参见任剑新:《美国反垄断思想的新发展——芝加哥学派与后芝加哥学派的比较》,载《环球法律评论》2004年第2期。

② See Steven C. Salop & Carl Shapiro, *Jean Tirole's Nobel Prize in Economics: The Rigorous Foundations of Post-Chicago Antitrust Economics*, Antitrust, Vol. 29:2, p. 76-81 (2015).

③ See Kenneth Heyer, *Consumer Welfare and the Legacy of Robert Bork*, Journal of Law and Economics, Vol. 57:3, p. s19-s32 (2014).

注市场结构,但是从否定的角度进行分析。也就是说,如果市场结构良好,则不存在应规制的市场行为。但问题是,怎样的市场结构是良好的,需要判断。对此,后芝加哥学派未能进行很好的回答。

第二节 新布兰代斯学派的理论发展及其不足

一、新布兰代斯学派的理论发展

随着“互联网+”经济的发展,学术界开始进行新的理论探索。其中,美国新布兰代斯学派引起了各界的广泛关注。该学派又被称为新布兰代斯运动(The New Brandeis Movement)或嬉皮士反垄断(Hipster Antitrust),①或称为进步学派(The Progressive School)。② 其中,新布兰代斯反垄断(Neo-Brandeisian Antitrust)是其支持者使用的称谓,嬉皮士反垄断是其怀疑者使用的称谓。③ 该学派的理论源头可以追溯到美国麦迪逊传统的坚定支持者——美国最高法院大法官路易斯·布兰代斯(Louis Brandeis),其在20世纪初成功地更新了美国反垄断体制,其哲学一直影响到20世纪70年代。④ 当然,新与旧是相对的。其实,在20世纪30年代中期,美国已经出现了新布兰代斯运动主义者(The Neo-Bandeisians)。⑤ 本研究中所指的新布兰代斯学派主要指最近几年出现的一股反垄断理论思潮。

---

① See Elyse Dorsey, Jan Rybnicek & Joshua Wright, *Hipster Antitrust Meets Public Choice Economics: The Consumer Welfare Standard, Rule of Law, and Rent-Seeking*, CPI Antitrust Chronicle, Apr. 18, 2018, p. 22.

② See Tim Wu, *After Consumer Welfare, Now What? The "Protection of Competition" Standard in Practice*, Competition Policy International, https://www. competitionpolicyinternational. com/after-consumer-welfare-now-what-the-protection-of-competition-standard-in-practice/,访问日期:2020年5月30日。

③ See Christopher S. Yoo, *The Post-Chicago Antitrust Revolution: A Retrospective*, University of Pennsylvania Law Review, Vol. 168:7, p. 2145 – 2170(2020).

④ See Lina Khan, *The New Brandeis Movement: America's Antimonopoly Debate*, Journal of European Competition Law & Practice, Vol. 9:3, p. 131 – 132(2018).

⑤ See Tim Wu, *The Curse of Bigness: New Deal Supplement*, Connecting Repositories, https://core. ac. uk/download/pdf/328008435. pdf,访问日期:2023年6月20日。

(一)新布兰代斯学派的代表性观点

新布兰代斯学派的代表人物是美国哥伦比亚大学法学院的丽娜·汗(Lina Khan)和蒂姆·吴(Tim Wu)。此外,美国开放市场研究所(The Open Markets Institute)的桑蒂普·瓦赫桑(Sandeep Vaheesan)等也是新布兰代斯学派观点的鼓吹者。关于新布兰代斯学派的观点,丽娜·汗进行了系统梳理,主要有五个方面。

第一,反垄断是以民主为基础建构社会的关键工具和哲学支撑。理由是,经济权力的集中有助于政治权力的集中,且该私权力自身可破坏和左右政府。占有支配地位的公司可对政治过程及其结果产生巨大影响,可通过游说、资助选举、担任公职、资助研究或建立其能够发挥杠杆作用的重要系统等策略获得有利政策,以进一步加强其支配地位。不仅如此,大多数人日常体验的权力还来自经济领域,而商业领域的专制结构,例如,一家或几家私人公司说了算,可能会排除人们自由的体验,威胁到民事领域的民主。① 因此,政治、社会、经济上的多种因素促动立法者,因而反托拉斯法制定时至少包括三种目标:一是政治经济权力分配;二是阻止财富不公正地从消费者和小供应商向大企业转移;三是维护开放市场竞争。②

第二,反垄断(antimonopoly)不仅是反托拉斯(antitrust)。反垄断旨在在商业和经济领域创设一种制衡体系,反垄断法仅是反垄断工具箱中的一种工具而已。例如,美国联邦储备系统、农业部、通信委员会、交通部、专利商标局、贸易代表办公室、国防部、证券交易委员会、总务管理局和许多其他机构都拥有强大的反垄断力量,美国每个州、每个城市也是如此。③ 因此,除了建议扩大联邦贸易委员会的规制权使之远离法院外,一系列其他法律改革和干预措施,包括革新劳动法和保护工人组织,使公共事业法规重现活力以及采用公共利益措施

① See Lina Khan, *The New Brandeis Movement: America's Antimonopoly Debate*, Journal of European Competition Law & Practice, Vol. 9:3, p. 131 – 132(2018).

② See Lina M. Khan & Sandeep Vaheesan, *Market Power and Inequality: The Antitrust Counterrevolution and Its Discontents*, Harvard Law & Policy Review, Vol. 11:1, p. 235 – 294(2017).

③ See Lina Khan, *The New Brandeis Movement: America's Antimonopoly Debate*, Journal of European Competition Law & Practice, Vol. 9:3, p. 131 – 132(2018).

等,都是必要的,以实现权力再平衡和控制市场支配地位的反垄断目标。[①]

第三,反垄断并不意味着大就是坏。一些行业自然地趋向垄断,网络行业尤其如此。对此,解决方案不是拆分企业,而是设计一套阻止管理垄断企业的高管滥用其权力的公共治理体系,以确保这些高管获得适当的激励为依赖垄断企业的每个人在销售或购买特殊产品或服务时尽可能提供最好的服务。[②]

第四,反垄断必须聚焦于市场结构和竞争过程,而非竞争结果。美国国会最初通过反垄断法时旨在防止私人权力的过度集中和保护分配个人机会和繁荣的市场结构。在20世纪的大部分时间里,反垄断法实施者实现了该目标,其是通过确保市场以开放和竞争的方式构建而不是集中于任何具体结果。芝加哥学派聚焦于消费者福利,导致反垄断执法机构和法院主要关注促进效率,其理论基础即效率可带来对消费者而言的低价。但是,这在很大程度上对非正当的市场权力对工人、供应商、创新者、独立企业的损害视而不见,而这些都是美国国会通过反垄断法时所旨在阻止的。此外,根据消费者福利标准开展的反垄断法实施导致了更高的价格,这意味着即使按照芝加哥学派自己的话语其哲学也是失败的。[③] 具言之,消费者福利标准未能充分应对掠夺性定价的风险,未能解决不同行业一体化可能是反竞争行为的问题。故此,有必要重塑竞争政策,采取掠夺假定(a presumption of predation)的方法禁止支配性平台的纵向一体化;或者将支配性互联网平台视为自然垄断或寡头垄断,采取公共事业机制或关键设施义务的方法维护规模经济的收益,同时限制支配性平台滥用其力量的能力。[④]

第五,并不存在所谓的市场力问题。政治经济可以通过法律和政策进行构建。任何形式的组织或权力并不是必然的,技术进步可以使企业以多种壮大的方式颠覆现有平衡,但政府也能确保创新结果不被用于获得对市场的控制,如

---

① See Lina M. Khan, *The End of Antitrust History Revisited*, Harvard Law Review, Vol. 133:5, p. 1655 - 1682(2020).

② See Lina Khan, *The New Brandeis Movement: America's Antimonopoly Debate*, Journal of European Competition Law & Practice, Vol. 9:3, p. 131 - 132(2018).

③ See Lina Khan, *The New Brandeis Movement: America's Antimonopoly Debate*, Journal of European Competition Law & Practice, Vol. 9:3, p. 131 - 132(2018).

④ See Lina M. Khan, *Amazon's Antitrust Paradox*, Yale Law Journal, Vol. 126:3, p. 710 - 805(2017).

同其能够构建激励创新的政治经济一样。[①] 例如,平台享有守门人权力、使用杠杆的权力和信息剥削的权力,这在一定程度上解释了企业享有的支配地位,[②]而根据原始价值观(包括对集中的私人权力的不信任),重塑权力理论对复兴反垄断实施体制至关重要,因为其能完全解决我们政治经济中的集中的市场力问题。[③]

(二)新布兰代斯学派的其他分析

在新布兰代斯学派中,蒂姆·吴是现代反垄断运动中声音最大的鼓吹者之一。[④] 在蒂姆·吴的观点中,以下观点值得关注。一是他认为反垄断法的制定反映了阻止经济专制和禁止强迫行为的政治目标,反映了工业和国家政策中的宪法选择,反垄断和宪法一样厌恶权力集中,反垄断具有宪法的部分功能,因此将反垄断法再中心化是使民主发挥功能制衡私人力量的关键。[⑤] 因此,他认为应该拆分大企业,[⑥]应在保护竞争过程的方法下分析垄断是否涉及政治问题。[⑦] 二是他认为经济集中不可避免地塑造了人们作为公民的经验,垄断导致非人道、剥夺人格、压制自由,极端经济集中还可能促进滋生法西斯主义。[⑧] 三是他认为反垄断法应具有更广泛的政策目标,例如促进就业和收入。[⑨] 四是他认为应采取立法的方法而不是依赖裁决的方法降低反垄断法实施成本,具体包括以下方法:拆分或隔离规则,以打破长期存在的搭售或捆绑;有利于竞争的放松管

---

① See Lina Khan, *The New Brandeis Movement: America's Antimonopoly Debate*, Journal of European Competition Law & Practice, Vol. 9:3, p. 131 - 132(2018).

② See Lina M. Khan, *Sources of Tech Platform Power*, Georgetown Law & Technology Review, Vol. 2:2, p. 325 - 334(2018).

③ See Lina M. Khan, *The Ideological Roots of America's Market Power Problem*, Yale Law Journal Forum, Vol. 127, p. 960 - 979(2017 - 2018).

④ See Ryan Young, *Sometimes Bigger Is Better*, Reason, Vol. 52:8, p. 38 - 43(2021).

⑤ See Lina M. Khan, *The End of Antitrust History Revisited*, Harvard Law Review, Vol. 133:5, p. 1655 - 1682(2020).

⑥ See D. Daniel Sokol, *Antitrust's Curse of Bigness Problem*, Michigan Law Review, Vol. 118:6, p. 1259 - 1282(2020).

⑦ See Tim Wu, *After Consumer Welfare, Now What? The "Protection of Competition" Standard in Practice*, *Competition Policy International*, https://www.competitionpolicyinternational.com/after-consumer-welfare-now-what-the-protection-of-competition-standard-in-practice/,访问日期:2020 年 5 月 30 日。

⑧ See Lina M. Khan, *The End of Antitrust History Revisited*, Harvard Law Review, Vol. 133:5, p. 1655 - 1682(2020).

⑨ See D. Daniel Sokol, *Antitrust's Curse of Bigness Problem*, Michigan Law Review, Vol. 118:6, p. 1259 - 1282(2020).

制,以消除或软化市场进入监管障碍或竞争成本;设立转换成本降低机制,即降低在竞争者之间转换成本的规则;建立水平仪规则,以帮助平衡竞争状态,如公共运输承运人规则等;价格透明度规则,以防止企业秘密地抬高价格。[①]

此外,其他一些新布兰代斯学派研究者的观点也值得关注。一是有的研究认为反垄断法的作用还在于限制资本的权力、服务于工人们集体行动的自由。[②] 二是有的研究认为反垄断将经济权力分配给人民,有助于抵抗经济衰退。[③] 三是有的研究支持反垄断从法庭上撤走,重组反垄断法和机构,以提高政府更有效、更透明地执行反垄断法的能力。[④] 这种观点基本与丽娜·汗的观点一致。另外,一些研究者认为应同时放弃消费者福利和竞争过程标准。[⑤] 有研究认为,虽然反垄断不能包治百病,但它可继续发展而有助于解决问题,应该处死来自芝加哥的"纸龙"(the paper dragon from Chicago)。[⑥] 这种观点与新布兰代斯学派的主流观点有相同之处。

无论如何,新布兰代斯主义已获得了美国各界的关注,甚至欧盟、加拿大也受到一些影响。有研究指出,欧盟的反垄断政策已高度政治化,已从消费者福利标准转向模糊的公民标准和公共利益标准。[⑦] 例如,根据2019年2月19日法国和德国政府发表的《关于欧洲产业政策的宣言》,欧洲理事会在"明确规定的情况下"对欧盟委员会的合并决定有否决权,在成员国有权基于一系列公共利益包括国家安全和国防、媒体多元化、金融审慎监管干预欧盟委员会处理合

---

① See Tim Wu, *Antitrust via Rulemaking: Competition Catalysts*, Colorado Technology Law Journal, Vol. 16:1, p. 33 – 64(2017).

② See Sandeep Vaheesan, *Accommodating Capital and Policing Labor: Antitrust in the Two Gilded Ages*, Maryland Law Review, Vol. 78:4, p. 766 – 827(2019).

③ See Sanjukta Paul & Sandeep Vaheesan, *Make Antitrust Democratic Again*, The Nation, Nov. 25, 2019, p. 15.

④ See Ganesh Sitaraman, *Taking Antitrust Away from the Courts: A Structural Approach to Reversing the Second Age of Monopoly Power*, Roosevelt Institute, https://rooseveltinstitute.org/publications/taking-antitrust-away-from-the-courts/,访问日期:2020年6月30日。

⑤ See Seth B. Sacher & John M. Yun, *Twelve Fallacies of the Neo-Antitrust Movement*, George Mason Law Review, Vol. 26:5, p. 1491 – 1530(2019).

⑥ See Eleanor M. Fox & Lawrence A. Sullivan, *Antitrust—Retrospective and Prospective: Where Are We Coming from—Where Are We Going*, New York University Law Review, Vol. 62:5, p. 936 – 988(1987).

⑦ See Aurelien Portuese, *Beyond Antitrust Populism: Towards Robust Antitrust*, Journal of Economic Affairs, Vol. 40:2, p. 237 – 258(2020).

并的基础上更进一步,可能将政治问题带入合并审查过程。在加拿大,也存在效率抗辩与消费者福利标准是否兼容问题的争论。① 总之,在一些国家或地区,政治人物呼吁重新考量几十年来一致采用的贸易自由化政策,希望从严格的消费者福利标准转向在效率与公平之间进行权衡。②

(三)新布兰代斯学派理论的可取之处

尽管新布兰代斯学派受到诸多批评,但其也有值得肯定之处。

第一,直面了新科技时代的反垄断法挑战。无论如何,新布兰代斯学派揭示出了当前反垄断法所面临的巨大挑战。③ 这种挑战在于,随着互联网、大数据、算法、区块链、人工智能技术的发展,平台经济逐步成为市场经济的主流形式,科技巨头纵向一体化发展趋势日益明显,而传统的反垄断法的适用产生了不适应问题。其中,核心的难题在于创新、效率、自由、公平之间究竟如何平衡。从技术层面看,相关市场的界定、市场支配地位认定、新技术垄断行为的认定、正当理由抗辩的分析十分艰难。对此,新布兰代斯学派的研究者直面了相关问题,至少将最为复杂的难题揭示了出来。显然,这是有积极价值的。

第二,采取了寻找立法目的路径。新布兰代斯学派的研究者一般都回溯历史,寻找130多年前美国反托拉斯法的制定史,寻找最初的立法目的,以希望找到当前反垄断法实施的方位。显然,这种理论方法有相对的积极意义。

第三,采取以人为本的理念。新布兰代斯学派的研究者关注消费者、小企业、劳动者,关注消费者自由、竞争自由、工人工资、环境保护等。这些都体现出以人为本的理念。从这一角度看,新布兰代斯学派的初衷是合理的。

第四,关注到了反垄断法与其他法的复杂关系。从相关研究成果看,新布兰代斯学派的研究者将反垄断法的视野拓展至宪法、劳动法、合同法、环境保护法等法律分支,一方面论及反垄断法也可能具有其他法的部分功能,另一方面也论及反垄断法并不能完全解决垄断问题,其他法律部门、其他法律实施部门

---

① See Michael Caldecott, *Paradigm or Paradox: Canada's Competition Law Regime in the New Age of Populism*, Canadian Competition Law Review, Vol. 33:1, p. 51 – 99(2020).

② See Frederic Jenny, *Populism, Fairness and Competition: Should We Care and What Could We Do?*, The Japanese Economic Review, Vol. 70:3, p. 280 – 297(2019).

③ See Juliana Oliveira Domingues & Eduardo Molan Gaban, *Antitrust Law and Economic Power: The Populist and the "New Brandeis" Movement*, Revista Justica do Direito, Vol. 33:3, p. 222 – 244(2019).

也有反垄断的功能。可见,新布兰代斯学派的研究者并不把反垄断法与反垄断等同,研究视野开阔,也有积极的意义。

二、新布兰代斯学派的理论不足

(一)学界对新布兰代斯学派观点的批评

在学界,新布兰代斯学派的观点受到了激烈的批判。主要有以下十个方面。

第一,集中并不等同于竞争。有研究指出,新布兰代斯学派关于美国的市场竞争在明显下降的观点是错误的。理由在于,市场集中度在增长、企业利润和利润率在增长,并不能证明反垄断政策的失败,也不能说明这种结果总体上对消费者或社会有害,因为其更有效,其可提供低价和新产品。故这并不能表明市场竞争在下降。更为关键的是,竞争与集中并不是一回事。① 此外,也有研究指出,根据 1997 年至 2007 年的 11 年间运输和仓储业中最大的 50 家公司的收入上涨 12% 以及最大的 50 家零售业公司的收入增长 7.6% 的数据说明美国市场集中度增加是有问题的,因为相关统计所指的市场是广义的市场,而不是反垄断法意义的相关市场,且其中未指出市场中的企业总数和竞争限制问题。②

第二,大并不等于坏。一般而言,企业规模大小与反垄断并无必然的联系,因为市场力不一定要有大的市场规模。③ 有研究指出,一部分新反垄断运动支持者关于大的市值是一个反垄断问题(大即是坏)④的观点是错误的。理由是,大的资本化活动可能是应予以鼓励的,一个市场中只有几家公司可能是有效的市场,其本身并不一定是相关企业具有市场力的证据,更不用说予以反垄断法

① See Seth B. Sacher & John M. Yun, *Twelve Fallacies of the Neo-Antitrust Movement*, George Mason Law Review, Vol. 26:5, p. 1491 - 1530(2019).

② See Joshua D. Wright et al., *Requiem for a Paradox: The Dubious Rise and Inevitable Fall of Hipster Antitrust*, Arizona State Law Journal, Vol. 51:1, p. 293 - 370(2019).

③ See Barak Orbach & Grace Campbell Rebling, *The Antitrust Curse of Bigness*, Southern California Law Review, Vol. 85:3, p. 605 - 656(2012).

④ 值得注意的是,如前所述,丽娜·汗的观点则是反垄断并不意味着大就是坏。See Lina Khan, *The New Brandeis Movement: America's Antimonopoly Debate*, Journal of European Competition Law & Practice, Vol. 9:3, p. 131 - 132(2018).

实施了。[①] 有研究详细分析指出:(1)大企业并非损害消费者利益。例如,美国并不是十大食品高成本国家之一,且是80个国家中第三十个航空旅行最便宜的国家,消费者银行业成本在11个发达国家中是第二低的。(2)大企业并非损害劳动者利益。有证据显示,500人以上企业的工人工资比50人以下企业的工人工资高77%。(3)大企业并非损害福利。若假定将大企业拆分为中型企业,利润将减少25%。因此,平均而言,大企业更有效率,销售价格更低,比小企业支付的工资更高。[②] 不仅如此,实际上高市场集中度或企业合作还有助于促进创新和多样性。[③] 另外,新布兰代斯学派的一个致命不足在于其认为大企业在进行掠夺性定价,可这个过程可能是企业长期收益中的一个损失过程(开展促销)。[④] 因此,并无证据表明美国企业大或市场集中,故新布兰代斯学派的观点是错误的进步方法。[⑤] 可见,平民主义反垄断可能将无错的大数字企业拆分,将好平台与坏平台一道逐出市场。[⑥]

第三,反垄断法向消费者福利标准的演进并不是对立法目的的背叛。布兰代斯论及了收入再分配、社会安全、最低工资、公司的正当目的、隐私权等社会问题,但之所以其思想继续存在影响,原因之一在于现代反垄断主要考虑消费者福利而不是关注小企业。[⑦] 在新布兰代斯学派看来,效率和福利等经济概念不是立法的主要考量,而基于公平理念保护小企业和其他主体才是第一位的。而批判者驳斥指出,反托拉斯法是采用开放的目标的语言制定的,并且始终具有进化的普通法特征,以使其能够适应法律和经济学中不断变化的理解。这是

① See Seth B. Sacher & John M. Yun, *Twelve Fallacies of the Neo-Antitrust Movement*, George Mason Law Review, Vol. 26:5, p. 1491 – 1530(2019).

② See Robert D. Atkinson & Michael Lind, *The Neo-Brandeisian Attack on Big Business: Large Firms Benefit Society in Underappreciated Ways*, National Review, Vol. 69:18, p. 18 – 20(2017).

③ See Seth B. Sacher & John M. Yun, *Twelve Fallacies of the Neo-Antitrust Movement*, George Mason Law Review, Vol. 26:5, p. 1491 – 1530(2019).

④ See Herbert Hovenkamp, *Is Antitrust's Consumer Welfare Principle Imperiled?*, Journal of Corporation Law, Vol. 45:1, p. 65 – 94(2019).

⑤ See Robert D. Atkinson & Michael Lind, *The Neo-Brandeisian Attack on Big Business: Large Firms Benefit Society in Underappreciated Ways*, National Review, Vol. 69:18, p. 18 – 20(2017).

⑥ See Marina Lao, *Strengthening Antitrust Enforcement Within the Consumer Welfare Rubric*, CPI Antitrust Chronicle, Nov. 7, 2019, p. 35.

⑦ See Kenneth G. Elzinga & Micah Webber, *Louis Brandeis and Contemporary Antitrust Enforcement*, Touro Law Review, Vol. 33:1, p. 277 – 322(2017).

一个事实,且其跨越了美国整个反垄断法实施史,而不仅是现代。[①]

第四,反垄断并未过度受到芝加哥学派的影响。在新布兰代斯学派看来,现代反垄断过度受到激进的芝加哥学派的市场可自我修复以及仅高度集中的合并是予以反对的观点的影响。而批判者驳斥指出,实际上反垄断法在实施中融入了多种经济学派的观点。[②]

第五,消费者福利标准并未排除质量和创新等因素。在新布兰代斯学派看来,消费者福利标准集中关注价格而把质量和创新等重要的经济因素排除。而批判者驳斥指出,大量的证据表明反垄断法实施实践都对非价格因素予以了考量。[③]

第六,追求多元目标带来法律适用模糊性的危险。总体而言,新布兰代斯学派追求更广泛的政策目标,包括解决收入不平等、失业、工人流动性、工资差距、政治影响和小企业建立和成长等,但这种广泛的目标会带来权力寻租,导致管理捕获,导致反垄断体制将公司利益优先于消费者福利,进而损害法治。[④] 也就是说,充斥民粹主义情绪的反垄断更多关注大企业的政治力而不是市场力,会延缓经济增长进而损害消费者利益。[⑤] 新布兰代斯学派认为如果不放弃经济福利框架以及不更多依赖民粹主义目标将导致反垄断更加依赖于花言巧语和经验法则;而批判者认为,经济福利方法是科学的推理方法,民粹主义目标将导致模糊的标准,则可能依赖花言巧语和经验,这是危险的。[⑥] 也就是说,以民粹主义目标替代消费者福利框架使反垄断失去受限制的标准。[⑦] 这是令人担忧

---

① See Seth B. Sacher & John M. Yun, *Twelve Fallacies of the Neo-Antitrust Movement*, George Mason Law Review, Vol. 26:5, p. 1491 – 1530(2019).

② See Seth B. Sacher & John M. Yun, *Twelve Fallacies of the Neo-Antitrust Movement*, George Mason Law Review, Vol. 26:5, p. 1491 – 1530(2019).

③ See Seth B. Sacher & John M. Yun, *Twelve Fallacies of the Neo-Antitrust Movement*, George Mason Law Review, Vol. 26:5, p. 1491 – 1530(2019).

④ See Elyse Dorsey, Jan Rybnicek & Joshua Wright, *Hipster Antitrust Meets Public Choice Economics: The Consumer Welfare Standard, Rule of Law, and Rent-Seeking*, CPI Antitrust Chronicle, Apr. 18, 2018, p. 29 – 33.

⑤ See Carl Shapiro, *Antitrust in a Time of Populism*, International Journal of Industrial Organization, Vol. 61, p. 714 – 748(2018).

⑥ See Seth B. Sacher & John M. Yun, *Twelve Fallacies of the Neo-Antitrust Movement*, George Mason Law Review, Vol. 26:5, p. 1491 – 1530(2019).

⑦ See Seth B. Sacher & John M. Yun, *Twelve Fallacies of the Neo-Antitrust Movement*, George Mason Law Review, Vol. 26:5, p. 1491 – 1530(2019).

的。有研究指出,如果法律实质上是根据感觉或直觉实施的,其可能就不是良法,而可根据每个法院的案件而变化的过于广泛的术语定义是出于政治动机滥用的处方;模糊的法律也是增加公司游说的诱因,甚至更糟糕地将之作为反对竞争者的武器。①

第七,保护竞争过程的认定方法存在模糊性。有研究批评新布兰代斯学派只提及保护竞争过程,但并未指明如何认定,这可能损害可带来消费者福利的创新。此外,新布兰代斯学派忽视了现代反垄断法也关注了其忽视的对竞争对手的排斥和潜在竞争者的市场进入障碍问题。② 同时,消费者福利标准也有保护竞争过程的含义。③

第八,新布兰代斯学派的建议导致监管捕获。有研究认为,新布兰代斯主义者希望的是以旧标准处理案件,即主要依赖自由裁量进而采取更低实施门槛的旧标准处理案件。④ 但是根据他们的建议,相关机构可能扩大执法广度和深度,进而增加了不确定性,使相关资源更加紧张,更加政治化,更加容易受到管理捕获。⑤ 新布兰代斯学派批判坚持传统反垄断的人已被腐败利益集团捕获,但是为何新布兰代斯学派人物想要如此大幅度地扩大反托拉斯机构的作用呢?⑥ 因此,为了解决大的魔咒问题,可能导致大政府魔咒。⑦

第九,扩大反垄断的目标存在管理成本。新布兰代斯主义者认为扩大反垄断的目标在管理权衡方面没有成本,而批判者认为创新与就业、创新与平等、环境保护与合并等问题的平衡方面都存在冲突。⑧

---

① See Ryan Young, *Sometimes Bigger Is Better*, Reason, Vol. 52:8, p. 38 – 43(2021).

② See Douglas Ginsburg, *Judging a Book: Ginsburg Reviews "The Curse of Bigness"*, Law360, https://www.law360.com/articles/1099074,访问日期:2023 年 6 月 30 日。

③ See Marina Lao, *Strengthening Antitrust Enforcement Within the Consumer Welfare Rubric*, CPI Antitrust Chronicle, Nov. 7, 2019, p. 35.

④ See Ryan Young, *Sometimes Bigger Is Better*, Reason, Vol. 52:8, p. 38 – 43(2021).

⑤ See Seth B. Sacher & John M. Yun, *Twelve Fallacies of the Neo-Antitrust Movement*, George Mason Law Review, Vol. 26:5, p. 1491 – 1530(2019).

⑥ See Seth B. Sacher & John M. Yun, *Twelve Fallacies of the Neo-Antitrust Movement*, George Mason Law Review, Vol. 26:5, p. 1491 – 1530(2019).

⑦ See Daniel A. Crane, *Four Questions for the Neo-Brandeisians*, CPI Antitrust Chronicle, Apr. 17, 2018, p. 67.

⑧ See Seth B. Sacher & John M. Yun, *Twelve Fallacies of the Neo-Antitrust Movement*, George Mason Law Review, Vol. 26:5, p. 1491 – 1530(2019).

第十,新反垄断建议可导致执法冲突。新布兰代斯主义者认为新反垄断建议可以通过现有的监管和法律框架有效实施。而批判者认为,将反垄断法拓展至新领域不仅增加成本,也引起执法冲突,且不如行业管理机构专业。①

值得注意的是,新布兰代斯学派的观点并未在主流反垄断界获得较大的影响力,非干预主义反垄断学者对其持怀疑态度,以实施为本位的学者、支持者同样持怀疑态度,试图在不同观点中居中的学者似乎也持谨慎态度。②

(二)本研究对新布兰代斯学派观点的批评

其一,该学派将多元价值目标与处理方法割裂开来不科学。该学派虽然强调反垄断法的多元价值目标,但是其并不认为在处理案件时应综合考量多种目标,而是应采取简单的假定违法方法(可根据可信的正当商业理由进行驳斥)规制合并、垄断化和一体化,例如,对合并后市场份额超过20%的情形可以可信的正当商业理由对抗违法假定。③ 新布兰代斯学派认为传统的消费者福利最大化目标是错误的,至少是不足的。按照这种观点,反垄断法实施中并不一定要处理"互联网+"企业。原因是,"互联网+"企业若采取亏损并扩展的方式进行发展,则很难说是损害消费者福利的。新布兰代斯学派认为,正确的方式是关注市场结构的变化,关注竞争的过程。在解决的方案上,该学派认为一种方案是采取掠夺性定价规制和纵向合并规制的方式,另一种方案是采取行业管制的方式。可是,经过审视后就可以发现,新布兰代斯学派并未形成统一的观点,在是否回到哈佛学派问题上持中立的态度。关键是,该学派强调反垄断法更应关注经济民主、政治权力分散问题。可是,这不是反垄断法的重任,而是宪法应予以处理的问题。

其二,该学派的观点与政治过度关连。按照新布兰代斯学派的研究思路,政治化解读反垄断法导致的结果是市场结构属于政治结构,反垄断法属于政治法。④

---

① See Seth B. Sacher & John M. Yun, *Twelve Fallacies of the Neo-Antitrust Movement*, George Mason Law Review, Vol. 26:5, p. 1491 - 1530(2019).

② See Christopher S. Yoo, *The Post-Chicago Antitrust Revolution: A Retrospective*, University of Pennsylvania Law Review, Vol. 168:7, p. 2145 - 2170(2020).

③ See Lina M. Khan & Sandeep Vaheesan, *Market Power and Inequality: The Antitrust Counterrevolution and Its Discontents*, Harvard Law & Policy Review, Vol. 11:1, p. 235 - 294(2017).

④ See Zephyr Teachout & Lina M. Khan, *Market Structure and Political Law: A Taxonomy of Power*, Duke Journal of Constitutional Law & Public Policy, Vol. 9:1, p. 37 - 74(2014).

这样的结果是,反垄断法关注经济公民(economic citizenship)和民主经济(democratic economy)。[①] 可是,这导致反垄断法超越法律进入政治领域。而当前的论战是关于反垄断是否应服务消费者的问题而不是是否服务政治利益。[②] 因此,虽然反垄断民粹主义在美国再次出现和在欧盟再次政治化,但学界和执法机构不应“拥抱”这种变革。[③]

其三,该学派未理清反垄断法的外部关系。该学派关注隐私、就业、工资收入等问题,希望以反垄断法解决之。可是,该学派未能处理好反垄断法的外部关系。有研究指出,消费者保护法、隐私和数据安全条例可能更好地解决透明度和隐私问题,税法、劳动法、就业训练和教育计划可能对解决技术进步带来的经济不公平或失业问题更有效。[④]

其四,该学派过于关注公平而忽视效率。波斯纳曾指出,布兰代斯对大企业充满敌意,其反垄断法的信条是保护小企业,即使其支持转售价格维持,也是基于担忧转售折扣会损害小企业,可是他并不是一个好的经济学家。[⑤] 又如,新布兰代斯学派主张禁止纵向一体化,但目前的经验研究表明纵向一体化有益于消费者。[⑥]

其五,该学派的反垄断法适用标准模糊。新布兰代斯学派关注竞争过程,其分析某一行为是否违法的过程会产生一系列规则和标准,以区分公平和犯规,进而保护竞争。[⑦] 可是,该规则和标准为何就是一个问题。更为复杂的是,该规则和标准是否正义才是核心难题。

---

① See Jedediah Britton-Purdy et al., *Building a Law-and-Political-Economy Framework: Beyond the Twentieth-Century Synthesis*, Yale Law Journal, Vol. 129:6, p. 1784 – 1835 (2020).

② See Ryan Young, *Sometimes Bigger Is Better*, Reason, Vol. 52:8, p. 38 – 43 (2021).

③ See Aurelien Portuese, *Beyond Antitrust Populism: Towards Robust Antitrust*, Journal of Economic Affairs, Vol. 40:2, p. 237 – 258 (2020).

④ See Marina Lao, *Strengthening Antitrust Enforcement Within the Consumer Welfare Rubric*, CPI Antitrust Chronicle, Nov. 7, 2019, p. 35.

⑤ See Richard A. Posner, *Brandeis and Holmes, Business and Economics, Then and Now*, Review of Law and Economics, Vol. 1:1, p. 1 – 14 (2005).

⑥ See Joshua D. Wright et al., *Requiem for a Paradox: The Dubious Rise and Inevitable Fall of Hipster Antitrust*, Arizona State Law Journal, Vol. 51:1, p. 293 – 370 (2019).

⑦ See Tim Wu, *The "Protection of the Competitive Process" Standard*, Columbia Law School Scholarship Archive, https://scholarship.law.columbia.edu/cgi/viewcontent.cgi?article=3293&context=faculty_scholarship,访问日期:2023 年 6 月 30 日。

此外,该学派的观点常自相矛盾。例如,有的研究者一方面认为当前应以消费者为本位实施反垄断法;①另一方面又认为消费者福利反垄断观是有缺陷的,至少是与国会的立法意图不一致,也体现了对公司力量理解的不全面。② 又如,有的研究者一方面认为不一定应拆分大企业,另一方面认为应该对平台企业进行拆分,将平台业务和商业分立。③

第三节 理性的理论建构方法

本研究认为,在“互联网+”经济发展中,保守主义和重构主义的解决方法都不够科学,而应采取多元主义和合作实验主义的解决方法,应结合新经济学规律,形成新反垄断思维。

一、扬弃:保守主义与重构主义

(一)保守主义反垄断法观及其错误

在芝加哥学派看来,尽管时代已经变迁,信息技术革命改变了企业的经营模式,垄断行为出现了新的形式,但反垄断法的传统方法仍是适用的。这种态度就是一种保守主义的态度。总体而言,保守主义的反垄断法思维是不正确的。理由在于:一是经济社会的不断发展对反垄断法的发展提出了新的要求。随着经济的发展,出现了新经济领域和新经济环境。新经济领域也会出现新的反垄断法问题,反垄断法就不得不进行调整。故此,保守主义的反垄断法观是不正确的。不仅如此,随着经济环境的变化,反垄断法的实施需要发展变革。例如,美国经济在20世纪70年代的“滞胀”导致了对其反垄断法实施变革的压力,导致其反垄断法不得不进行一定的调整。又如,在疫情时代,反垄断法的实

---

① See Sandeep Vaheesan, *The Evolving Populisms of Antitrust*, Nebraska Law Review, Vol. 93:2, p. 370 - 428(2014).

② See Sandeep Vaheesan, *The Twilight of the Technocrats' Monopoly on Antitrust*, Yale Law Journal Forum, Vol. 127, p. 980 - 995(2017 - 2018).

③ See Lina M. Khan, *The Separation of Platforms and Commerce*, Columbia Law Review, Vol. 119:4, p. 937 - 1098(2019).

施也不得不进行一定的调整,以适应疫情防控的需要。二是反垄断法的理论发展也要求反垄断法不断发展。无论是经济学家还是法学家,其对反垄断法的认识都是不断深入的。例如,早期人们认为转售价格维持行为完全是损害竞争的,而后来人们发现这种行为可能减少销售商在广告宣传方面的“搭便车”现象,可以促进销售商在服务环节开展竞争。这样,反垄断法对转售价格维持行为的分析就需要具体化、精细化,而不能作全面违法化处理。此外,从经验看,法律并不是一成不变的,反垄断法也是在不断发展中。反垄断法并不是在人类一出现就有的,而是经济社会发展到一定阶段的产物。总体算来,反垄断法的历史亦不过130余年。在这一百多年的历史中,反垄断法已发生了诸多变化。例如,经营者集中审查制度由事后调查制度向事前审查制度转变、反垄断豁免范围不断缩小等都说明了反垄断法的不断发展变化。当前,经营者集中可能更需要关注未达到申报标准的情形,以适应“互联网+”经济的变化。为此,反垄断法理论也需要进行一定的调整。因此,保守主义的反垄断法观总体上是错误的。

(二)重构主义反垄断法观及其不足

值得注意的是,随着互联网技术的发展,可能一些研究认为反垄断法应该重构,此即重构主义。重构主义者认识到传统反垄断法的巨大不适应性,认为传统反垄断法框架、理论和规则已经过时,应该重新搭建新兴领域的反垄断法大厦。在我国,有研究认为,平台、数据、算法构成了新的反垄断法要素,这些要素是传统反垄断法无法解决的,因此有必要进行反垄断法重构。[①] 不过,重构主义者可能过于夸大了信息经济领域的反垄断挑战问题,更分裂了传统经济的要素与新经济要素。而在现实中,这种分裂思维方式并不一定正确。例如,平台虽然是经营者开展经营的重要依托,但其仍需以企业的方式进行组织;数据虽然重要但仍然是市场信息的组成部分;算法虽然重要但最终的交易仍需要与自然人进行最终交接等。最为核心的是,数字经济经营的客体仍包括商品等传统交易对象。再者,我们看到,在经营者实行实体店和平台一体化经营的场合,数字经济与传统经济的界限就十分模糊了。因此,传统反垄断法规则的部分适用仍不可能避免。因此,重构主义反垄断法观割裂了历史与当代的关系,可能使

---

① 参见杨东:《论反垄断法的重构:应对数字经济的挑战》,载《中国法学》2020年第3期。

反垄断法的重构失去历史根基。故此，重构主义反垄断法观不是合理的解决思路。

二、遵循：多元主义与合作实验主义

（一）多元主义反垄断法观

美国在过去几十年中一直采用芝加哥学派和后芝加哥学派的消费者福利最大化理论处理反垄断案件。可是，新布兰代斯学派主义者对传统反垄断理论进行猛烈的批判，其核心观点在于“互联网＋”反垄断法治应当注入经济民主、政治民主的因素，其核心论据是虽然一些平台大企业一直显示负债，但其一直以掠夺性定价的方式经营，一直在进行资本扩张，故反垄断法应进行积极规制。但是，新布兰代斯学派的批判者认为，多元价值是无法平衡的，理性的做法仍是坚持传统的单一标准。在这种背景下，美国反垄断法发展走在十字路口。欧盟的“互联网＋”反垄断法治同样如此。欧盟委员会一直在积极推进“互联网＋”反垄断法实施，从消费者隐私保护、制止损害竞争的角度加强反垄断法的实施。但是，平台反垄断法治应当具有一个正义体系，其应体现多元价值。主要理由有以下方面。

其一，多元价值观符合正义论的基本原理。根据正义论的一般原理：首先，每个人的选择应该是自由的；其次，如果存在不公平的分配，该不公平分配应该为了满足最大多数人的福利。从这一点看，正义第一原则主要是自由原则，其中包含了平等原则、公平原则；正义第二原则则体现了效率原则和公平原则。当然，在第二原则中，可以将创新、安全、秩序等原则置于其中。就当前的反垄断法困境而言，核心的难题之一是在反对市场支配地位企业的垄断行为的同时兼顾创新与效率问题。显然，如果将这一问题放入正义论的体系框架中，这个问题就可以解决。因为如果将市场支配地位企业的不公平行为视为一种不公平分配，那么容忍垄断行为的做法可能正当的原因是其可带来社会福利最大化。

其二，多元价值观符合以人民为中心的理论。一切发展均是为了人民，一切都应以人民为中心。首先，人民是由自然人构成的。在这个构成中，自然人的价值观是不同的。就反垄断法相关案件而言，有的消费者更注重追求价格低廉，有的可能更注重追求高品质的服务，有的可能更注重追求安全，有的可能更注重追求体验创新,有的可能更注重追求整体经济效率。因此,即使在相同商品或服务的市场中,不同的消费者的价值追求也可能不同。为此,应保障多元价值的共存。其次,人民的价值追求包括当前利益追求和未来利益追求。市场经济发展和反垄断法事业既要维护当下消费者的权益,或言现实利益;也需要维护消费者的长远利益。之所以要保护消费者的长远利益,或言效率、创新、安全、秩序价值所隐含的未来价值,是因为如果不这样做,可能无法提高社会总福利,无法做大社会总福利的“蛋糕”。否则,每个人都不可能得到发展红利。因此,长期消费者利益需要维护。从集合的角度看,长期消费者利益可以理解为人民的共同利益,而人们的共同利益是一个多元价值的构成。

其三,从现实主义的角度看,反垄断法的价值冲突是一个事实,而解决路径不可能是牺牲一种价值而保护另一种价值,合理的路径是促进多元价值的共存。也就是说,从现实角度看,价值冲突是一种存在。正确的路径是使多元价值和谐相处,而不是相互对立。这就带来多元正义观的内部平衡问题。只有合理平衡不同价值的关系,合理安置正义的所在,才能维持正义的和谐体系。

其四,反垄断法的立法目的条款体现了多元价值观。例如,我国《反垄断法》第1条就包含以下价值:一是公平价值。其中,“保护市场公平竞争”的法律语言直接阐明了公平价值,“维护消费者利益”也蕴含了公平价值。二是效率价值。“提高经济运行效率”是对效率价值的直接规定,而“促进社会主义市场经济健康发展”也含有效率价值的内容。三是自由价值。“为了预防和制止垄断行为,保护市场公平竞争”中含有对自由竞争的维护;“维护消费者利益”中也含有对消费自由的维护。四是秩序价值。显然,“社会公共利益”和“促进社会主义市场经济健康发展”中含有秩序价值。2021年2月7日国务院反垄断委员会《关于平台经济领域的反垄断指南》第1条规定了促进平台经济“规范有序”发展更是明确提及了秩序价值。五是安全价值。“社会公共利益”和“促进社会主义市场经济健康发展”中含有安全价值。六是创新价值。《反垄断法》第1条“鼓励创新”的法律语言阐明了对创新价值的保护宣扬。《关于平台经济领域的反垄断指南》第1条明确提及促进平台经济“创新”发展。因此,“互联网+”经济领域的反垄断法应遵循多元价值观。

(二)合作实验主义反垄断法观

1. 实验主义

从理论上看,实验主义是一种试错主义的方法,是希冀通过实验找到解决路径的方法。从类型上看,实验主义可以分为三种类型:(1)放任型实验主义。在这种模式下,政府对实验主体的行为不予干预。若实验主体是地方政府,则中央政府对地方政府在实验期间的行为不予干预。若实验主体是企业,则政府对企业的实验行为不予干预,或言在实验期间企业的一切实验行为都是合法的。有研究指出,去政府中心化背景下的实验—错误型学习过程(a trial-and-error learning process)更有效,无论是公共领域还是私人领域。[①] 就“互联网+”反垄断而言,如果采取放任型实验主义方法,可能放任企业在实验领域开展市场行为,且不追究企业的实验行为的责任。(2)管制型实验主义。在这种模式下,实验主体的实验行为并不是完全自由的,实验主体的行为受到外部主体如有关政府或有关政府部门的干预。这种实验主义的方式有利于发挥外部监督机构的监督效果,但不利之处在于实验主体的实验动能可能无法发挥到最大程度。就“互联网+”反垄断而言,如果实行管制型实验主义,市场主体的行为受到行政主体的监管,可能使“互联网+”行业变成管制行业或者管制导向型行业。显然,这可能不利于市场经济的健康发展。(3)合作型实验主义(以下简称合作实验主义)。在这种模式下,实验主体之间、实验主体与外部主体之间采取合作的方式。也就是说,实验主体不断将实验信息反馈给外部主体,外部主体不断将外部反馈信息传递给实验主体。就“互联网+”反垄断而言,企业与政府机构之间不断就反垄断事宜进行合作。这种合作机制,就是不断将企业经营中可能存在的反垄断关切充分展示出来,合作者不断进行交流,不断进行商谈,进而形成重叠共识,进而寻找到反垄断正义。

2. 合作实验主义

通过以上分析可知,在反垄断是否正义无法判断时,采取实验主义的方法寻找正义是必要的。但从正义的角度看,合作型实验主义应该是更为合理的方式。在这种模式下,有以下方面值得关注:一是反垄断法实施机构应及时将反

---

① See Aurelien Portuese, *Beyond Antitrust Populism: Towards Robust Antitrust*, Journal of Economic Affairs, Vol. 40:2, p. 237 – 258 (2020).

垄断关切传递给涉嫌垄断企业,核心内容是企业的行为可能损害消费者权益、可能损害竞争者利益、可能损害长期效率等;二是涉嫌垄断企业需要及时将其行为符合正义的事实清晰地传递给反垄断法实施机构,核心是企业为自己的行为做正当理由辩护,例如创新抗辩、效率抗辩、破产企业抗辩、安全抗辩、消费者利益分享抗辩等;三是其他利益主体应及时将自己的利益关切反馈给反垄断法实施机构,当然也包括向涉嫌垄断企业反馈有关信息。此外,合作型实验主义也包括反垄断法实施机构之间的合作。也就是说,反垄断法实施机构应加强合作,探讨反垄断关切和经验。当然,合作型实验主义主要是指反垄断法实施机构与企业之间的合作。也就是说,二者应就反垄断是否正义的问题进行充分商谈,以形成反垄断正义。

从实质上看,当前西方流行的实验主义治理路径就是一种合作实验主义思维。理由在于,这种实验主义强调以下机制:一是存在“改变现状”(anti-status-quo or destabilization)的目标。[①] 也就是说,实验主义支持存在对现状的不满而期待改变现状,甚至需要建构改变现状权(destabilization right)。[②] 二是“共同学习”(mutual learning)机制。共同学习机制将引起学习者改变观点,即通过重构自己对目标、可能的合作、富有成效的解决策略的见解将自己置于风险中。[③] 三是同行评价机制。也就是说,在新治理学派的思想中,地方性实验中的信息积累允许同行机构(peer institutions)进行比较行为和相关学习。[④]

在“互联网+”经济发展中,面对反垄断法新问题时,也有必要采取合作实验主义。也就是说,“互联网+”经济领域的反垄断法事业可以基于实验主义的框架即“改变现状”“共同学习”和“同行评价”的机制实现正义。换言之,面对当前的反垄断法难题,尤其是无法找到明确的反垄断法标准时,反垄断法实施机构、经营者、竞争者等通过共同学习,寻求改变,以寻求正义是合理的。因此

① See Justin Desautels-Stein, *Extraterritoriality, Antitrust, and the Pragmatism Style*, Emory International Law Review, Vol. 22:2, p. 499 - 570(2008).

② See Charles F. Sabel & William H. Simon, *Destabilization Rights: How Public Law Litigation Succeeds*, Harvard Law Review, Vol. 117:4, p. 1016 - 1101(2004).

③ See Charles F. Sabel & William H. Simon, *Destabilization Rights: How Public Law Litigation Succeeds*, Harvard Law Review, Vol. 117:4, p. 1016 - 1101(2004).

④ See Douglas NeJaime, *When New Governance Fails*, Ohio State Law Journal, Vol. 70:2, p. 323 - 402(2009).

有研究指出，面对以互联网为基础的新经济，反垄断法需要革新，需以保护有效竞争原则，对新技术促进新市场问题作出快速、有效应对。[①]

当然，有研究对实验主义的思路提出了批评，例如，其存在是否公正的问题。[②] 本研究认为，在实体正义标准缺乏时，采用合作实验主义的方法实际上是一种通过程序正义实现实质正义的方法，显然是正义的。因此，有研究认为，面对不确定性，反垄断政策需以个别实施为实验，以检验相关不同假定，这就可能导致实施过度或不足，但可通过周期性实施扩张与收缩形成政策均衡，可以建构正确的政策。[③]

因此，有研究认为，实验主义规制和试点方法能充分应对经济平台如优步、爱彼迎所遇到的挑战，该方法在美国、欧洲可见，其在拥抱创新的同时平衡了风险和机遇，因此规制者不应该急于匆忙制定临时或永久性条例，而是应等到有更多创新产品出现的信息时或技术（如颠覆性数字平台、社会机器人、无人驾驶汽车）广泛商业化时再制定相关条例。而当未来技术的开发可能是潜在风险源时，定义创新者应考虑的法律限制，如安全措施的日出条款（sunrise clauses）可以让创新者有时间在不限制创新的情况下适应这些规则。[④] 不仅如此，有研究认为，欧盟处理谷歌垄断案就属于实验主义治理理论的应用。[⑤]

三、运用：新经济学规律与新反垄断思维

（一）新经济学规律的运用

在过去，反垄断法的经济学理论基础主要是古典经济学、产业组织学、信息经济学等。然而，这些经济学的理论立足于不同的经济时代，可以说是基本对

---

① See Gonenc Gurkaynak, Derya Durlu & Margaret Hagan, *Antitrust on the Internet: A Comparative Assessment of Competition Law Enforcement in the Internet Realm*, Business Law International, Vol. 14: 1, p. 51 – 90(2013).

② 参见吴宗法、陈伟：《互联网反垄断规制的难点及应对思路》，载《价格理论与实践》2016 年第 6 期。

③ See William E. Kovacic, *Evaluating Antitrust Experiments: Using Ex Post Assessments of Government Enforcement Decisions to Inform Competition Policy*, George Mason Law Review, Vol. 9:3, p. 843 – 862 (2001).

④ See Sofia Ranchordas, *Innovation Experimentalism in the Age of the Sharing Economy*, Lewis & Clark Law Review, Vol. 19:4, p. 871 – 924(2015).

⑤ 参见贾开：《"实验主义治理理论"视角下互联网平台公司的反垄断规制：困境与破局》，载《财经法学》2015 年第 5 期。

应资本主义萌芽时期、工业经济时代和早期信息时代。在资本主义发展到一定阶段,托拉斯形式的垄断出现,经济学家认为这些垄断形式严重阻碍经济的发展,于是以市场结构为分析中心的哈佛学派反垄断理论得以兴起并取得主导地位。然而,后来的经济学家发现哈佛学派的反垄断理论是不合理的,其中的主要问题是其未能准确地分析具体垄断行为的正负经济效应,未能准确计算某种涉嫌垄断行为的经济收益,因此形成了芝加哥学派。总体看来,芝加哥学派的反垄断理论的基础是对古典经济学的新发现,其核心在于认为市场本身具有自我修复功能,只有少数的垄断行为才属于非正常的需要政府干预的垄断行为。随着时代的发展,信息经济成为主流,经济学家们开始以策略经济学、信息经济学的方法分析垄断行为的规制问题,进而形成了后芝加哥学派的反垄断理论。

随着互联网革命的快速发展,人工智能、算法、大数据成为市场经济发展的关键因素。这样,互联网经济从消费互联网经济发展到工业互联网经济。于是,“互联网+”经济学理论就出现了。在“互联网+”经济学中,注意力、网络效应、规模经济、“赢者通吃”、智能化、动态性等新经济特征得以出现。因此,小企业快速成长为垄断型企业的时间加速,市场进入、退出非常高频,大企业与效率、创新的关系更加紧密。因此,在“互联网+”经济学中,网络经济的规模效应、外部效应、数字化、非单边性等是值得注意的因素,核心是网络效应(包括直接网络效应,即网络价值随着用户数量的增加而增加;间接网络效应,即网络中丰富的互补品带来用户效用的提升),用户转换存在成本,产品边际成本递减,非对称性的定价结构。① 当然,“互联网+”经济学中存在诸多悖论,主要有:“赢者通吃悖论”,即对“赢者通吃者”采取包容审慎态度有利于经济的快速发展;“共用品限用悖论”,即若经营者不对数字共享品进行限用则无法激励共用品生产应用,若经营者对共用品限制过度则不利于发挥共用品的价值;“数字产品价值悖论”,如知识百科类的数字产品虽然价值巨大但无法衡量某一相关数据信息的价值。② 这样,我们就不得不运用更加完善的“互联网+”经济学理论分析经济发展问题。

显然,任何国家、地区都需要尊重经济规律而发展,其背后的深层原因是人

---

① 参见于立主编:《互联网经济学与竞争政策》,商务印书馆2020年版,第9~16、395页。

② 参见于立主编:《互联网经济学与竞争政策》,商务印书馆2020年版,第16~20页。

类科学技术在高速发展,根本原因是人在不断地更全面发展。为此,人类必须运用科学的“互联网 +”经济学理论分析经济现象。其中,核心的准则是不能违背新经济学规律而干预经济发展。例如,“互联网 +”企业快速发展为垄断型企业的现象就不同于传统的自然垄断现象,原因是新经济领域的“类自然垄断”地位取得的成本并不一定巨大,而保持该“类自然垄断”地位的时间不一定太长。但是,我们不能因为出现了新经济“类自然垄断”企业就考虑去拆分它甚至将其公有化,这样就违背了新经济学规律。在新经济学规律中,为垄断而开展的竞争是激烈的。也就是说,熊彼特所言的动态竞争在新经济领域加速了。另外,注意力问题也是新经济的特征。为此,我们需要注重采用合理的“互联网 +”经济学规律进行分析。

(二)新反垄断思维的运用

反垄断思维是处理反垄断法问题的理念、原则、标准和方法等。在过去,垄断行为类型的三分法或四分法思维、本身违法原则和合理原则分析思维、成本效益分析思维、垄断行为一般处理与豁免思维、多元实施思维等是理论界的共识。不过,这些思维也是不断发展聚集而形成的,其特征通常是从单一思维发展到双向思维或多向思维。也就是说,反垄断思维是不断发展的。

随着“互联网 +”经济的发展,需要在已有反垄断思维的基础上增加新的反垄断思维。对此,需要凝聚共识。目前,“互联网 +”经济的发展正处于高端智能平台经济的高速发展期,相关的具有争议的反垄断思维正在交织碰撞中,有关的理性思维也正在形成中。不过,对于工业互联网的全面应用引起的反垄断法新思维还需要一定的时间才能真正形成。无论如何,我们应持开放的态度接纳理性的反垄断法思维。

第四节　正当的理论体系

本研究认为,在“互联网 +”经济发展中,理性的反垄断法理论应包括消费者分享型社会总福利最大化理论、动态正义理论、促进创新理论、多向交流理论以及其他正当的传统经典理论。以下具体分析之。

一、消费者分享型社会总福利最大化理论

社会福利包括生产者福利和消费者福利。从福利经济学角度看,反垄断法的目标可能有三种主要的选择:一是以社会总福利最大化为目标。二是以狭义消费者(终端消费者)福利最大化为目标。三是将社会总福利最大化和狭义消费者福利最大化作为统一目标。早期的芝加哥学派代表人物博克采用了模糊的表述,将社会总福利和消费者福利混同,以至于消费者福利存在广义、中义、狭义之分。广义的消费者福利等同于社会总福利,中义的消费者福利包括经营者的交易相对人福利和终端消费者福利,狭义的消费者福利仅仅为终端消费者福利。而后芝加哥学派学者所指的消费者福利常常是指终端消费者福利。因此,关于以福利最大化作为反垄断法的目标问题,反垄断法学界存在诸多分歧。例如,有研究指出,消费者福利标准仅仅审查一个单独的因素,即市场行为究竟导致消费者更好还是更差?因此这提供了一个明晰、一致、连贯的标准,能将裁决与经济学、经济证据关联起来。[①] 有研究指出消费者福利标准仅仅关注短期价格而忽视竞争的其他方面,注重静态竞争而忽视创新、忽视买方市场力和买方垄断问题,因此其提出了多元目标标准、消费者选择标准和保护竞争过程标准。[②]

在实践中,加拿大、新西兰等少数国家采用了总福利标准,而美国则偏爱终端用户标准,不过在一些具体情形中并非完全如此。例如,根据美国2010年《横向合并指南》,在一些情形中,即使一些合并的收益并不直接流向或立即向终端用户转移也是允许的。[③] 因此,实际上美国的司法实践是混乱的,采取了不同的福利标准,进而产生了不同的结果。[④] 在欧盟,反垄断法的目标是多元的,但无论如何都不是总福利和消费者福利,尽管目前有向消费者福利目标收缩的

---

① See Elyse Dorsey et al., *Consumer Welfare & the Rule of Law: The Case against the New Populist Antitrust Movement*, Pepperdine Law Review, Vol. 47:4, p. 861 – 916(2020).

② See Christine S. Wilson et al., *Recalibrating the Dialogue on Welfare Standards: Reinserting the Total Welfare Standard into the Debate*, George Mason Law Review, Vol. 26:5, p. 1435 – 1490(2019).

③ See Kenneth Heyer, *Consumer Welfare and the Legacy of Robert Bork*, Journal of Law and Economics, Vol. 57:3, p. s19 – s32(2014).

④ See Roger D. Blair & D. Daniel Sokol, *Welfare Standards in U. S. and E. U. Antitrust Enforcement*, Fordham Law Review, Vol. 81:5, p. 2497 – 2542(2013).

趋势。[①]

本研究认为，在人类仍然存在资源稀缺的情况下，人的全面发展还是未竟的事业，在"互联网+"经济领域，比较合理的反垄断法标准应是消费者分享型社会总福利最大化标准，或称消费者分享型社会总福利最大化理论。该理论的内涵有二：

一是反垄断法实施中首先应分析某种行为是否影响社会总福利最大化。从福利主义的方法看，要分析的是一项政策如何影响个人的福利，然后应基于此作出总的（分配的）判断。[②] 也就是说，反垄断立法、反垄断执法、反垄断司法、反垄断守法应促进社会总福利的最大化。如果市场行为不能促进社会总福利的净增加或防止当前总福利的减少，则可能引起反垄断的关切。有研究指出，根据服务消费者长期利益定义的、通过保护竞争过程实现的效率应该继续作为反垄断法的主要目标，而反垄断的基本社会政治价值应该与效率协调统一。[③] 也就是说，反垄断政策不应该以财富公平分配裁决为前提，而是在既定财富情况下最大化地提高效率，税收、民事权利、劳动法则应该更明确地关注财富分配的实质公平。[④] 有研究通过分析消费者福利最大化、帕累托最优和财富最大化三个目标后认为，消费者福利是一个存在内在冲突的概念（不同消费者有着不同且冲突的福利倾向，有时某次市场行为使部分消费者受益但使部分消费者受损、有时使得某个市场消费者受益但使得其他市场消费者受损等），帕累托最优仅仅在于财富分配，而财富最大化则增加了社会的总福利，进而有利于促进消费者福利，因此其是合理的反垄断目标。[⑤] 也就是说，反垄断法的中心使命是保护和促进竞争过程；在遵守立法和先例的前提下，在消费者利益和其他反垄断目标协调中，经济学应该作为一种工具以实现保护市场的运行、促进消费

---

① See Roger D. Blair & D. Daniel Sokol, *Welfare Standards in U. S. and E. U. Antitrust Enforcement*, Fordham Law Review, Vol. 81:5, p. 2497 – 2542(2013).

② See Louis Kaplow & Steven Shavell, *Fairness versus Welfare: Notes on the Pareto Principle, Preferences, and Distributive Justice*, The Journal of Legal Studies, Vol. 32:1, p. 331 – 362(2003).

③ See Eleanor M. Fox, *Modernization of Antitrust: A New Equilibrium*, Cornell Law Review, Vol. 66:6, p. 1140 – 1192(1980 – 1981).

④ See Herbert Hovenkamp, *Distributive Justice and the Antitrust Laws*, George Washington Law Review, Vol. 51:1, p. 1 – 31(1982).

⑤ See Herbert Hovenkamp, *Distributive Justice and the Antitrust Laws*, George Washington Law Review, Vol. 51:1, p. 1 – 31(1982).

者利益和效率。[①] 在我国为数不多的“互联网＋”经济领域的反垄断法案件中，实际上反垄断法实施机构也把社会总福利最大化作为目标，认定涉案公司的行为“减损社会总体福利水平”。[②]

二是最大化福利应能保障消费者的利益分享。也就是说，尽管实现社会总福利最大化是反垄断法目标的构成部分，但还应促进该福利使消费者得到分享。否则，很难说实现了社会总福利最大化的正义性。也就是说，保障消费者分享型社会总福利最大化标准克服了非向消费者分配福利的弊端，也克服了一些芝加哥学派学者主张的纯消费者利益标准的不足。有研究认为，尽管社会福利实现了最大化，若消费者存在损失，即使生产福利超过消费者损失，市场行为也是无效的或反竞争的。[③] 有研究也指出，反垄断法不应该理解为矫正市场失灵的公共利益行动，而应该定位于对特殊利益的让步。[④] 换言之，经营者效率只有在传递给消费者时才构成消费者福利，而消费者福利并不仅仅指价格福利，也包括非价格结果，例如，质量、采用直接措施或采用质量调整型价格。[⑤] 应当指出的是，有的消费者利益分享可能是当下即可实现的，有的是未来可实现的。但是，即使当下无法使消费者分享到实际经济性福利，也应让消费者分享到非经济性福利，如多元选择、个性化体验等。否则，很难说消费者福利分享标准得到了满足。此外，就未来福利的认定而言，假定一个合理的期限以分析消费者福利可否实现是必要的，例如，1 年或 3 年或其他理性的期限。显然，从“互联网＋”经济的背景看，该假定的期限不宜过长。

---

① See Eleanor M. Fox, *Modernization of Antitrust: A New Equilibrium*, Cornell Law Review, Vol. 66:6, p. 1140－1192(1980－1981).

② 在 2021 年的阿里巴巴案中，国家市场监督管理总局认定，当事人有关行为排除、限制了市场竞争，降低了平台经营效率，妨碍平台经营模式创新，阻碍潜在竞争者进入市场，不当降低了市场竞争的强度和水平，影响网络零售平台服务在充分竞争中不断优化和发展，损害效果会传递到消费终端，不仅损害消费者现实利益，也会损害消费者期待利益，减损社会总体福利水平。参见国家市场监督管理总局行政处罚决定书（国市监处〔2021〕28 号）。

③ See Herbert Hovenkamp, *Progressive Antitrust*, University of Illinois Law Review, Vol. 2018:1, p. 71－114(2018).

④ See Laurence H. Tribe, *Constitutional Calculus: Equal Justice or Economic Efficiency*, Harvard Law Review, Vol. 98:3, p. 592－621(1985).

⑤ See Diana Moss, *The Consumer Welfare Standard in Antitrust: Outdated or a Harbor in a Sea of Doubt? Testimony Before the United States Senate Committee on the Judiciary Subcommittee on Antitrust, Competition and Consumer Right*, United States Senate Committee on the Judiciary, https://www.judiciary.senate.gov/download/12－13－17－moss-testimony，访问日期：2020 年 5 月 30 日。

二、动态正义理论

按照一般的理解，正义的标准应该是统一的。但是，正义又不是永恒不变的，而是动态发展的。因此，反垄断法应坚持动态正义观。在“互联网 +”经济时代，反垄断法事业也应坚持动态正义观。主要理由如下。

首先，正义的客体可能发生变化。也就是说，某些属于正义分配的对象可能消亡，可能发生量变，可能发生质变，可能出现新生。例如，乡村电影放映行业在当前是一个几乎消失的行业，而电影院行业则发生了数量增加的变化。随着互联网的出现，在线电影业得以产生。近年来，短视频则成为一种新的电影模式。从反垄断法的角度看，正义的关涉客体发生了巨大变化。在过去，乡村电影播放业的反垄断需要解决正义分配问题，在现在则不存在这一问题；而电影院行业的蓬勃发展带来了经济增长与公平竞争的平衡问题，可见反垄断正义的量值发生了变化；在现在，平台电影行业则是一个反垄断正义需要作出调整的行业；而短视频行业相关的反垄断正义则完全是一个新问题。可见，正义的客体在不断变化中。当前，在“互联网 +”行业的不断发展过程中，反垄断正义需要平衡经济增长中所涉及的效率与公平、自由、安全、创新等关系。其中最为重要的一点就是，既要保障有效率的经济增长，同时还要保护公平、自由、安全、创新。换言之，反垄断需要促进正义总量的增加，同时需进行公平、自由、安全、创新等价值维护。因此，反垄断正义就是一个动态平衡的过程。

其次，正义的标准可能发生变化。正义的标准发生变化的原因主要有：一是过去标准存在错误性。例如，在反垄断理论中，人们开始认为市场是可以实现完全竞争的，但后来人们发现完全竞争是不可能实现的，且不完全竞争是市场竞争的常态。在过去，人们常以静态竞争观思考反垄断案件如何处理，后来人们发现竞争其实是动态的，因此反垄断应该以动态竞争的思维进行组织。可见，反垄断的标准需要不断修正。二是过去的标准存在不适应性。例如，本身违法原则在过去适用于诸多反垄断案件。但随着人们认识的变化，合理原则可能对一些反垄断法案件的处理更为正当。因此，合理原则的适用范围在扩大，而本身违法原则的适用范围在收缩。但是，反垄断法的原则与标准应该是统一的,应该在坚持一定的本身违法原则的基础上采用合理原则。[①] 三是随着时代的发展,需要创设新标准。如前所述,如果出现了新的垄断行业,反垄断法实施需要调整,甚至需要创立新的反垄断标准。例如,近年来人们发现保护隐私也是一个反垄断法实施的新领域。这样,就需要建立反垄断法保护隐私的标准。显然,反垄断法保护隐私的标准应不同于一般的私法的保护标准。

最后,正义的主体发生变化。其一,正义主体的数量在不断变化。随着时间的推移,世界上以及每个主权管辖区的人口在发生变化,市场主体也在发生变化。就反垄断而言,在某一个案件涉及的时间跨度中,消费者的总数在变化中,其他竞争者数量也在发生变化。因此,在分配反垄断正义时,就需要动态考量这些问题。其二,正义主体的观念在不断变化。也就是说,在一个反垄断案件的处理过程中,某个或多个主体的正义观念会发生变化。其中主要的原因是,人们对反垄断法的理解和其关涉案件的理解可能随着认知的变化而改变。其三,正义主体的主张在变化。除了观念改变外,正义主体改变主张还可能基于宗教、道德、伦理、社会、政治、经济、文化等原因。

总之,随着正义主体的变化,正义的分配也需要做变化考量。因此,有研究认为,对美国反垄断法进行钟摆式解释(the pendulum narrative)是不正确的,应采取累积、渐进式的方法理解反垄断法,即应总结过去的经验和不足,面向未来。[②]

三、促进创新理论

(一)创新的定义

创新是一个复杂的概念。一般而言,创新是指相对于比较对象的创造性改变。其中的创造性其实就包含了改变的含义,而改变也可能是含有创造的过程。可见,“创新”一词是一个综合性的概念。这里的比较对象,通常既包括纵向的比较对象,例如某种客体的过去形态;也包括横向的比较对象,例如,当前市场的同类竞争产品。从反垄断法的角度看,创新主要涉及企业的活动,例如,

---

① See Daniel A. Crane, *Rules versus Standards in Antitrust Adjudication*, Washington and Lee Law Review, Vol. 64:1, p. 49 – 110(2007).

② See William E. Kovacic, *The Modern Evolution of U. S. Competition Policy Enforcement Norms*, Antitrust Law Journal, Vol. 71:2, p. 377 – 478(2003).

产品创新、服务创新、生产创新、销售模式创新、市场创新等。从创新的程度看，创新有量的创新，也有质的创新。可见，创新可能是单一方面的，也可能是综合方面的。有研究指出，创新具有以下四种健康特征：经济实验、激烈的标准竞争、创业创新、无单边优势。[①] 显然，这主要是指新技术领域的创新。对于反垄断而言，对创新的理解应该作深入分析。

（二）创新的分类

对创新的分类，可以采用多种标准。如果从经济环节看，创新可以分为投资创新、生产创新、销售创新、服务创新等。如果从要素的角度看，创新可以分为技术创新、产品创新、服务创新、管理创新等。如果从竞争的角度看，创新可以分为市场创新、产品创新、服务创新等。如果从“互联网 + ”的角度看，创新可以分为平台创新、算法创新、数据创新等。如果从创新的影响看，创新可以分为有益于竞争的创新和有害于竞争的创新，其中后者包括掠夺性创新、预防性创新等。当然，还有一个具有争议的术语，即破坏性创新。原因是，破坏性创新可能是有利于竞争的，也可能是阻碍竞争的。此外，还有一个表述是颠覆性创新，其一般是指有益的创新。

值得注意的是，人们常关注产品创新。但是，当前人们需要关注过程创新。有研究指出，研发投入可以增加收益，一个企业投入研发是其可优先其他企业的激励，当竞争作为企业接近技术前沿的一个指标而不是简单的市场集中度的评价方法时，竞争可促进创新。[②]

此外，过去人们常关注生产创新，现在则需要关注服务创新。有研究指出，在现代社会中，人们不仅关注工业创新，而且还关注服务创新。服务创新经历了被无视到被重视的过程，且比较合理的方法是将工业创新和服务创新进行综合分析，使二者相互促进，甚至服务创新影响工业创新，其中既包括金融、保险、技术支持、软件等，也包括以信息技术为导向的网络一体化发展。[③]

---

① See Shane Greenstein, *Glimmers and Signs of Innovative Health in the Commercial Internet*, Journal on Telecommunications and High Technology Law, Vol. 8:1, p. 25 – 78 (2010).

② See Richard Gilbert, *Looking for Mr. Schumpeter: Where Are We in the Competition-Innovation Debate*, Innovation Policy and the Economy, Vol. 6, p. 159 – 215 (2006).

③ See Denis Zhernovy, *Service Innovation: Neo-Schumpeterian Perspective*, International Journal of Economics and Law, Vol. 3:8, p. 109 – 113 (2013).

（三）创新的地位

随着时代的发展，创新在反垄断法中的地位越来越重要。在过去，保护创新主要是知识产权法的任务，即主要通过授予创新者一定的专利权、商标权等知识产权保护创新。但后来，人们发现知识产权拥有者可能滥用知识产权的优势，因此开始对知识产权滥用中的反垄断问题进行分析。不仅如此，反垄断法还通过对促进创新的垄断协议进行豁免或作适用除外处理，以保护创新。而随着“互联网+”经济的发展，人们似乎对创新的理解发生了新的变化。有的认为，如果竞争法构建错误，可能因为创设了创新障碍而窒息了增长。[①] 有研究认为，专利限制了竞争，而激烈竞争可为社会带来收益。[②] 还有研究认为，专利强制许可制度就能解决拒绝许可对竞争和创新的损害，而使用竞争法作为一种外部平衡工具可能损害竞争和创新。[③] 德国反垄断机构承认，在创新驱动的市场（如数字市场）过度执法可能会降低创新动力，损害长期创新动力。[④]

总之，创新的价值受到了人们的高度关注。有研究认为，反垄断应以创新为本位，即竞争过程的革新作为知识发现应发挥重要作用，市场不应作狭窄定义，未知背景下的技术进步应得到全面考量，创新抗辩在反垄断诉讼中应扮演更重要的角色。[⑤] 有的认为，创新和动态竞争常常比静态价格竞争更重要，无谓比关切损失更重要。[⑥]

本研究认为，有关创新的问题是一个重要的反垄断问题，在当前尤为如此。但是，创新不是反垄断法第一位阶的认知标准。或者说，创新应是消费者分享

---

① See Michal S. Gal & Spencer Weber Waller, *Antitrust in High-Technology Industries: A Symposium Introduction*, Journal of Competition Law and Economics, Vol. 8:3, p. 449-458(2012).

② See William Hubbard, *The Debilitating Effect of Exclusive Rights: Patents and Productive Inefficiency*, Florida Law Review, Vol. 66:5, p. 2045-2098(2014).

③ See Michal S. Gal & Spencer Weber Waller, *Antitrust in High-Technology Industries: A Symposium Introduction*, Journal of Competition Law and Economics, Vol. 8:3, p. 449-458(2012).

④ See Bundeskartellamt, *Innovations-Challenges for Competition law Practice*, Bundeskartellamt, https://www.bundeskartellamt.de/SharedDocs/Publikation/EN/Schriftenreihe_Digitales_II.pdf?__blob=publicationFile&v=3，访问日期：2020年5月30日。

⑤ See Aurelien Portuese, *Beyond Antitrust Populism: Towards Robust Antitrust*, Journal of Economic Affairs, Vol. 40:2, p. 237-258(2020).

⑥ See Michal S. Gal & Spencer Weber Waller, *Antitrust in High-Technology Industries: A Symposium Introduction*, Journal of Competition Law and Economics, Vol. 8:3, p. 449-458(2012).

型社会总福利最大化标准的子标准之一。具言之,创新既要促进社会总福利最大化,也要使得消费者得以利益分享。

(四)创新的关键之争

关于创新,反垄断法的关键之争在于大企业究竟是更有创新能力还是更无创新能力。对此,熊彼特—埃罗之争放大了这一难题。熊彼特认为大的、垄断性企业在促进动态效率方面是最好的,因为其能在研发方面投入更多资源,且一旦创新出现,其能更好地扩散它并受益之,进而增加了创新激励。可是,无数经验研究怀疑集中和创新之间的关联关系。埃罗认为,鉴于垄断者的沉淀成本以及其已从其产品获得了超竞争利益,因此其创新动力有限,且其窒息竞争对手创新的动力更大。值得注意的是,熊彼特早期的研究也认识到了小企业在动态效率中的作用。经验表明,实际情况比两种极端情况要复杂得多。① 因此,有研究认为,应关注熊彼特主义带来的受害者的保护问题。②

在熊彼特—埃罗之争之后的研究中,人们形成了以下四个重要原则:一是创新层面的竞争促进了创新;二是如果可抑制潜在竞争者投入研发,一个企业具有额外的激励开展创新;三是在创新以后,面对更多产品市场竞争的企业具有较少的激励投入研发;四是竞争者之间在生产已存在产品方面的竞争促进企业寻求路径以降低成本、改善质量或发展更好的产品。③

在以上争论中,核心问题是市场份额大小是否为创新评价的一个关键指标。也就是说,大企业是否更有创新能力是一个问题,而小企业的创新能力也同样是一个问题。有研究指出,在旨在创造并不存在的前瞻性的、革命性的而非渐进式的研发市场,如同竞争促进创新一样,创新促进竞争,比较而言,市场份额标准更适合于商品而不是高新技术公司的更新升级产品。④

---

① See Michal S. Gal & Spencer Weber Waller, *Antitrust in High-Technology Industries: A Symposium Introduction*, Journal of Competition Law and Economics, Vol. 8:3, p. 449-458(2012).

② See John Henry Schlegel, *On The Many Flavors of Capitalism or Reflections on Schumpeter's Ghost*, Buffalo Law Review, Vol. 56:4, p. 965-1026(2008).

③ See Jonathan B. Baker, *Beyond Schumpeter vs. Arrows: Antitrust Fosters Innovation*, Antitrust Law Journal, Vol. 74:3, p. 575-602(2007).

④ See Michal S. Gal & Spencer Weber Waller, *Antitrust in High-Technology Industries: A Symposium Introduction*, Journal of Competition Law and Economics, Vol. 8:3, p. 449-458(2012).

(五)创新的评价标准

1.单一标准抑或综合标准

有研究认为,创新是反垄断法的重要构成要素之一,损害创新构成损害消费者利益,故损害创新可以根据消费者福利标准处理。[①] 有研究指出,原告必须提供可信的证据表明未来消费者损害之期待成本超过现实利益,才能证明创新是否受到损害。[②] 有研究指出,只有排他性行为和侵权产品对消费者而言并无新意、无新价值时才存在掠夺性创新,而采取掠夺性故意标准、消费者强迫标准、消费者利益与损害平衡标准、产品改进标准都不合理。[③] 可见,支持和反对以消费者福利标准认定是否存在应予阻止的创新行为的观点都存在。

有研究还认为,对于初创竞争者的并购审查可以通过发现反竞争意图证据进行,在反竞争行为变得清晰后,实施机构应时刻准备进行事后干预,因此附条件许可和后评估的方法是比较有效的。[④] 可见,这是从故意的角度认定具有损害的创新行为。

有研究认为,在反垄断法实施前,垄断者应该被允许获得收益,在一定期限内允许其支配行为可能是个好主意。但是,一旦企业收回投资后,一切忍让以保护创新的话题必须终止。[⑤] 显然,这是从创新者投资成本补偿的角度认定具有反竞争影响的创新行为。

有研究认为,分析创新应采取综合方法,应考虑是否产生集中,是否抑制创新、竞争者进入、效率,是否存在熊彼特抗辩(小企业抗辩)等因素。[⑥] 理由是,

---

① See Barry C. Lynn, *The Consumer Welfare Standard in Antitrust: Outdated or a Harbor in a Sea of Doubt? Testimony Before the United States Senate Committee on the Judiciary Subcommittee on Antitrust, Competition and Consumer Right*, United States Senate Committee on the Judiciary, https://www.judiciary.senate.gov/download/12-13-17-Lynn-testimony,访问日期:2020年5月30日。

② See John E. Lopatka & William H. Page, *Monopolization, Innovation, and Consumer Welfare*, George Washington Law Review, Vol. 69:3, p. 368-424(2001).

③ See Alan Devlin & Michael Jacobs, *Anticompetitive Innovation and the Quality of Invention*, Berkeley Technology Law Journal, Vol. 27:1, p. 1-54(2012).

④ See C. Scott Hemphill & Tim Wu, *Nascent Competitors*, University of Pennsylvania Law Review, Vol. 168:7, p. 1879-1910(2020).

⑤ See Tim Wu, *Taking Innovation Seriously: Antitrust Enforcement If Innovation Mattered Most*, Antitrust Law Journal, Vol. 78:2, p. 313-328(2012).

⑥ See Michael A. Carrier, *Two Puzzles Resolved: Of the Schumpeter-Arrow Stalemate and Pharmaceutical Innovation Markets*, Iowa Law Review, Vol. 93:2, p. 393-450(2008).

创新受到多种相互作用的因素的影响,例如文化、公司治理、教育和基础设施平台、商业模式、组织结构等。① 可见,这种观点采取的是综合性标准。

2. 本研究的观点

本研究认为,创新认定应采用消费者分享型社会总福利最大化标准。理由在于,既然消费者分享型社会总福利最大化标准是反垄断的理性标准,那么创新的认定也应据此进行。具言之,对一个经营者的行为是否是创新的问题,不仅应分析该行为是否带来社会总福利最大化,还要分析是否让消费者分享到相关福利。如果答案是肯定的,应保护之;如果答案是否定的,则可能需要以反垄断法处理。其中需要特别指出的是,关于市场份额的大小是否是一个关键考量因素的问题,本研究认为应具体分析之。也就是说,有的大企业可能仍在不断从事良性的创新,但有的大企业可能从事具有负面影响的创新,如阻止市场进入的创新就是如此。因此,需要结合个案分析大企业的创新行为是否损害竞争。换言之,大企业的规模并不能作为认定违法创新行为的唯一条件,而应根据消费者分享型社会总福利最大化标准对案件事实进行分析。

四、多向交流理论

从正义的角度看,一个人的内在意思得到合理的满足是正当的。如果一个人的内在意思本身是不正义的,则需要与正义的观点进行交流才能使不正义的内在意思得到平衡。因此,达成重叠共识、商谈是实现正义的合理路径。

从"互联网+"经济的反垄断法实施角度看,反垄断法实施机构、涉嫌垄断企业、其他经营者、消费者等主体的意思应得到充分的交流。因此,必须树立多向交流理论的观念。也就是说,多元主体是应当进行充分交流的。只有这样,才能实现反垄断正义。

有研究指出,反垄断政策很大程度上是由平衡假阳性和假阴性问题的期待塑造的。② 从这个角度看,反垄断法实施本质上是一个信息分享、知识学习、主张碰撞、共识达成的过程,进而形成反垄断正义。在"互联网+"经济发展中,反

---

① See Michal S. Gal & Spencer Weber Waller, *Antitrust in High-Technology Industries: A Symposium Introduction*, Journal of Competition Law and Economics, Vol. 8:3, p. 449 – 458(2012).

② See Jeffrey L. Harrison, *After Forty Years of Antitrust Revision and Apple Inc. v. Pepper, What Now Illinois Brick?* William and Mary Business Law Review, Vol. 11:3, p. 695 – 732(2020).

垄断法实施是一个多主体、多向度、多环节、多层次交流的过程。

从这个角度看,反垄断法实施程序的合理设计是必要的,其不仅要保证反垄断法实施程序的严肃性、正式性、规范性,还应保持反垄断法实施程序的灵活性。这样,反垄断法实施程序不仅要有强制性程序,而且应有非强制性程序。只有这样,才能保障反垄断法实施主体的多向交流得到合法展开。

五、传统经典理论

有研究认为,芝加哥—哈佛双螺旋结构是反垄断法应当推崇的。① 也就是说,两大学派的思想都有其可取之处,应该汲取两者的营养。但是,有研究认为,应该替代芝加哥—哈佛双螺旋思维,应通过保护某些竞争者以保护竞争,尤其是在掠夺性行为、进攻性合并和垄断案件中,应该复兴陪审团制度发扬民主监督。② 有研究指出,现代美国反垄断经验的适当评估要求关注芝加哥学派、哈佛学派和其他思想共同形成的当前法律和政策框架,而在当前不应迷恋芝加哥学派。③

可见,虽然“互联网+”经济领域的反垄断法问题出现了新的市场特征(网络规模效应、多边市场、平台经济、高动态性等),出现了特殊垄断行为主体(如超级平台)、出现了新的垄断工具(如算法、平台、大数据、人工智能、平台技术等),出现了新的垄断形式(如平台封禁行为、平台“二选一”、平台“大数据杀熟”、平台轴辐协议、算法协同、扼杀式并购等),进而需要有新的反垄断法思维,但是一些传统反垄断法的经典理论方法仍有用武之地。原因是,“互联网+”经济领域的反垄断法理论无法跳跃一些传统反垄断法的经典理论而立足于新的根基之上。

也就是说,“互联网+”的反垄断法实施仍需立足一些传统反垄断法的经典

---

① See William E. Kovacic, *The Intellectual DNA of Modern U. S. Competition Law for Dominant Firm Conduct: The Chicago/Harvard Double Helix*, Columbia Business Law Review, Vol. 2007:1, p. 1 – 82 (2007).

② See Thomas J. Horton, *Unraveling the Chicago/Harvard Antitrust Double Helix: Applying Evolutionary Theory to Guard Competitors and Revive Antitrust Jury Trials*, University of Baltimore Law Review, Vol. 41:4, p. 615 – 670 (2012).

③ See William E. Kovacic, *The Chicago Obsession in the Interpretation of US Antitrust History*, University of Chicago Law Review, Vol. 87:2, p. 459 – 494 (2020).

理论,同时进行理性变革。例如,传统反垄断法经典理论中的市场结构因素、相关市场的逻辑起点、本身违法原则、合理原则等仍是重要的反垄断法范畴。只不过,在“互联网+”的反垄断法实施中,需要对相关范畴进行细化区分或适当革新。

第三章

“互联网+”经济发展的反垄断法规则体系内容保障

第一节 “互联网+”经济反垄断法规则的体系

一、反垄断法规则的一般构成

反垄断法规则是反垄断法的法律渊源。概括而言,反垄断法规则包括成文法规则和非成文法规则。前者通常包括基本法律、附属法规和解释类规则等。其中反垄断基本法律主要是指专门制定法,有的可能是综合性法律中的部分规则。值得注意的是,有的国家的反垄断法规则还直接源于宪法的规定。反垄断附属法规主要是反垄断法实施部门制定的具有法律约束力的规范性文件。反垄断法解释类规则主要是反垄断执法部门、司法部门发布的有关法律实施解释。反垄断法的非成文法规则主要是判例法规则,即反垄断案件判决裁决中确定的规则,其以法律语言在判决书、裁决书中出现。当然,反垄断法实施部门实际上长期采用但并未形成文字的规则严格说来也属于反垄断法非成文法规则,但是其无法律拘束力。值得指出的是,在不同的国家或地区,反垄断法规则的表现形式存在差异。

在美国,反垄断法规则包括联邦立法、地方立法、实施部门的法规和其他文件,更为重要的是,还包括判例法。不过,具有普遍约束力的美国联邦立法、联邦机构的法规及其他文件、最高法院的判例是最为重要的美国法律渊源。从这个角度看,美国反垄断法规则主要体现在《谢尔曼法》《克莱顿法》《联邦贸易委员会法》中。在实践中,美国司法部、联邦贸易委员会等发布的系列反垄断指南都是影响力较大的反垄断规则,如《知识产权许可反垄断指南》(1995年发布、2017年修订)、《横向合并指南》(分别有1968年、1982年、1984年、1992年、1997年、2010年6个版本)、《非横向合并指南》(1984年发布)、《纵向合并指南》(2020年发布)、《企业联营指南》(2000年发布)、《竞争者合作反垄断指南》(2000年发布)、《反垄断国际实施与合作指南》(1995年发布、2017年修订)、《合并救济政策指导意见》(2011年发布)、《对人力资源行业人员的反垄断指导意见》(2016年发布)、《卫生保健业反垄断实施政策声明》(1996年发布)、《合并救济磋商声明》(2003年发布、2012年修正)、《关于责任医疗组织参与医疗共享储蓄计划的反垄断实施政策声明》(2011年发布)、《关于自愿遵守公平、合理和无歧视原则承诺的标准必要专利救济措施政策声明》(2013年发布、2019修正)、《关于新型冠状肺炎疾病的反垄断声明》(2020年发布)、《雇佣行为反垄断危险信号》(2016年发布)等。

在欧盟,反垄断法规则主要包括欧盟层面和成员国层面的立法、法规、指南和判例法等。在欧盟层面,《欧洲运行条约》第101条、第102条是最为重要的反垄断法规则。此外,欧盟层面比较重要的反垄断法规则还包括欧盟理事会制定的相关条例、欧盟委员会制定的规则和指南等。欧盟委员会发布的指南较多,包括2004年《关于〈欧洲共同体条约〉第81条第3款的适用指南》,2004年《横向合并审查指南》,2004年《关于〈欧洲共同体条约〉第81条适用于技术转让协议的指南》,2004年《关于〈欧洲共同体条约〉第81条和第82条中"对贸易的影响"概念指南》,2008年《根据〈理事会控制企业集中条例〉的审查非横向合并指南》,2008年发布、2013年终止的《关于〈欧洲共同体条约〉第81条适用于海运服务的指南》,2010年《关于在销售和维修机动车辆及机动车辆配件分配协议中纵向限制的补充指南》,2011年《关于〈欧盟运行条约〉第101条适用于横向合作协议的指南》,2011年《纵向限制指南》,2006年《罚款确定方法指南》,2022年《关于欧盟竞争法适用于个体经营者工作条件的集体协议指南》等。此外,欧盟委员会发布了一系列反垄断"通告",其也属于反垄断指南,如1997年《欧盟委员会关于共同体竞争法中的相关市场界定的通告》,1998年《欧盟委员会关于竞争规则适用于邮政行业和评价一些国家邮政服务措施的通告》,2001年《可接受的救济通告》(2008年修订),2001年《关于〈欧盟运行条约〉第101条第(1)款非明显限制竞争的不大重要的协议的通告》,2004年《关于欧盟委员会根据〈欧洲共同体条约〉第81条和第82条处理有关指控的通告》,2004年《关于〈欧洲共同体条约〉第81条和第82条个案中新问题非正式指导的通告》,2004年《竞争执法机构系统合作通告》,2004年《关于在〈欧洲共同体条约〉第81条和第82条适用中成员国法院和欧盟委员会合作通告》,2005年《获得案卷材料通告》,2005年《欧盟委员会关于集中案件送交的通告》,2005年《关于集中直接相关和必要的限制的通告》,2005年《关于获得有关〈欧洲共同体条约〉第81条和第82条、〈欧洲经济区协议〉第53条、第54条、第57条和〈理事会第139/2004条例〉案件的欧盟委员会材料的通告》,2008年《和解通告》,2008年《关于根据〈理事会关于经营者集中控制的第139/2004条例〉欧盟委员会管辖权的通告》,2008年《欧盟委员会关于根据〈理事会第139/2004条例〉和〈欧盟委员会第802/2004条例〉有关可接受的救济的通告》,2008年《关于根据〈理事会第1/2003条例〉第7条和第23条的决定在卡特尔案件中采用和解程序行为的通告》,2011年《〈欧盟运行条约〉第101条、第102条程序行为的最佳实践通告》,2022年《关于对〈欧盟运行条约〉第101条、第102条个案中新问题或未解决问题非正式指导的通告(指导函)》,2023年《关于根据〈理事会关于经营者集中控制的第139/2004条例〉以简化程序处理一些集中案件的通告》等。另外,欧盟委员会发布的一些其他文件也属于反垄断指南,如2004年《竞争总局合并控制程序最佳实践》,2013年《关于〈合并条例〉剥离承诺和受托人授权书范本的解释性说明/最佳实践指南》。

在我国,反垄断法规则主要包括《反垄断法》、国务院制定的相关行政法规、国务院反垄断委员会发布的反垄断指南、市场监管总局制定的规章和其他规范性文件等。目前,我国主要反垄断行政法规、指南、规章及有关规定有:国务院制定的《关于经营者集中申报标准的规定》(2008年制定、2018年修订)、《关于在市场体系建设中建立公平竞争审查制度的意见》(2016年发布),国务院反垄断委员会发布的《关于相关市场界定的指南》(2009年发布)、《关于汽车业的反垄断指南》(2019年发布)、《横向垄断协议案件宽大制度适用指南》(2019年发布)、《垄断案件经营者承诺指南》(2019年发布)、《经营者反垄断合规指南》(2020年发布)、《关于知识产权领域的反垄断指南》(2020年发布)、《关于原料药领域的反垄断指南》(2021年发布)、《关于平台经济领域的反垄断指南》(2021年发布),国家市场监管总局制定的《禁止垄断协议规定》(2023年制定)、《禁止滥用市场支配地位行为规定》(2023年制定)、《制止滥用行政权力排除、限制竞争行为规定》(2023年制定)、《经营者集中审查规定》(2023年制定)、《禁止滥用知识产权排除、限制竞争行为规定》(2023年制定),市场监管总局等五部门制定的《公平竞争审查制度实施细则》(2021年修订),国家市场监管总局反垄断局发布的《关于经营者集中申报的指导意见》(2018年修订)、《关于经营者集中简易案件申报的指导意见》(2018年修订),国家市场监管总局发布的《企业境外反垄断合规指引》(2021年发布)、《经营者集中反垄断合规指引》(2023年发布)、《公平竞争审查第三方评估实施指南》(2023年发布)等。

值得注意的是,我国《电子商务法》等相关条款也与反垄断法规则有关。此外,最高人民法院发布的司法解释、地方执法部门及有关自贸区发布的反垄断规则也属于我国反垄断法规则体系的组成部分,如四川省工商行政管理局于2015年发布的《关于加强反垄断执法工作的指导意见》、中国(广东)自由贸易试验区深圳前海蛇口片区管理委员会于2017年发布的《中国(广东)自由贸易试验区深圳前海蛇口片区反垄断工作指引》等。

二、"互联网+"经济对反垄断法规则的特殊需求

经济与法律存在相辅相成的关系。"互联网+"经济与反垄断法实施规则也存在紧密的关系。一方面,"互联网+"经济需要获得法律上的合法性认可。"互联网+"经济是市场经济的一部分,具有合法发展的宪法根基。但是,"互联网+"经济主体资格、经济行为的法律效力需要部门法确认。因此,民法、商法、经济法等部门应含有"互联网+"经济的合法性认定规则。从反垄断法的角度看,"互联网+"经济的总体发展应得到反垄断法的合法性认可。也就是说,绝大多数"互联网+"经济行为通常不属于反垄断法的惩罚范围。反垄断法通过除外规则、豁免规则对一些形式上可能构成垄断行为但实质上可以排除反垄断法适用的行为网开一面。这样,"互联网+"经济中的一些市场行为主要因为反垄断法的不适用、排除适用或豁免适用获得合法性。另一方面,"互联网+"经济的发展需要得到反垄断法规则的矫正保障。"互联网+"经济也是市场经济,经营者也主要是以自我利益最大化为中心,其市场行为因此可能会排除竞争、窒息竞争、限制竞争,损害其他合法竞争者的利益和消费者利益,损害"互联网+"经济自身的长期发展。因此,反垄断法须惩罚具有负面影响的"互联

网+”经济垄断行为,以保障“互联网+”经济的良性发展。为此,“互联网+”经济发展需要有回应型的反垄断法规则。

从历史的角度看,“互联网+”经济是市场经济的一种形式,具有经济形态的共性特征。从这一角度看,以经验为基础形成的既有反垄断法规则对“互联网+”经济具有一定的适应性。从这一角度看,反垄断法的一般体系对“互联网+”经济仍有一定的有效性。但是,我们也应看到,“互联网+”经济与工业时代的市场经济、早期信息时代的市场经济存在一些差异。这种差异主要表现在市场交易的互联网中心化尤其是平台化、交易过程的数据化、交易方式的算法化甚至智能化。因此,“互联网+”经济将“市场”集中化,以至于将全国市场乃至全球市场都集中于平台中,进而突破了传统市场经济交易的个别化、小规模化、区域化。这就使“互联网+”经济发展为注意力经济、智能经济、泛在经济,可能使一些企业快速成长为超大型企业进而构成市场支配地位企业,使企业的市场进入和市场退出更加频繁,经营者集中行为极其容易发生,使竞争者与竞争者的关系更加透明,进而使传统反垄断法上的垄断协议行为更便捷实施。这样,就容易滋生“二选一”行为、“大数据杀熟”行为和算法协同行为等。这样,反垄断法的实施原则、标准和方法就需要有一定的革新。例如,大企业的效率问题、大企业的创新问题、消费者的选择问题都是“互联网+”经济领域反垄断法中需要解决的特殊问题。可见,“互联网+”经济发展对反垄断法实施规则具有特殊制度需求。

为此,诸多国家或地区都在不断探讨“互联网+”经济的反垄断法规则建构问题。总体而言,为此而开展的反垄断法规则特殊建构有三种模式,即专门立法模式、反垄断法专章修订模式、反垄断法分散修订模式(在反垄断法的不同章节分别增设或修订有关条款)。例如,美国尝试制定《终止平台垄断法》《美国互联网选择和创新法》《促进服务转换以增强兼容和竞争法》《2021 年平台竞争和机会法》《2021 年合并费用现代化法》《2021 年州反垄断实施管辖地法》《开放应用程序市场法》等法律以回应互联网经济发展的需要,欧盟制定了《数字服务法》和《数字市场法》,德国修订了《反限制竞争法》以回应数字经济中的反垄断法问题,我国也进行了相关反垄断法修订工作。

三、“互联网+”经济反垄断法规则体系的比较考察

从宏观上看，“互联网+”经济反垄断法规则的体系可以分为一般法和特别法两个层面。也就是说，仍然有效的传统反垄断法规则是“互联网+”经济反垄断法规则的体系构成之一。除此之外，就是专门“互联网+”经济反垄断法规则。以下对美国、欧盟、德国的相关立法发展和我国的相关特别规则进行分析。

（一）美国

2019年6月，美国众议院司法委员会启动了对互联网市场竞争状态的调查，具体由反垄断、商业和行政法分委员会牵头负责。经过16个月的调查后，《数字市场竞争调查报告》于2020年10月出炉。此外，美国众议院、参议院还推动了一系列法案的立法进程，主要包括：《终止平台垄断法》《美国互联网选择和创新法》《2021年平台竞争和机会法》《2021年合并费用现代化法》《促进服务转换以增强兼容和竞争法》《2021年州反垄断实施管辖地法》《开放应用程序市场法》等。以下具体分析之。

1.《数字市场竞争调查报告》

（1）基本构成

该调查报告包括引言、对数字市场竞争的调查过程、调查背景、被调查的市场、支配性互联网平台、建议、附录（支配性平台的并购情况）等部分。值得指出的是，该报告是基于以下文件信息完成的：1287997份文件和信件；38名证人的证言；超过1800页的听证记录；来自不同政治背景的60名反垄断专家提交的38份意见；与240多名市场参与者、互联网平台的前雇员和其他个人的共计数千小时的访谈；通过其他途径获得的信息，如与行业和政府人员的听证会和圆桌会议、与主题专家的咨询、对行业参与者和监管机构提供的大量证据的审查。①

（2）主要结论

该调查旨在获得数字市场竞争问题的资料信息，调查支配性企业是否实施反竞争行为，评估目前的反垄断、竞争政策和实施水平是否能充分解决问题。

① See the Subcommittee on Antitrust, Commercial and Administrative Law of the Committee on the Judiciary, U. S., *Investigation of Competition in the Digital Marketplace: Majority Staff Report and Recommendations*, July 2022, p. 3.

根据调查,该调查报告主要有以下结论。[①]

一是开放性的互联网为美国人民和美国经济带来了巨大福利,促进了经济机会、资本投资、教育机会的巨大增长,也在新型冠状肺炎疾病防治中发挥了重要作用,其中亚马逊、苹果、脸书(现更名为Meta)、谷歌公司作为通信、信息、商品、服务交换的基础设施也在经济社会中发挥着重要作用。

二是过去十年间数字经济越来越集中和易于垄断化。许多市场,如社会网络、互联网搜索、在线广告市场,由一家或两家企业支配。

三是亚马逊、苹果、脸书、谷歌公司掌握了分销的关键渠道,已具有守门人的功能。十年后,30%的世界总经济产出可能来自这些企业和少数其他企业。

四是守门人滥用了市场力。无数企业阐述了支配性平台滥用守门人权力决定合同条款和取得其他市场主体的让步,而这些在竞争性市场是不可能被同意的。市场参与者也指出,由于对这些守门人存在依赖,其为了进入市场和接触用户不得不让步,而这带来巨大经济损害。

五是被调查企业在过去十年间并购了上百家公司。在一些案件中,一个支配性企业并购了初生的或潜在竞争者以消除竞争威胁或维持并扩大该企业的支配地位。在一些案件中,一个支配性企业并购一些小企业后关闭之或完全停止生产相关产品。该交易可称为“杀手并购”(killer acquisitions)。

六是调查发现了垄断化和市场力的证据。例如,脸书公司的强网络效应使得其相关市场趋于垄断以至于该公司的产品比实际竞争者的产品具有强烈的竞争优势。

七是互联网平台的支配地位带来了巨大成本。具体包括:互联网平台减少了消费者的选择,侵蚀了创新和企业家精神,削弱自由多样的媒体的活力,损害了人们的隐私。

(3)主要建议

第一,重塑数字经济中的竞争。具体包括:①结构性分离和禁止一定支配性平台从事相邻行业业务;②非歧视性要求,即禁止支配性平台从事自我优待行为,责令其对相同商品服务采用同等条件;③互操作性和数据可携带性,责令

---

① See the Subcommittee on Antitrust, Commercial and Administrative Law of the Committee on the Judiciary, U. S., *Investigation of Competition in the Digital Marketplace: Majority Staff Report and Recommendations*, July 2022, p. 5 – 13.

支配性平台的服务与不同网络兼容,使内容和信息易于在不同网络之间接入;④对支配性平台的并购实行禁止推定规则;⑤对新闻出版商设置安全港以保障媒体的自由多样化;⑥禁止滥用优势谈判力(abuses of superior bargaining power),即禁止支配性地位企业从事源于其市场支配地位的合同行为,并要求其对个人、依赖支配性平台的企业提供正当程序保护。[①]

第二,强化反垄断法。具体包括:①重申反垄断法的目标及其在保障健康有活力的民主中的中心地位,建议国会考虑重申反垄断法的最初意图和广泛目标,即澄清反垄断法保护的不仅是消费者,还包括工人、企业家、独立企业、开放市场、公平经济和民主理想;②强化《克莱顿法》第7条,包括通过重塑假定和明线规则(bright-line rules)重构初期标准(the incipiency standard)、保护初创竞争者、强化纵向合并立法等;③强化《谢尔曼法》第2条,包括引入禁止滥用市场支配地位条款,澄清禁止垄断性杠杆行为、掠夺性定价、拒绝利用必需设施、拒绝交易、搭售、反竞争性自我优待和反竞争性产品设计行为条款;④采取其他措施加强全面执法,包括推翻判例法中有问题的先例。[②]

第三,复兴反垄断实施。具体包括:①重塑国会对反垄断法及其实施的有力监督;②重塑联邦反垄断机构使之最大化发挥潜能,包括触发“不公平竞争方法”规则的民事罚款和其他救济,责令联邦贸易委员会开展经营者集中行为的日常数据收集,增强这些机构的公共透明度和责任,责令开展日常合并回溯调查(过去三十年),制定更严格的反垄断执法机构和企业之间的旋转门禁令规则,增加联邦贸易委员会和司法部反垄断司的财政预算;③加强私人实施,方法是消除下列情形中的障碍:胁迫性仲裁条款、集团诉讼的限制、解释构成反垄断损害的司法标准和过高的辩护标准。[③]

---

① See the Subcommittee on Antitrust, Commercial and Administrative Law of the Committee on the Judiciary, U. S., *Investigation of Competition in the Digital Marketplace: Majority Staff Report and Recommendations*, July 2022, p. 13 – 14.

② See the Subcommittee on Antitrust, Commercial and Administrative Law of the Committee on the Judiciary, U. S., *Investigation of Competition in the Digital Marketplace: Majority Staff Report and Recommendations*, July 2022, p. 14.

③ See the Subcommittee on Antitrust, Commercial and Administrative Law of the Committee on the Judiciary, U. S., *Investigation of Competition in the Digital Marketplace: Majority Staff Report and Recommendations*, July 2022, p. 14.

2.《终止平台垄断法》

《终止平台垄断法》于2021年6月11日被提交于众议院,后于2021年6月24日由众议院司法委员会通过。该法案的目的是消除因支配性互联网平台同时拥有或控制互联网平台和其他业务所产生的利益冲突,以增加数字市场的竞争和经济机会。

根据该法案第2条,自互联网平台被认定为该法适用的平台(covered platform)(以下简称适用平台)之日起,该适用平台经营者拥有、控制该适用平台之外的业务或拥有其受益利益是非法的,包括:(1)利用该适用平台从事销售或提供产品服务;(2)要求企业用户购买或使用该适用平台提供的产品或服务,作为进入该适用平台的条件或作为商业用户产品或服务陈列于适用平台或获得优先地位的条件;(3)产生利益冲突。其中,产生利益冲突的情形是指,一个适用平台经营者拥有或控制该适用平台以外的业务,且因此为该适用平台创造了动机和能力,使其产品、服务或其他业务对竞争性企业或对适用平台构成新的或潜在竞争的企业的产品、服务或其他业务具有优势,或使竞争性企业或对适用平台经营者构成新的或潜在竞争的企业的产品、服务或其他业务处于劣势或排除之。根据该法案第5条和第6条,一个互联网平台符合以下条件的,联邦贸易委员会或司法部可以认定为适用平台:过去12个月中互联网平台上每月至少有5000万个美国活跃用户或10万个美国活跃商业用户;由年销售额或市值超过6000亿美元的人拥有或控制;是在互联网平台上销售提供或与互联网平台直接相关的任何产品服务的关键交易伙伴(critical trading partner),即有能力限制或损害商业用户接触其用户或顾客,或有能力限制或损害商业用户接触有效服务其用户或顾客的工具或服务的实体。通常,该认定的时效为10年。

不仅如此,该法案第4条规定,适用平台的管理人员、董事、雇员(含代理人、代表、合同相对人)或控制人不得同时担任先前附属主体的管理人员、董事或其他附属机构当事人(含代理人、代表、合同相对人)。一旦一个互联网平台被认定为适用平台,上述主体应于60日内终止与适用平台的关系。

根据该法案第3条,任何人或任何人的管理人员、董事、合伙人或雇员不遵守该法的,应对美国承担民事罚款责任,金额不超过该人上年度美国日均总收入的15%或该人在非法行为期间受非法行为影响或作为非法行为目标的任何业务中的美国日均总收入的30%。对于适用平台违反该法的,联邦贸易委员会可以向地区法院提起民事诉讼寻求民事罚款或其他救济。

3.《美国互联网选择和创新法》

《美国互联网选择和创新法》于2021年6月11日被提交于众议院，于2021年6月24日由众议院司法委员会通过。该法案的主要目的是规定适用平台的一些歧视行为是违法的。

根据该法案第2条，违法的适用平台的歧视行为有：(1)使自己的产品、服务或业务比其他业务用户的相应客体具有优势；(2)使其他业务用户的产品、服务或业务比适用平台的相应客体具有劣势或排除之；(3)在相同情形的企业用户之间进行歧视；(4)限制或阻碍企业用户接入或互操作于提供给适用平台自己产品、服务、业务的同一平台、操作系统、硬件、软件的能力；(5)将购买或使用适用平台提供的其他产品服务作为接入适用平台或在适用平台上处于优先地位或安排的条件；(6)使用从平台获得的或产生的企业用户或其顾客基于企业用户产品、服务交易形成的非公开数据，以提供或支持适用平台自己的产品或服务；(7)限制或阻碍企业用户获取平台上由企业用户或其顾客基于企业用户的产品、服务交易产生的数据，如以合同或技术限制的方式阻止企业用户将该数据转移至其他系统或应用程序；(8)限制或阻止适用平台用户卸载适用平台上事先安装的软件程序或修改引导适用平台用户使用适用平台经营者提供的产品或服务的默认设置；(9)限制或阻碍企业用户向适用平台用户交流信息或提供适用平台上的超链接以促进交易；(10)在与任何用户的交互方面(含适用平台提供的搜索或排名功能方面)，对适用平台经营者自己的产品、服务或其他业务比其他企业用户的相应客体更为优待；(11)干涉或限制企业用户的产品、服务定价；(12)限制或阻碍企业用户及其客户或用户与其他产品、服务进行互操作或连接；(13)对向法律实施机构提出有关联邦法或州法违法或潜在违法关切的任何企业用户或适用平台用户进行报复。

但是，以下情形构成上述违法歧视行为条款不适用的肯定抗辩：未通过限制或阻碍企业用户的合法活动造成竞争过程损害；为阻止违反或遵守联邦法、地方法，或为保护用户的隐私或其他非公开数据，采取的最小范围、无法通过更低歧视手段实现的、非托词的、必要的行为。

构成违法的歧视行为的，应对美国承担民事罚款责任，金额不超过该人上年度总收入的15%或该人在非法行为期间受非法行为影响或作为非法行为目标的任何业务中的美国总收入的30%。此外,反垄断法实施机构可采取责令赔偿损失、解除或变更合同、退款、返还财产、交出违法所得、施加行为禁令、提起政府监护(parens patriae)诉讼、提起临时救济(不超过120天)措施。不仅如此,根据该法案第6条,受害人可以提起3倍损害赔偿之诉,并可主张诉讼成本(含律师费用)。

根据该法案第4条,拟在联邦贸易委员会下设立数字市场局(a bureau of digital markets),且该局每年应发布前12个月的实施活动报告。

4.《2021年平台竞争和机会法》

《2021年平台竞争和机会法》于2021年6月11日被提交于众议院,于2021年6月24日由众议院司法委员会通过。该法案的主要目的是通过规定支配性互联网平台的一些并购行为违法,以增加数字市场竞争和经济机会。

根据该法案第2条,适用平台经营者直接或间接购买从事商业或影响商业活动的他人的全部或部分股票、其他资本份额、资产是违法的。但是,适用平台经营者若能提供明确可信的证据证明以下情形的,不构成违法,包括被并购资产或被并购股票发行人的以下情形:(1)不与适用平台或适用平台经营者竞争任何产品、服务的销售或提供;(2)未构成适用平台或适用平台经营者的任何产品、服务的销售或提供的新生竞争(nascent competition)或潜在竞争;(3)未提升或增强适用平台或适用平台经营者在适用平台上或与之直接相关的产品、服务销售或提供方面的市场地位;(4)未提升或增强适用平台或适用平台经营者在适用平台上或与之直接相关的产品、服务销售或提供方面的维持市场地位的能力。这里的竞争、新生竞争、潜在竞争包含用户注意(a user's attention)方面的竞争,而导致其他数据接入的并购则会提升、增强或维持适用平台的市场地位。

根据该法案第5条和第7条,对于违反该法案的行为,联邦贸易委员会、司法部、各州可以根据《联邦贸易委员会法》或《克莱顿法》的规定提起救济,联邦贸易委员会可对适用平台提起民事罚款或其他救济,各州可以提起政府监护诉讼,受害人可以提起3倍损害赔偿之诉,并可主张诉讼成本(含律师费用)。

5.《2021年合并费用现代化法》

《2021年合并费用现代化法》分别于2021年2月4日、2021年6月11日在参议院、众议院启动了立法程序。该法案的目的是通过调整事前合并申报费用、增加反垄断法实施资源,以促进反垄断法实施和保护竞争。

在该法案提出前,《克莱顿法》规定的合并申报费用为:并购后并购人拥有被并购人的有表决权证券和资产总额少于1亿美元的,申报费用为4.5万美元;并购后并购人拥有被并购人的有表决权证券和资产总额不少于1亿美元但少于5亿美元的,申报费用为12.5万美元;并购后并购人拥有被并购人的有表决权证券和资产总额不少于5亿美元的,申报费用为28万美元。

该法案拟对上述申报费用进行调整。调整后,申报费用如下:并购后并购人拥有被并购人的有表决权证券和资产总额少于1.615亿美元的,申报费用为3万美元;并购后并购人拥有被并购人的有表决权证券和资产总额不少于1.615亿美元但少于5亿美元的,申报费用为10万美元;并购后并购人拥有被并购人的有表决权证券和资产总额不少于5亿美元但少于10亿美元的,申报费用为25万美元;并购后并购人拥有被并购人的有表决权证券和资产总额不少于10亿美元但少于20亿美元的,申报费用为40万美元;并购后并购人拥有被并购人的有表决权证券和资产总额不少于20亿美元但少于50亿美元的,申报费用为80万美元;并购后并购人拥有被并购人的有表决权证券和资产总额不少于50亿美元的,申报费用为225万美元。此外,该申请费随着消费者价格指数增长而增加。

根据该法案第3条,2022年度给予司法部反垄断司、联邦贸易委员会的财政拨款分别是2.52亿美元和4.18亿美元。

6.《促进服务转换以增强兼容和竞争法》

《促进服务转换以增强兼容和竞争法》于2021年6月11日被提交于众议院,于2021年6月24日由众议院司法委员会通过。该法案的主要目的是促进竞争,降低市场进入障碍,减少消费者和企业的转换成本。

该法案第3条对数据可携带性进行了规定:适用平台应维持一套透明的、第三方可接入的接口(包括应用程序接口),以符合标准的结构化、通用、机器可读的格式,将数据安全地转移给用户或用户明示同意和指示的企业用户;收到适用平台转移的用户数据的竞争性企业或潜在的竞争性企业应合理地保障其获取的任何用户数据的安全,且应采取合理的步骤避免将安全风险引入数据或适用平台的信息系统。

该法案第4条对互操作性进行了规定。主要内容有:(1)适用平台应维持一套透明的、第三方可接入的接口(包括应用程序接口)以促进和维持与竞争性企业或潜在竞争性企业的符合标准的互操作性。(2)接入适用平台的互操作性接口的竞争性企业或潜在竞争性企业应合理地保护其获取、处理、传输的任何用户数据的安全,并应采取合理的步骤避免将安全风险引入用户数据或适用平台的信息系统。(3)适用平台应制定竞争性企业或潜在竞争性企业接入的隐私和安全标准,以合理必要地解决对适用平台或用户数据的威胁,且应将任何违反标准的行为报告给联邦贸易委员会。(4)在联邦贸易委员会制定规则后的120日内,适用平台应向竞争性企业或潜在竞争性企业提供完整、准确的解释接入互操作性接口的文件。该文件仅限于实现互操作性产品、服务的开发和操作所需的文件。(5)适用平台维持的互操作性接口的任何变化会影响竞争性企业或潜在竞争性企业的互操作性的,适用平台应向竞争性企业或潜在竞争性企业提供预先通知,通知可采取公告形式。(6)适用平台不得收集、分享通过互操作性接口从企业用户获得的数据,但为了保护数据安全或维持服务的互操作性的除外。(7)企业用户不得收集、分享适用平台上的用户数据,但为了保护数据安全或维持服务的互操作性的除外。

根据该法案第9条、第10条的规定,联邦贸易委员会可以对嫌疑违法行为提起民事罚款、责令赔偿损失、解除或变更合同、退款、返还财产、交出违法所得、行为禁令、临时救济(不超过120天)等救济。

7.《2021年州反垄断实施管辖地法》

《2021年州反垄断实施管辖地法》分别于2021年5月21日、5月24日被提交于众议院和参议院,众议院司法委员会于2021年6月24日通过,而参议院司法委员会于2021年9月23日通过。

该法案的主要目的是修订《美国法典》第28编,以阻止州作为诉讼原告的反垄断诉讼的转移。这样,就能保证各州司法部长能在其选择的法院而不是将案件转移到被告倾向选择的法院审理。通过该法案,州在实施联邦反垄断法中无须进行诉讼转移,无须与缓慢的民事程序交织在一起,因此州实施联邦反垄断法的无效率和障碍问题将得到解决,可以为各州公民提供快速的解决方案。

8.《开放应用程序市场法》

《开放应用程序市场法》分别于2021年8月11日、8月13日进入美国参议院和众议院立法程序。该法案的立法目的是促进应用程序经济的竞争,减少

“守门人”的权力，增加选择，提高质量，减少消费者成本。

该法案第3条对以下问题进行规定：

（1）排他性和搭售。该条规定，适用平台不得将开发者使用适用平台或任何其合作伙伴拥有或控制的应用程序内置支付系统，作为在应用程序商店上分销或接入其操作系统的条件；不得将自己应用程序商品中的定价条款或销售条件同于或更优待于其他应用程序商店，作为在应用程序商店分销的条件；不得对通过其他应用程序内置支付系统或在其他应用程序商店上使用或提供不同的价格条款或销售条件的开发者，采取惩罚性行动或其他较少优惠的条款和条件。

（2）干涉合法的商业交流。该条规定，适用平台不得限制开发者与应用程序使用者通过应用程序或用户开展关于合法商业要约的交流，如价格条款、产品服务提供等。

（3）非公开商业信息。该条规定，适用平台不得使用产生于第三方应用程序中的基于与适用平台应用程序竞争的非公开商业信息。

（4）互操作性。控制应用程序商店运行的操作系统或操作系统配置的适用平台，应允许并为该操作系统的用户提供易于访问的方式，包括：选择类型配套的第三方应用程序或应用程序商店作为其默认配置；通过其他方式而不是适用平台的应用程序商店安装第三方应用程序或应用程序商店；隐藏或删除应用程序商店拥有者或任何其商业伙伴提供或预先安装的应用程序或应用程序商店。

（5）搜索自我优待。适用平台不得通过对适用平台或其商业伙伴的应用程序提供相对于其他应用程序而言的非合理的优待或排名，以在应用程序商店中实行不平等待遇。非合理的优待包括采用排名计划或根据适用平台或其商业伙伴的所有者权益标准优先应用程序的算法，且未包含明确披露的广告。

（6）开放性应用程序研发。应及时向研发人员提供操作系统接口、研发信息、硬件、软件的访问权限，且该访问权限条款应遵守相似应用程序访问或适用平台提供给其商业伙伴的等同或功能等同的条款。

不过，该法案第4条规定，下列行为在满足一定条件时不构成违法：（1）为实现保护用户隐私、安全或数字安全采取的必要的行为；（2）为阻止垃圾邮件或欺诈采取的行为；（3）为了阻止违反或遵守联邦法或州法的行为。但是，适用平台需以明确可信的证据证明其行为：对适用平台、其商业伙伴和他人的应用程序是明确一致适用的；并非对第三方应用程序、应用程序内置支付系统或应用程序商店实行排他性交易、施加非必要或歧视性条款的托词；是严格限制的、无法通过更少歧视性和技术性可能的手段实现的行为。

根据该法案第5条，联邦贸易委员会、司法部长、各州司法部长应采取《联邦贸易委员会法》或《克莱顿法》的相同方式、相同手段、相关管辖权、权力、责任实施本法；违反本法案的行为也构成“不公平竞争方法”行为；联邦贸易委员会还有提起民事罚款和其他救济的单独权力；各州司法部长还可提起政府监护民事诉讼；受害的开发者可以提起3倍赔偿之诉，并可主张诉讼成本（含律师费用）。

此外，美国两大联邦反垄断执法机构于2014年4月发布了《网络安全信息分享问题的反垄断政策声明》，阐明为了网络安全而分享信息一般不会产生反垄断法问题，只有例外的情况下才会存在反垄断法问题。

（二）欧盟

2020年12月15日，欧盟委员会提出了其数字领域的改革计划，即一个涉及社会媒体、在线市场、其他在线平台等有关的数字服务的综合性新规则，具体涉及《数字市场法》（Digital Markets Act）和《数字服务法》（Digital Services Act）。其中，《数字市场法》于2022年11月1日生效，2023年5月2日开始实施；《数字服务法》于2022年11月16日生效，2024年2月17日起其规则对所有相关主体适用。

1.《数字市场法》

该法案的目的是通过解决欧盟最为突出的不公平竞争行为和弱竞争问题以使平台释放其全部潜能，使终端用户和商业用户可在竞争、公平的环境中收获平台经济、数字经济的全部收益。该法案根据单一市场的逻辑，制定专门规则保障竞争、公平、创新和市场进入，以及竞争和经济之外的公共利益。《数字市场法》的主要内容有：

（1）《数字市场法》仅适用于守门人提供的核心平台服务（core platform services）。所谓核心平台服务，包括在线中介服务、在线搜索服务、在线社会媒体服务、视频分享平台服务、独立号码的个人间通讯服务、操作系统服务、网络浏览器服务、虚拟助理服务、云计算服务、在线广告服务。

（2）规定了认定守门人的数量门槛，同时欧盟委员会可根据市场调查认定某些公司属于守门人。一个公司符合下列情形的属于守门人:在欧盟市场具有重大影响;提供商业用户连接终端用户重要端口服务的核心平台服务;在市场上具有或即将具有稳固而持久的地位。以下情形被推定为守门人:过去三年在欧盟的年营业额均达到或超过75亿欧元,或上一年度平均市值或公允价值至少达到750亿欧元,且至少在三个成员国提供核心平台服务;上一年度拥有4500万个月平均活动欧盟终端用户和1万个年欧盟活动商业用户。

(3)禁止明显不公平的行为,如阻止用户卸载任何事先安装的软件或应用程序。

(4)责令守门人采取必要措施,如采取针对性措施允许第三方的软件能正常运行且可与自己的服务实现互操作。

(5)对违法行为施以罚款,即可对守门人处以其上一年度全球营业额10%为上限的罚款。此外,对于不遵守该法的行为,欧盟委员会有权采取任何适当且必要的行为性或结构性救济措施。

2.《数字服务法》

《数字服务法》规定了一系列针对数字服务提供者的新义务,包括:打击违法的在线商品、服务或内容;保证商业用户的可追踪性,以调查违法商品销售者;为用户提供有效保障,包括质疑平台内容审核决定的可能性;广泛的在线平台透明度措施;经营者的用户总数达到欧盟人口10%以上的,有防止其系统风险的义务等。

具体而言,根据该法案,数字服务提供者分为四类:分别是中介服务(intermediary services)提供者、主机服务(hosting services)提供者、互联网平台(online platforms)和超大型互联网平台(very large online platforms)。各类数字服务提供者的义务共有19项:(1)透明度报告义务;(2)服务条款中对基本权利的合理考量义务;(3)与成员国合作遵守命令的义务;(4)联络点和必要的法律代表人义务;(5)为用户提供信息的通知、行为和义务;(6)犯罪行为报告义务;(7)投诉、救济机制和法庭外纠纷解决机制义务;(8)诚信标记者义务;(9)对滥用通知和反通知采取措施的义务;(10)审查第三方供应商证书的义务;(11)禁止对儿童和特殊特征用户进行广告;(12)推荐系统透明度义务;(13)面向用户的互联网广告透明度的义务;(14)风险管理义务和危机应对义务;(15)外部独立审计、内部合规和公共责任义务;(16)保障用户选择不接受基于画像形成的推荐;(17)与规制机构和研究者的数据分享义务;(18)行为准则义务;(19)危机应对合作义务。其中,中介服务提供者须遵守第(1)~(4)项义务;主机服务提供者须遵守第(1)~(6)项义务;互联网平台须遵守第(1)~(13)项义务;超大型互联网平台须遵守第(1)~(19)项义务。①

《数字服务法》极大改进了有关删除非法内容和有效保护网络用户基本权利(包括言论自由)的机制,加强了对互联网平台的公共监督,特别是对用户数量达到欧盟10%以上人口的平台的监督。②

(三)德国

为了提升《反限制竞争法》的实施效率、确定性与可预期性,德国在2017年该法第九次修订的基础上于2020年启动了该法的第十次修订。③ 2021年1月19日,德国《反限制竞争法(第十次修正案)》正式生效。该法案也称《关于修订〈反限制竞争法〉以建立集中、主动和数字化的竞争法4.0版本和修正其他竞争法条款的法案》(以下简称《反限制竞争法数字化法》)。④ 这是德国对新经济领域反垄断问题进行的正式立法回应。主要内容如下。

1. 创设了“具有显著跨市场竞争影响的经营者”禁止行为条款

根据修订后的德国《反限制竞争法》第19a条,联邦卡特尔局有权决定一个企业为“具有显著跨市场竞争影响的经营者”。在具体认定中,应考量经营者的以下因素:在一个或多个市场的支配地位;财力或可获得的其他资源;纵向一体化及在其他相关市场的活动;获得竞争有关的数据情况;对第三方供应和销售市场活动的相关性及其对第三方的相关影响。

一旦一个经营者被认定为“具有显著跨市场竞争影响的经营者”,联邦卡特

① See *The Digital Services Act: ensuring a safe and accountable online environment*, European Commission, https://commission.europa.eu/strategy-and-policy/priorities-2019-2024/europe-fit-digital-age/digital-services-act-ensuring-safe-and-accountable-online-environment_en,访问日期:2023年10月20日。

② See *The Digital Services Act: ensuring a safe and accountable online environment*, European Commission, https://commission.europa.eu/strategy-and-policy/priorities-2019-2024/europe-fit-digital-age/digital-services-act-ensuring-safe-and-accountable-online-environment_en,访问日期:2023年10月20日。

③ 参见翟巍:《〈德国反限制竞争法〉数字化改革的缘起、目标与路径——〈德国反限制竞争法〉第十次修订述评》,载王先林主编:《竞争法律与政策评论》第6卷,法律出版社2020年版。

④ See *Bundeskartellamt*, *Amendment of the German Act against Restraints of Competition*, Bundeskartellamt, https://www.bundeskartellamt.de/SharedDocs/Meldung/EN/Pressemitteilungen/2021/19_01_2021_GWB%20Novelle.html,访问日期:2021年6月30日。

尔局有权禁止其从事以下行为：(1)自我优待销售行为，特别是展示销售、排他性地在设备上预先设置销售或与其他销售一体化时；(2)阻碍其他企业的供应和销售等经营活动，特别是采取措施引起排他性预先安装或一体化销售、阻止其他企业通过其他途径进行广告宣传或接近其购买人；(3)直接或间接阻碍竞争者快速提升其地位(即使竞争者尚无支配地位)，特别是将一种销售不必要地与另一种销售商品相联系且未给予用户充分的选择权、以其一种销售作为另一种销售的条件；(4)采用数据处理或允许数据处理的条款、条件制造或提高其他企业的市场进入障碍；(5)拒绝产品或服务的互操作性或数据的可携带性，或使之变得困难，以损害竞争；(6)不按规定或约定向其他企业提供服务的充分信息，或使其他企业难以获得服务的价值；(7)在处理其他企业的销售中主张不合比例的利益。

此外，关于“具有显著跨市场竞争影响的经营者”的决定的有效期为5年。

在程序上，根据修订后的《反限制竞争法》第73条第5款，对联邦卡特尔局决定的起诉由联邦法院直接管辖。这越过了高级地方法院和一审法院的其他竞争法程序，大大缩短了诉讼时间。

2. 细化了数字经济有关的滥用市场支配地位行为认定的规则

其一，根据修订后的《反限制竞争法》第18条3a款、3b款，涉及多边平台市场和网络效应时，市场支配地位的认定应考虑：直接和间接网络效应；多种服务的平行使用和用户转换成本；源于网络效应而产生的企业的经济规模；企业掌握的竞争有关的数据；在认定多边市场平台企业的市场力中，应特别考虑为供应和销售市场提供平台服务的重要性。

其二，根据修订后的《反限制竞争法》第19条第2款第4项，拒绝接入数据、网络或其他基础设施，且许可接入对上游或下游市场的经营是客观必要的、拒绝接入威胁消除相关市场的有效竞争的，可能构成滥用市场支配地位行为，但拒绝许可有客观的正当理由的除外。

其三，根据修订后的《反限制竞争法》第20条第1款，多边市场平台若存在其他企业依赖其平台服务进行供应和销售以至于充分而合理地替代市场并不存在的情形，滥用市场支配地位条款也是适用的。

3. 修订了有关滥用优势地位的规则

根据修订后的《反限制竞争法》第20条第3a款，若一个具有优势市场地位的企业损害竞争者网络效应的独立实现且制造了实质限制竞争的系列风险时，也属于具有优势地位企业实施的不公平损害行为。

4. 对经营者集中控制制度进行调整

其一，提高了达到申报标准的经营者集中的规制门槛。根据修订后的《反限制竞争法》第 35 条，达到申报标准的经营者集中的集中方上一年度的总全球营业额标准仍为 5 亿欧元以上，但对国内营业额标准增加了数额，要求至少一个合并方上一年度在德国的营业额应超过 5000 万欧元（以前为 2500 万欧元），且其他合并方上一年度在德国的营业额应超过 1750 万欧元（以前为 500 万欧元）。

其二，增加了对未达到申报标准的经营者集中的规制权。根据修订后的《反限制竞争法》第 39a 条，联邦卡特尔局有权责令企业申报其在一个或几个行业的与其他企业的集中，只要：(1)其上一年度全球营业额超过 5 亿欧元；(2)有客观可信的理由表明集中将实质损害竞争；(3)其在德国相关行业的市场份额达到 15%。但是，申报义务仅限于被并购方上一年度的营业额超过 200 万欧元且其德国营业额占 2/3 以上。此外，联邦卡特尔局只有经过行业调查后才可发出命令，且经营者的申报义务为 3 年，自决定送达之日起算。

5. 修订了罚款的有关条款

根据修订后的《反限制竞争法》第 81c 条、第 81d 条的规定，对违反提供信息义务的企业或企业协会的罚款的上限提高到其上一年度总营业额的 1%；增加了企业协会的风险，若其违法与其会员违法，罚款上限为会员总营业额的 10%，如果企业协会无力承担责任，其会员承担责任。在决定罚款数额时，应予考量的因素包括：违法的性质和程度尤其是违法相关的直接或间接收入；违法影响的产品或服务的相关性；违法的方式；企业的违法经历以及任何充分有效的事前采取的阻止和披露违法的措施；披露违法的努力、损害补救以及事后采取的阻止和揭露违法的措施。

6. 革新了对垄断行为的救济

主要内容：(1)根据修订后《反限制竞争法》第 20 条 1a 款，依赖性可因以下事实而产生：依赖于获得由另一企业控制的数据，以便开展自己的活动。而拒绝允许获得该数据以换取足够的补偿可能构成不公平的行为，即使此类数据尚未用于商业交易。因此，当事人可以请求联邦卡特尔局进行救济。(2)该法赋予联邦卡特尔局在平台市场存在倒向大供应商的威胁时(市场倾覆)的特别救济权。(3)该法降低了责令采取临时措施的条件,以提升联邦卡特尔局采取快速有效的行动的能力。(4)过去实践中采用的非正式建议函制度也体现在了法律之中。(5)在卡特尔行政案件中,口头审理也是可能的,且当事人和第三人获得相关案件材料的规定也更加明确。①

值得指出的是,德国联邦众议院于 2023 年 7 月通过了《反限制竞争法》第十一次修订案。该次修正的核心内容是联邦卡特尔局被赋予新的权力,包括作出决定以结束严重的竞争失灵,甚至可以剥离滥用行为补救范围之外的公司。

(四)我国

在我国,《反垄断法》于 2022 年 6 月进行了修订,对“互联网 + ”经济领域的反垄断问题予以了回应,主要体现在其第 9 条②、第 19 条③、第 22 条④、第 26 条⑤等规定中,分别涉及互联网有关垄断行为一般性禁止、互联网领域滥用市场支配地位行为禁止、组织帮助型垄断协议行为禁止、未达到申报标准的经营者集中规制,都直接涉及或同时涉及“互联网 + ”经济垄断行为规制。此外,我国《电子商务法》第 22 条⑥、第 35 条⑦属于与“互联网 + ”经济领域有关的反垄断法律规范。2021 年,国务院反垄断委员会发布的《关于平台经济领域的反垄断

---

① See *Bundeskartellamt*, *Amendment of the German Act against Restraints of Competition*, Bundeskartellamt, https://www. bundeskartellamt. de/SharedDocs/Meldung/EN/Pressemitteilungen/2021/19_01_2021_GWB%20Novelle. html,访问日期:2021 年 6 月 30 日。

② 该条规定,经营者不得利用数据和算法、技术、资本优势以及平台规则等从事本法禁止的垄断行为。

③ 该条规定,经营者不得组织其他经营者达成垄断协议或者为其他经营者达成垄断协议提供实质性帮助。

④ 该条第 2 款规定,具有市场支配地位的经营者不得利用数据和算法、技术以及平台规则等从事前款规定的滥用市场支配地位的行为。

⑤ 该条第 2 款、第 3 款规定,经营者集中未达到国务院规定的申报标准,但有证据证明该经营者集中具有或者可能具有排除、限制竞争效果的,国务院反垄断执法机构可以要求经营者申报。经营者未依照前两款规定进行申报的,国务院反垄断执法机构应当依法进行调查。

⑥ 该条规定,电子商务经营者因其技术优势、用户数量、对相关行业的控制能力以及其他经营者对该电子商务经营者在交易上的依赖程度等因素而具有市场支配地位的,不得滥用市场支配地位,排除、限制竞争。

⑦ 该条规定,电子商务平台经营者不得利用服务协议、交易规则以及技术等手段,对平台内经营者在平台内的交易、交易价格以及与其他经营者的交易等进行不合理限制或者附加不合理条件,或者向平台内经营者收取不合理费用。

指南》也属于"互联网+"经济反垄断法规则体系的组成部分。此外,中央层面,《禁止滥用市场支配地位行为规定》[①]、《经营者反垄断合规指南》[②]、最高人民法院第78号指导案例[③]等也含有相关内容;在地方层面,《郑州市电子商务促进与管理办法》(郑州市人民政府令第239号)[④]、《广东省进一步推动竞争政策在粤港澳大湾区先行落地的实施方案》(粤府函〔2021〕34号)[⑤]、《浙江省企业竞争合规指引》(浙江省市场监督管理局公告〔2019〕20号)[⑥]等也含有相关内容。

---

① 根据该规定第12条的规定,根据《反垄断法》第23条和该规定第7条至第11条规定认定平台经济领域经营者具有市场支配地位,还可以考虑相关行业竞争特点、经营模式、交易金额、交易数量、用户数量、网络效应、锁定效应、技术特性、市场创新、控制流量的能力、掌握和处理相关数据的能力及经营者在关联市场的市场力量等因素。

② 该指南第29条阐明,网络平台经营者可以参考本指南,制定本平台内经营者合规管理制度。

③ 该指导案例[北京奇虎科技有限公司诉腾讯科技(深圳)有限公司、深圳市腾讯计算机系统有限公司滥用市场支配地位纠纷案]于2017年3月6日发布,裁判要点如下:(1)在反垄断案件的审理中,界定相关市场通常是重要的分析步骤。但是,能否明确界定相关市场取决于案件具体情况。在滥用市场支配地位的案件中,界定相关市场是评估经营者的市场力量及被诉垄断行为对竞争影响的工具,其本身并非目的。如果通过排除或者妨碍竞争的直接证据,能够对经营者的市场地位及被诉垄断行为的市场影响进行评估,则不需要在每一个滥用市场支配地位的案件中,都明确而清楚地界定相关市场。(2)假定垄断者测试(HMT)是普遍适用的界定相关市场的分析思路。在实际运用时,假定垄断者测试可以通过价格上涨(SSNIP)或质量下降(SSNDQ)等方法进行。互联网即时通信服务的免费特征使用户具有较高的价格敏感度,采用价格上涨的测试方法将导致相关市场界定过宽,应当采用质量下降的假定垄断者测试进行定性分析。(3)基于互联网即时通信服务低成本、高覆盖的特点,在界定其相关地域市场时,应当根据多数需求者选择商品的实际区域、法律法规的规定、境外竞争者的现状及进入相关地域市场的及时性等因素,进行综合评估。(4)在互联网领域中,市场份额只是判断市场支配地位的一项比较粗糙且可能具有误导性的指标,其在认定市场支配力方面的地位和作用必须根据案件具体情况确定。

④ 该规定第32条第2款规定,各级政府部门不得通过行政命令指定为电子商务提供公共服务的供应商,不得滥用行政权力排除、限制电子商务的竞争。

⑤ 其中阐明,重点研究互联网市场反垄断特点,强化平台经济领域反垄断规制与合规辅导,防范企业凭借数据、技术、资本优势造成竞争失序,防止资本无序扩张,促使互联网企业转变经营发展战略,聚焦科技创新和产品升级。统筹做好知识产权领域反垄断工作,注重协调保护创新与滥用知识产权排除、限制竞争之间的关系,保护创新成果,激发创新动力,提高发展质量。推动"互联网+反垄断",充分发挥我省"数字政府"一体化平台和大数据支持优势,综合应用大数据、人工智能、区块链技术提高反垄断执法专业化水平。利用社会专业机构智力资源,开展反垄断执法大数据分析和重点行业竞争状况评估,有效预防和制止垄断行为。

⑥ 该指引第15条阐明,互联网行业具有平台竞争、跨界竞争、动态竞争以及网络外部性、锁定效应等特点,互联网企业实施行为的竞争效应分析以及对消费者福利的影响已越来越受到反垄断执法机构关注,互联网企业应高度重视潜在的反垄断风险。

第二节 “互联网 + ”经济反垄断法规则的主要内容

一、“互联网 + ”经济反垄断法实施的目标

关于反垄断法的目标，一直存在单一目标和多元目标的争论。人们对世界上早期的反垄断法目标存在不同的解读，有的作多元目标解读，有的作单一目标解读。后来，学术界一直将效率作为反垄断法的目标。当前，有不少学者提倡反垄断法应具有多元目标。有研究认为，成熟反垄断法律制度的实体价值主要表现在自由、效率和公平等。① 有研究认为，反垄断法目标已从效率单一目标转向多元目标，尤其是要保护消费者权益，包括其选择权、知情权、公平交易权、隐私权等。②

我国现行《反垄断法》规定了综合性的多元目标，包括保护公平竞争、维护消费者利益、鼓励创新和保障促进社会公共福利四个方面。其中，社会公共福利包括社会公共利益、经济运行效率、市场经济健康发展三个方面。当然，后三者是相互交织的范畴。可以看出，社会公共福利既包括静态意义上的公共福利，也包括动态意义上的公共福利。值得注意的是，“鼓励创新”是《反垄断法》2022 年修订时增加的目标内容。《关于平台经济领域的反垄断指南》在目标层面加入了“规范有序创新健康发展”的内容，其中最为值得关注的内容是“规范”“创新”“发展”。

从法律规范的角度看，无论是正式的立法还是其他规范性文件，采取包容的态度阐述反垄断法的目标是比较合理的，至少这样可以避免目标缺漏的问题。但是，这样的做法实际上是将反垄断法多元目标的冲突交由反垄断法实施部门去处理。因此，反垄断法目标的问题需要澄清。

本研究认为，任何法律的目标都是以满足人的需要为导向的。从这个角度看，“互联网 + ”经济反垄断的目标最终应指向消费者福利。但是，消费者福利

---

① 参见叶卫平：《反垄断法的价值构造》，载《中国法学》2012 年第 3 期。

② 参见陈兵：《因应超级平台对反垄断法规制的挑战》，载《法学》2020 年第 2 期。

包括当前的实际福利和未来的期待福利，而消费者的未来福利或期待福利构成社会公共福利。原因在于，如果将社会总福利理解为消费者利益之总和，则消费者的未来福利属于社会总福利的一部分；如果将社会总福利理解为消费者利益与其他主体利益之总和，则保留的社会公共利益也属于为满足未来消费者福利的利益。有研究指出，竞争政策的“核心目标是通过保护和促进市场竞争，确保竞争机制发挥作用，从而提高生产效率和资源配置效率，增进消费者福利”。① 有研究认为，在我国的多元化反垄断目标中，经济发展利益属于优先目标，因此反垄断法应主要解决竞争不充分和缺乏创新问题，我国应确立阶段性的反垄断目标。② 有研究认为，“公共利益目标似乎可以适当放低，提升对以企业、个人为代表的私人利益的保护力度，无疑可能更好地提高个人利用互联网技术创业创新的积极性”。③ 有研究认为，反垄断法目标的利益冲突应按照质高原则、量广原则、协调原则处理，因此增进全社会福利或促进国家发展所需要维护的利益最优先，而消费者利益具有量广的特点居其次。④ 本研究认为，如第二章所论，“互联网 +”经济领域反垄断的总目标是促进消费者分享型社会总福利最大化。在这个目标之下，我们就可以安排其他目标的序位。

其一，关于创新问题。有研究认为，应将“鼓励创新”作为反垄断法的目标。⑤ 有研究认为，网络产业反垄断政策的首要目标是保护“技术创新”，因为其是实现经济效率、消费者利益和社会福利最大化的途径。⑥ 因此，反垄断法实施促进企业“通过企业自身的创新形成涨落、激发行业竞争状态的突变，才是打破行业垄断的应有之道”⑦。本研究认为，一般而言，创新的目标在一般情况下优先于公平和效率。也就是说，若某一市场行为是创新的，其比保护公平更重要，因为创新可带来效率，促进社会福利最大化，进而更有利于促进公平，故更优先；创新一般比效率更优先，原因在于，创新有时是有效率的，有时虽然缺乏效率但对消费者选择多元化目标是有利的。但是，如果创新是阻碍竞争而缺乏

---

① 参见王先林：《我国反垄断法修订完善的三个维度》，载《华东政法大学学报》2020 年第 2 期。
② 参见刘云：《互联网平台反垄断的国际趋势及中国应对》，载《政法论坛》2020 年第 6 期。
③ 参见尹少成：《“互联网 +”与政府监管转型：机遇、挑战与对策》，载《法学杂志》2016 年第 6 期。
④ 参见刘继峰：《反垄断法益分析方法的建构及其运用》，载《中国法学》2013 年第 6 期。
⑤ 参见杨东：《论反垄断法的重构：应对数字经济的挑战》，载《中国法学》2020 年第 3 期。
⑥ 参见蒋岩波：《网络产业的反垄断政策研究》，中国社会科学出版社 2008 年版，第 220 页。
⑦ 仲春：《创新与反垄断——互联网企业滥用行为之法律规制研究》，法律出版社 2016 年版，第 335 页。

效率的,则不应保护。因此,创新一般优先于效率,但是在例外的情况下即阻碍竞争的创新不应保护。

其二,关于效率问题。本研究的观点:第一,效率一般并不是目的,因为其只是实现社会福利最大化的手段。第二,效率一般次于创新。这是因为创新可带来总体效率的提升,更能带来消费者选择的多元化。第三,效率次于消费者选择目标。也就是说,如果某一行为尽管是有效率的,但若损害消费者的选择,则不能优先之。

其三,关于公平问题。本研究的理解:第一,创新比公平更重要,因为创新可能带来福利最大化而公平不能有此效果。第二,效率与公平要兼顾,在资源稀缺的条件下效率比公平更重要,因为效率有利于促进经济进步而使得消费者受益而公平不能有此效果,在物质丰富的情况下应更注重公平。第三,自由比公平更重要。理由是,自由是人最为关注的基本权利,故竞争者自由、消费者自由比公平更重要。

其四,关于自由问题。本研究的见解:第一,自由与创新是趋同的目标,因此经营自由、竞争自由、消费自由可带来社会总福利最大化。第二,自由是相对的,反垄断实际上就是在经营者自由、竞争者自由、消费者自由方面进行权衡。第三,自由有时需要采取效率等标准区分认定。也就是说,是否损害竞争常通过分析效率来区分,进而确定自由的标准,因此反垄断法上的自由与效率存在紧密联系。第四,自由是重要的反垄断法目标。故此,有研究认为,我国反垄断法应含有保护“自由竞争”的目标。①

其五,关于国际竞争力问题。有研究指出,反垄断法应“始终以促进我国互联网产业创新发展和提升国际竞争力为目标”。② 不过,本研究认为,提升国际竞争力是一个综合概念,也涉及复杂的政治因素,而创新发展是提升国际竞争力的重要依托。因此,本研究认为,我国应主要从保护创新的角度促进国际竞争力,且如此可以避免反垄断法目标的国际政治化。

---

① 参见王晓晔:《我国〈反垄断法〉修订的几点思考》,载《法学评论》2020年第2期。

② 参见孔祥俊:《论互联网平台反垄断的宏观定位——基于政治、政策和法律的分析》,载《比较法研究》2021年第2期。

二、“互联网+”经济反垄断法实施的原则

对于“互联网+”经济反垄断法实施的原则问题，学术界也进行了一些研究。有研究认为，对网络产业中垄断行为的认定应当适用本身违法原则，以消除合理原则适用的时滞性问题。[①] 有的研究则相反，认为我国应采取合理原则，理由是互联网企业的市场行为同时兼有正效应和负效应。[②] 有研究认为，互联网行业反垄断应以合理原则为主、本身违法原则为辅，理由是互联网行业的垄断具有短暂性，且有时对消费者采取免费模式。[③] 有研究认为，我国反垄断法本身违法原则和合理原则的界限模糊，本身违法原则运用案件较多，因此应明晰本身违法原则的适用范围，谨慎适用合理原则。[④]

本研究认为，“互联网+”经济领域的反垄断法原则应根据所处经济发展阶段确定，当前应以合理原则为主、本身违法原则为辅。理由在于，当前“互联网+”经济领域的反垄断法问题与过去相比更为复杂，诸多问题还需要结合个案进行具体分析，因此应更多采用合理原则。不仅如此，当前反垄断法需更强调福利分析、效率分析、成本效益分析，因此采用合理原则仍是基本方向。本研究认为，本身违法原则的扩大适用或言合理原则的收缩适用并不利于数字经济的发展，可能会损害“互联网+”经济的创新发展。故此，虽然由于网络效应的特殊问题引起了人们对本身违法原则的积极关注，但其仍不应作扩大适用。

具体而言，合理原则主要适用于多数滥用市场支配地位行为案件、一些垄断协议案件和经营者集中案件。合理原则适用的难点在于市场行为的正负效应比较分析，焦点是正当理由抗辩是否成立，关键是正当理由抗辩是否能提供证明力较强的证据。其中，最为复杂的问题之一是效率抗辩。对此，基本分析标准是认定经营者提出的效率是否属于消费者分享型社会总福利最大化中的效率。也就是说，经营者提出的效率不应仅限于其自身效率，而在于分析相关行为是否有利于提高行业效率、社会总体效率，且该效率的提高使得消费者可

① 参见蒋岩波：《网络产业的反垄断政策研究》，中国社会科学出版社2008年版，第220页。

② 参见叶明：《互联网企业独家交易行为的反垄断法分析》，载《现代法学》2014年第4期。

③ 参见仲春：《创新与反垄断——互联网企业滥用行为之法律规制研究》，法律出版社2016年版，第126~129页。

④ 参见侯利阳：《大历史视角下的反垄断法与本土化移植》，载《交大法学》2018年第4期。

以分享福利。当然,合理原则的弊端在于其存在不确定性。因此,可以采取细化合理原则的方式完善之。有研究指出,解决合理原则不确定性的方法除采取本身违法原则外,还可以采取结构化合理原则(structured rule of reason)的方法,即首先分析限制竞争行为是否具有减产提价的后果且无效率理由,进而进行比较分析。① 不仅如此,引入比例原则也是比较理性的方式。故有研究认为,我国应引入比例原则分析相关案件,以满足合理原则的发展。②

本身违法原则主要适用于核心卡特尔行为案件,尤其是价格卡特尔、产量分配卡特尔、地域划分卡特尔、联合抵制卡特尔案件等。在"互联网+"经济背景下,经营者可能通过线上会议、平台规则、算法、网络技术等方式达成卡特尔,对于此种情形可按照本身违法原则进行分析。此外,对于转售价格维持行为,本身违法原则也有适用的空间。就现实而言,有研究认为我国应采取本身违法原则处理转售价格维持案件,而不应采取合理原则,因为采用合理原则存在以下问题:不利于消费者,我国法院经济分析能力不足,其与我国现行法冲突。③ 此外,在少数滥用市场支配地位案件中,本身违法原则也有适用的空间。在一些行政性垄断行为案件中,也可以采取本身违法原则处理。

三、"互联网+"经济反垄断法实施的方法

(一)个案分析方法

在"互联网+"经济中,强调个案分析是特别重要的。其中原因有二:一是"互联网+"经济不同于传统经济,诸多新问题需要结合具体案件事实进行分析。也就是说,传统市场经济中的类案在"互联网+"经济中存在的可能性较小。换言之,传统市场经济中的垄断行为类型在"互联网+"经济中出现了新的案件要素,例如互联网、平台、算法、大数据、人工智能等。这样,"互联网+"经济领域的垄断案件就不得不结合新型案件事实进行分析。二是个案分析是任何案件处理中都需要尊重的方法。法律最大的特征在于其普遍适用性,但是任何案件事实都是存在差异的。因此,在反垄断法适用中,都必须结合具体案件

---

① 参见蒋岩波:《网络产业的反垄断政策研究》,中国社会科学出版社 2008 年版,第 154~155 页。

② 参见焦海涛:《我国反垄断法修订中比例原则的引入》,载《华东政法大学学报》2020 年第 2 期。

③ 参见王晓晔:《转售价格维持的反垄断规制适用"合理原则"之批判》,载《法商研究》2021 年第 1 期。

事实进行分析。只有这样，才能真正实现个案正义，进而实现整个社会的正义。不过，尽管个案分析已是各国或地区反垄断法适用的主要方法，但也应注重个案与个案之间的共性比较。因此，指导案例制度建设具有积极的法律价值。不过，核心问题是，反垄断法实施机构在实施反垄断法时应注重研究已有案件的认定分析逻辑，以保障法律的可预见性，即使突破已有判决或裁决的认定分析逻辑，也应有正当的理由，以符合正义的逻辑。此外，建立明确的规则是基本保障。有研究认为，应从个案合理原则分析(a case-by-case rule-of-reason analysis)转向足以清晰到律师可向当事人解释的简单的反垄断标准规则(例如在合并案件中剥离30%市场份额的假定)。[①]

(二)事实分析方法

所谓事实分析，是指“互联网 + ”经济领域的反垄断法分析要以事实为基础，挖掘分析市场环境事实、当事人行为事实、相关主体事实等。

当事人行为事实是指经营者实施的涉嫌垄断行为的事实，包括其作出市场行为决策的事实和实施市场行为的事实等，例如召开提价会议、部署提价工作实施方案，操作员调整价格事实等。其中，复杂的事实是通过算法、平台规则、平台技术、数据、软件等实施的行为事实。理由在于，此类事实的调查取证是十分困难的，往往需要调取行为人的信息存储器才能获得相关证据。

相关主体的事实包括相对人的事实、消费者的事实、竞争者的事实等。通常，经营者与相对人、消费者存在交易交往的证据。这些证据可以通过相对人、消费者取得。不过，竞争者事实的调查是一个复杂的问题。如果竞争者是少数大企业，该企业的相关事实相对容易获得；如果竞争者是大量小企业，则相关事实调查就十分复杂。此时，有时需要进行大数据分析。

市场环境事实是“互联网 + ”经济领域反垄断法实施的复杂问题。对此，需要分析市场发展阶段、市场发展水平、市场规模、市场集中度、市场竞争状况、市场技术水平、市场变化的可能性、市场进入与退出情况等。其中，更需要分析“互联网 + ”技术的发展应用与市场竞争的关系等。这样，市场环境事实分析是“互联网 + ”经济反垄断法实施中的难点。

---

① See Maurice E. Stucke, *Reconsidering Antitrust's Goals*, Boston College Law Review, Vol. 53:2, p. 551 - 630(2012).

（三）假定分析方法

所谓假定分析方法，是指假设某一并不存在的事实存在并以此作为分析问题起点的方法。例如，假定某一经营者具有市场支配地位、假定经营者存在协同行为、假定经营者上调价格、假定经营者集中完成实施等。因此，在反垄断法的实施中，相关市场界定、协同行为认定、市场支配地位行为认定、经营者集中损害等常采取假定分析方法。值得注意的是，假定分析方法应基于科学的理论和逻辑。也就是说，应根据成熟的反垄断法假定理论，而不能任意采取假定分析方法。从这一角度看，反垄断法实施分析应遵循严密的法律逻辑。在"互联网+"经济反垄断法实施中，传统的假定分析方法也适用于相关案件的相关问题分析。

（四）比较分析方法

比较分析是反垄断法中常用的方法。比较分析可用于事实比较，也可以用于假设情况比较，还可以用于事实与假设情况的比较。例如，传统市场与当前市场的比较属于历史事实与当前事实的比较，比较当前市场情况与未来市场情况则属于事实与未来情况的比较。又如，在经营者集中申报审查中，对经营者集中后的情况与集中前的情况的比较就属于假设情况与事实的比较。相对而言，比较历史事实与当前事实、当前事实与当前事实可较容易得出较为确定的分析结果，而比较已有事实与未来事实不一定能得出确定的结论，因为未来事实不一定发生或即使发生也不一定如预测情形发展。因此，将已有事实与未来事实进行比较应谨慎进行。

比较分析方法具体可以用于分析市场整体情况、经营者情况、竞争者情况、交易相对人情况、消费者情况、市场行为、市场影响等诸多方面。例如，在华为公司诉美国 IDC 公司案中，法院通过比较发现，无论按照一次性支付专利许可费标准还是专利许可使用费率标准，美国 IDC 公司对华为公司的多次报价明显高于其对苹果、三星等其他公司的许可费用，甚至高达百倍，其强迫华为公司给予专利免费许可，并以诉讼为威胁手段，构成滥用市场支配地位行为中的不公平的过高定价行为。[①]

在"互联网+"经济反垄断法实施中，难点是市场行为的正负影响比较。关

---

① 参见广东省高级人民法院民事判决书，(2013)粤高法民三终字第306号。

键原因是,某一市场行为的积极影响与消极影响都无法准确判断。常出现的情况是,某一市场行为可能是新型市场行为,可能具有社会福利最大化的可能性,但消费者当前尚未分享到相关利益。对此,本研究认为,解决问题的方法是,确定一个固定的时间跨度是首要问题,进而分析某一市场行为的正负影响。例如,可以将一个相对合理的年限作为分析的阶段,比如3年可能是一个合理的期限。当然,在某些情况下,略短或略长的时间跨度可能也是合理的。另外,在分析竞争的正负影响时,消费者福利应作广义解释,即不应限于低价等经济性福利,还应将非经济性福利如用户体验、多样化选择等纳入其中。这样,相关比较分析就比较合理。

(五)“互联网+”特殊要素分析方法

就“互联网+”经济领域的反垄断法实施而言,需要对相关行业的特殊问题如规模经济效应、网络效应、“赢者通吃”特征、用户黏性、用户转换成本、动态竞争性、“互联网+”技术等因素进行分析。否则,就可能导致案件难以处理。有研究指出,平台与互联网企业的特征使之与传统的反垄断法产生了一定的紧张与悖论,因此反垄断执法应当充分考虑此类企业的独特性。① 有研究指出,在美国诉微软搭售IE浏览器案、韩国DAUM公司诉微软搭售MSN案、美国Windows操作系统搭售案、我国奇虎诉腾讯案中都存在对互联网相关因素分析的不足问题,进而导致反垄断法认定困境或处理争议。② 可见,“互联网+”特殊要素分析至关重要。

1. 关于规模经济效应、网络效应、“赢者通吃”特征,应辩证地进行分析

首先,网络规模经济效应是“互联网+”经济发展的重要特征之一,也是其经济规律之一。因此,反垄断法实施应尊重这种经济规律,不应对通过自我经营实现网络规模经济的企业采取敌视的态度。其次,网络规模经济效应并不等同于传统的自然垄断效应。也就是说,尽管在“互联网+”经济发展中很容易在一段时期内出现大型企业甚至超大型企业,但该类企业并不同于传统的自然垄断企业,其可能存在暂时性、变动性,其可能并不像传统的自然垄断企业一样长

---

① 参见丁晓东:《平台反垄断的法律标准——美国“运通案”的反思与互联网市场界定》,载《法律科学(西北政法大学学报)》2021年第4期。

② 参见吴太轩:《互联网企业搭售行为的违法性认定研究——以反垄断法为视角》,载李昌麟、岳彩申主编:《经济法论坛》第12卷,法律出版社2014年版。

期地存在。最后，网络规模经济效应与市场竞争可能同时存在。也就是说，即使在某一行业领域出现了超大型企业，诸多小企业可能仍然存在，故市场竞争仍然存在。因此，在分析"互联网＋"经济领域的垄断行为问题时，需要辩证地分析网络规模经济效应。

2. 关于用户黏性和用户转换成本，应区分性地分析

首先，用户黏性源于经营者规模效应、用户习惯、互联网经济特性等多个方面的原因。经营者的网络规模经济效应影响用户选择，用户自我习惯也影响用户黏性，互联网经济因为需要信息登记等也导致用户黏性问题。可见，"互联网＋"经济领域的用户黏性可能存在高于传统经济的相关情形。其次，用户转换成本无论在传统社会还是"互联网＋"经济社会都存在，且"互联网＋"经济中的用户转换成本一般要低得多，因为消费者无须花费更多的时间选择其他经营者的实体店铺而仅通过信息注册就可以完成转换。最后，反垄断法实施的核心是要关注对用户转换的不合理的限制。如果经营者对用户转换施加了限制，增加了用户转换的附加成本，则构成反垄断法应予以关切的内容。

3. 关于市场竞争的动态性，应结合"互联网＋"技术进行分析

当前，"互联网＋"经济的动态竞争性的核心动力在于有"互联网＋"技术的支撑。因此，反垄断法的相关分析应结合"互联网＋"技术的发展性分析市场竞争的动态性。基于此，"互联网＋"技术的生命周期、相关知识产权保护的必要性、研发市场的投入、技术转让市场的交易情况都是应该予以分析的问题。

四、"互联网＋"经济反垄断法实施的豁免

在反垄断法实施中，为了实现法律的确定性、节约法律实施成本，明确反垄断法适用排除的范围是必要的。为此，滥用市场支配地位行为的正当理由抗辩、垄断协议中的豁免协议、经营者集中审查中可不予关注的集中等都可以理解为反垄断法实施豁免的广义范畴。此外，反垄断法还可能明确规定"安全港"以排除反垄断法的适用，也可能通过反垄断法实施具体地确定某个案件是否落入"安全港"。从法律的确定性看，定性的反垄断法"安全港"规则没有定量的反垄断法"安全港"规则更具有法律上的安定性。因此，有研究指出，我国可以

将HHI指数低于1000的互联网领域的经营者集中情形设置为“安全港”。[①] 若反垄断法规则中虽规定了“安全港”，但具体还需要分析是否存在相反证据，则此种“安全港”可以理解为广义的反垄断法实施豁免。[②] 不过，狭义的反垄断法实施豁免是否成立需要由涉案经营者证明其行为的正当性，在“安全港”案件中则主要由反垄断法实施者考量是否有相反证据推翻“安全港”规则的适用，但在后一情形中涉案经营者仍有程序上的辩护权。

总体而言，反垄断法实施中的一般豁免也适用于“互联网+”经济领域。不过，也应注意“互联网+”经济垄断豁免的特殊性和特殊情形。否则，可能出现所谓法律规则或反垄断法实施规则滞后的问题。有研究指出，互联网市场出现了“逢集中必须申报、不申报亦不追究”的尴尬窘境，而适度豁免平台集中控制已成大势所趋。[③] 有研究提出了互联网行业的公共利益豁免、效率豁免、合营豁免、国家产业政策和竞争政策豁免问题，[④]有研究分析了互联网经济中复杂产品、奢侈品、新产品的集体豁免问题。[⑤] 显然，这些分析有积极的价值。

本研究认为，“互联网+”经济领域的反垄断法豁免主要有基于安全理由的豁免、基于创新理由的豁免、基于竞争损害微小的豁免、基于公共利益的豁免、基于知识产权保护的豁免、基于中小企业保护的豁免、基于对外贸易的豁免等。其中，基于网络安全、硬件安全、软件安全、信息安全、数据安全、算法安全等理由的豁免属于基于安全理由的豁免；基于网络经济模式创新、算法创新、用户体验创新等理由的豁免属于基于创新理由的豁免。此外，基于特殊行业的原因也

---

① 参见叶明、梁静：《我国互联网领域经营者集中反垄断审查的不足与改进》，载《西南政法大学学报》2021年第1期。

② 我国《关于知识产权领域的反垄断指南》第13条阐明，以下协议通常不属于国务院反垄断执法机构认定的其他垄断协议：第一，具有竞争关系的经营者在相关市场的市场份额合计不超过20%；第二，经营者与交易相对人在受到涉及知识产权的协议影响的任一相关市场上的市场份额均不超过30%；第三，如果经营者在相关市场的份额难以获得，或者市场份额不能准确反映经营者的市场地位，但在相关市场上除协议各方控制的技术外，存在4个或者4个以上能够以合理成本得到的由其他经营者独立控制的具有替代关系的技术。

③ 参见张枭：《互联网经济对反垄断法的挑战及制度重构——基于互联网平台垄断法经济学模型》，载《浙江学刊》2021年第2期。

④ 参见叶明、梁静：《我国移动互联网领域经营者集中申报标准问题研究》，载《竞争政策研究》2019年第6期。

⑤ 参见陈焱：《互联网经济下特殊产品经销协议的集体豁免规则》，载《上海政法学院学报(法治论丛)》2012年第5期。

可纳入反垄断法实施的豁免范围，例如，当前体育赛事直播行业若涉及国际奥运组织的特殊管理模式就是如此。不过，从程序上看，反垄断法实施豁免的执行应有正当的程序作为支撑。①

五、“互联网+”经济反垄断法实施的分析框架

（一）滥用市场支配地位行为的分析框架

对于滥用市场支配地位行为的分析，一般应按照界定相关市场、认定市场支配地位、分析市场行为的损害、分析市场行为是否具有正当理由的步骤进行。

1. 关于相关市场的界定问题

值得注意的是，有研究呼吁绕过相关市场界定。有研究认为，界定相关市场不仅是困难的，有时也不是与市场力相关的。② 有研究认为，“面对网络平台相关市场界定困难的时候，需要敢于越过相关市场界定的第一步骤，直接进行市场支配力与竞争效应分析”。③ 有研究指出，按照反垄断经济学工具“三阶段理论”（相关市场界定、垄断势力的实际测量、福利变动理论分析），互联网行业微观层面的生态竞争与分层垄断竞争的市场结构使“相关市场”概念不适用，行业虽有垄断结构却不具有垄断势力，行业的福利没有明显的降低甚至消费者福利有所提高，故应弱化相关市场界定，减少反垄断法实施。④ 对此，域外的实践也有相关支撑。例如，在美国印第安纳州牙医联合会案件中，尽管联邦贸易委员会未能对相关市场作出明确界定，但美国最高法院认定被告的行为是违法的。⑤ 在美国2010年《横向合并指南》中，竞争影响证据可以为市场界定提供信息，可以更直接预测合并的竞争影响，同时减少了相关市场界定和市场份额的作用。⑥ 但是，也有相关相反的案例。例如，在美国甲骨文并购案中，美国司法

---

① 参见肖江平：《我国垄断协议豁免执法程序的制度设计——基于〈反垄断法〉修订的分析》，载《华东政法大学学报》2020年第2期。

② See Louis Kaplow, *Why (Ever) Define Markets*, Harvard Law Review, Vol. 124:2, p. 437 – 517 (2010).

③ 参见曾田：《网络内容平台竞争与反垄断问题研究》，载《知识产权》2019年第10期。

④ 参见孙宝文等：《互联网行业反垄断管制必要性的再判断》，载《经济学动态》2017年第7期。

⑤ See Federal Trade Commission *v.* Indiana Federation of Dentists, 476 U. S. 447, 453 (1986).

⑥ See U. S. Department of Justice and the Federal Trade Commission, *Horizontal Merger Guidelines*, 19 August 2010, at p, 7.

部之所以败诉就是因为其未能对相关市场进行分析。[①]

本研究认为，相关市场界定仍是滥用市场支配地位行为认定的起点。主要原因：第一，一般只有界定相关市场，才能认定经营者的市场支配地位，进而才能分析是否存在滥用市场支配地位行为。第二，新经济时代界定相关市场存在困境并不是不界定相关市场的理由。第三，“互联网+”经济的特殊性决定了放弃相关市场界定的做法并不合理。理由在于，新经济形态中存在创新保护、网络经济效应、知识产权保护等特殊问题需要分析，因此绕过相关市场界定而直接认定相关主体具有市场支配地位并不合理。第四，从历史上和当前的经验看，相关市场界定仍是基本程序之一。

在相关市场的界定中，核心问题是采取单边市场、双边市场、多边市场抑或整体市场的界定方法。在3Q一案（奇虎360诉腾讯案）中，QQ具有“平台”和“应用”的双重属性，法院仅考虑了其即时通信应用功能，显然存在不足。[②] 此外，法院未采用“平台说”的同时将“双边市场因素”也一同忽略掉，显然是存在不足的，因为法院判决腾讯的行为并不构成违法与行业规制机构干预“二选一”的行为形成了相互冲突的结果。[③] 而法院的观点是，“平台说”并不合理，理由在于，竞争发生在不同平台的各“组成部分”之间，而不是发生在不同平台之间，故平台本身并不必然由此而成为独立的相关市场。[④] 但是，在美国运通公司案中，法院将信用卡交易的双边市场视为一个整体（analyze two-sided market for credit card transactions as a whole），理由是，除非平台双边同时同意其服务，否则信用卡网络无法进行交易，因此其显示出积极的间接网络效应和相关价格行为和需求，而实际上信用卡网络效应可以理解为提供由持卡人和商户共同消费的一种产品或交易。[⑤] 本研究认为，平台经营者的业务若仅仅是经营平台，则应将平台市场作为独立市场；若平台经营者的业务还包括销售商品或提供服务，

---

① See United States *v.* Oracle Corp.，331 F. Supp. 2d 1098（N. D. Cal. 2004）.

② 参见张江莉：《互联网平台竞争与反垄断规制——以3Q反垄断诉讼为视角》，载《中外法学》2015年第1期。

③ 参见许光耀：《互联网产业中双边市场情形下支配地位滥用行为的反垄断法调整——兼评奇虎诉腾讯案》，载《法学评论》2018年第1期。

④ 参见许光耀：《互联网产业中双边市场情形下支配地位滥用行为的反垄断法调整——兼评奇虎诉腾讯案》，载《法学评论》2018年第1期。

⑤ See Ohio *v.* American Express Co.，138 S. Ct. 2274，2278（2018）.

则需要分析其他相关市场,可能是单边市场、双边市场、多边市场。对此,需要作审慎分析和区分。①

在相关市场的认定中,应加强对产品市场、技术市场和创新市场的区分,重视对技术市场和创新市场的分析。我们知道,“互联网 +”经济发展离不开技术和创新,而相关反垄断法实施难点也就在于如何平衡创新与其他价值的关系。因此,在一些案件中合理地区分产品市场、技术市场和创新市场是必要的。只有这样,才能较好地辨识相关市场。创新市场,也称研发市场,是由研发资产和研发的紧密替代品组成,其中研发资产包括可开发商业化产品的资产,或针对特新产品、特别改进品或工艺相关的资产。若研发针对特新产品、特别改进品或工艺,紧密替代品包括相关研发市场实质上限制市场力有关的研发工作、技术和商品,例如,限制假定垄断者的能力和激励使其放缓研发步伐的情形。不过,只有当从事相关研发的能力与特定资产或公司的特征相联系时,才需要界定创新市场。② 可见,在一些案件中,将创新市场进行独立分析,全面审查相关市场的研发竞争情况,有利于对一些滥用市场支配地位行为的处理。我国《关于相关市场界定的指南》《关于知识产权领域的反垄断指南》《禁止滥用知识产权排除、限制竞争行为规定》仅提及商品市场、技术市场的范畴,创新、研发仅是其中的考量因素,并未独立地采用创新市场的范畴,值得修正。

此外,关于地域市场的认定,尽管互联网加强了地域之间的连接,但是并不意味着“互联网 +”经济相关市场就是全球市场,也不意味着总是以全国市场作为相关市场。也就是说,尽管互联网打破了经济交往的地域限制,但基于民族国家、语言使用等限制,相关地域市场有时是全国市场而不是全球市场;而基于实际经营情况,有时地域市场是一个跨地区的地域市场,或省、市、县等管辖区范围的地域市场。为此,相关地域市场的界定关键仍需要从竞争者之间的竞争约束关系进行分析。对此,我国《关于平台经济领域的反垄断指南》第 4 条已明

---

① 在欧盟委员会处理的亚马逊案件中,电子书与印刷书、有声书不属于同一相关市场,且英语电子书和德语电子书也不属于同一相关市场。See European Commission Decision of 4 May 2017 relating to a proceeding under Article 102 of the Treaty on the Functioning of the European Union (TFEU) and Article 54 of the EEA Agreement, Case AT. 40153 – E-book MFNs and related matters, 2017/C264/06, p. 13.

② See U. S. Department of Justice and the Federal Trade Commission, *Antitrust Guidelines for the Licensing of Intellectual Property*, 12 January 2017, p. 11 – 12.

确区分了全球市场、中国市场、特定区域市场。这显然是合理的。

就相关市场的时间因素而言,“互联网 +”加速了商品的生产周期、流通周期,也使得相关技术的贬值增速,更缩短了创新周期,因此在相关市场的界定中应分析“互联网 +”对时间因素的影响性。比较传统的时间因素认定而言,应以相对短且合理的时间作为认定相关市场的因素。

2. 关于新型行为问题

在“互联网 +”经济领域的滥用市场支配地位行为案件中,应注重分析新型的行为,如平台“二选一”行为、自我优待行为、“大数据杀熟”行为、“最优惠”条款行为等。一般而言,新型行为的“新”是相对的。也就是说,多数新型行为仍可能被归入传统的垄断行为类型中,在行为定性上仍可按相关垄断行为进行分析,相关分析框架也无须进行突破。换言之,多数新型行为可能属于传统垄断行为类型的子类型。但是,由于相关子类型的垄断行为具有一定特殊性,因此相关反垄断法实施分析需要细化。当然,随着时代的发展,也不排除一些新型行为无法被传统垄断行为吸收,即可能导致将某一新型垄断行为归入任何传统垄断行为都存在格格不入的情况。如果出现此类情况,则相关反垄断法实施分析框架就需改变,甚至需要在立法上进行回应才可以。

3. 关于特殊因素分析

在“互联网 +”经济领域的滥用市场支配地位行为案件中,应注重分析特殊因素。例如,在上海食派士一案中,行政执法机关就分析了平台经济的规模效应问题,即导致当事人可以在不降低合作餐厅商户佣金、用户配送费的情况下,就能够吸引餐厅商户选择与当事人合作而放弃其他竞争对手,而当事人通过限定交易行为锁定合作餐厅商户端后,也就能够锁定用户端,并在两端同时施加更大的市场力量。[①] 在阿里巴巴一案中,法院则分析了以下特殊问题:(1)用户黏性优势,即当事人的消费者用户跨年度留存率达 98%。(2)流量优势,即当事人通过制定平台规则、设定算法等方式决定平台内经营者和商品的搜索排名及其平台展示位置,从而控制平台内经营者可获得的流量,对其经营产生决定性影响。(3)数据优势,当事人凭借进入网络零售平台服务市场的先发优势,积累了大量的平台内经营者和消费者,拥有海量的交易、物流、支付等数据,对比

① 参见上海市市场监督管理局(沪市监反垄处)〔2020〕6201901001 号行政处罚决定书。

其他竞争性平台优势明显。(4)平台生态优势,当事人在物流、支付、云计算等领域进行了生态化布局,为当事人网络零售平台服务提供了强大的物流服务支撑、支付保障和数据处理能力,进一步巩固和增强了当事人的市场力量。(5)算法优势,当事人具有先进的算法,能够通过数据处理技术实现个性化搜索排序策略,针对性满足消费者需求,并精准监测平台内经营者在其他竞争性平台上的经营情况。(6)云服务优势,当事人是中国境内最大的公有云服务提供商,具有强大的算力,为当事人网络零售平台服务提供大规模计算、大数据分析等一整套云服务。(7)智能技术优势,当事人具有先进的人工智能技术,并建立了可靠的安全系统。(8)在行为方面,该案当事人采取惩罚性措施和激励性措施促使平台内经营者执行“二选一”要求,包括减少促销活动资源支持、取消参加促销活动资格、搜索降权、取消在平台上的其他重大权益等。① 可见,对于滥用市场支配地位行为的反垄断法分析,应结合“互联网+”经济的特殊问题进行分析。

(二)垄断协议的分析框架

对垄断协议的分析主要涉及横向协议的本身违法性、纵向协议的积极方面等,核心在于分析经营者提出的抗辩理由。特别值得注意的是,垄断协议认定中应分析算法协议、平台规则、数据协议、技术性协议等特殊反垄断法问题。在分析中,应着重分析技术本身所带来的对竞争的正负影响。

在算法协议中,需分析算法行为是否存在经营者的主观因素。若存在经营者的主观因素,则可纳入本身违法原则处理;若不存在经营者的主观因素,则需要进行合理原则分析,分析算法行为是否带来了协同一致的效果,关键是分析经营者的行为是独立的行为还是具有协同性质的行为。于此,经营者应提供相关证据,应对算法设计、算法运行过程、算法运行结果等进行举证。其中,需采取大数据进行分析。

在平台规则中,应重点分析平台规则是否具有轴辐协议的效果,其究竟是单独构成纵向协议还是同时具有横向协议的效果。不过,在分析平台规则协议案件中,应重在处理平台经营者,因为其可能是始作俑者。由于平台规则是公开的,消费者也知悉相关规则,因此消费者有放弃平台及平台交易的可能性,因

① 参见国家市场监督管理总局(国市监处)〔2021〕28号行政处罚决定书。

此相关竞争影响分析应考虑相关因素。

就数据协议而言,首先是分析相关数据是否属于公共数据或私人数据。若属于公共数据,通常不涉及垄断协议问题(若仅少数企业可获得公共数据,后其再利用数据,也可能涉及垄断协议问题);若属于私人数据,则可能涉及垄断协议。其中的焦点是分析数据共用、共享是否是基于正当理由,究竟是出于数据交易、数据安全的需要,还是基于协同的目的。此外,在相关分析中,还应考虑数据共用共享中的相关信息保护问题。

就技术协议而言,核心是分析技术措施实施是否基于正当的理由,例如,基于安全等理由的技术措施可能是合法的,而基于知识产权保护的技术措施若在一定的限度内即不损害竞争的也是合法的。

(三)经营者集中的分析框架

对经营者集中的分析主要在于集中损害分析和集中积极影响分析,重点是比较有无经营者集中对竞争的影响,包括对当前市场的影响和对今后一段时间市场的影响。此外,应分析经营者集中救济是否可以补救集中损害。

特别值得注意的是,应注重对破坏性、竞争阻碍性集中的规制分析。对此,需要从创新的角度进行分析。其中,应特别分析初创企业并购、特殊盈利模式企业并购、特殊架构企业并购等情形。例如,2021 年的禁止虎牙公司与斗鱼国际控股有限公司合并案的审查决定分析就有积极价值,该案的主要分析如下:虎牙通过协议控制境内运营实体,虎牙由腾讯单独控制;斗鱼通过协议控制境内运营实体,斗鱼由腾讯与斗鱼创始人团队共同控制;根据集中协议,腾讯拟通过虎牙收购斗鱼全部股权,交易后腾讯将取得合并后实体单独控制权,将强化腾讯在中国境内游戏直播市场上的支配地位,具有排除、限制竞争效果,将使腾讯在上游中国境内网络游戏运营服务市场和下游中国境内游戏直播市场拥有双向封锁能力,可能具有排除、限制竞争效果。[①] 此外,初创企业并购主要是指涉及初创企业的新型平台并购,其中涉及对采取免费或低价模式的经营者的并购。因此,需要关注对未达到申报标准的经营者集中的分析处理。

---

① 参见国家市场监管总局:《关于禁止虎牙公司与斗鱼国际控股有限公司合并案反垄断审查决定的公告》,载国家市场监督管理总局网,http://www.samr.gov.cn/cms_files/filemanager/samr/www/samrnew/jzxts/tzgg/ftjpz/202107/t20210708_332421.html。

在经营者集中的分析中，特别需要分析以下问题。

一是数据相关方面：包括经营者掌握、处理、控制数据或数据接口的能力，竞争者获得数据的难度、用户数据迁移的转换成本等。

二是创新相关方面：包括技术创新的频率和速度、是否存在或者可能出现颠覆性创新，经营者获得技术的难度、对经营者创新动机和能力的影响，对初创企业、新兴平台的收购是否会影响创新等。故有研究指出，互联网领域的经营者集中“具有双边市场支配性、动态垄断性、交易额较大但营业额达不到申报标准、对市场的影响更为显著等特性，应设立创新减少评价机制”。①

三是用户和消费者相关方面：包括用户黏性、多栖性、活跃数、点击量、使用时长、消费者选择能力和范围，用户在费用、数据迁移、谈判、学习、搜索等各方面的转换成本，用户转移的可能性、及时性和便利性等。

四是市场动态性方面：包括对较长时间段内的市场份额变化进行综合分析，判断其动态变化趋势，经营者是否对关键性、稀缺性资源拥有独占权利以及该独占权利的持续时间。

（四）行政性垄断行为的分析框架

对“互联网+”经济中的行政性垄断行为，应注重分析相关行政行为是否具有法律、行政法规上的合法授权。于此，应特别分析行政主体是否基于网络安全等正当理由实施某种与市场主体有关的行为。当前，难点是在有关立法仍不完备的情况下，如何引用一般法律进行分析。若无合法的公共利益理由，则需要分析其行为是否导致个别企业、个别地区企业因为行政行为获得类似于市场支配地位经营者的单独优势或共同优势，是否因为行政行为实现了垄断协议的类似效果，是否因为行政行为构成了损害竞争的经营者集中行为等。于此，值得注意的是，行政机关的行为影响的相关地域市场可能是其所在行政管辖区。但是，在“互联网+”背景下，相关市场也可能是超过所在行政管辖区，例如，在限制产品服务输出的情况。

特别指出的是，当前应注重分析“互联网+”政务引起的行政性垄断行为。例如，在电子政府平台的开放使用过程中，行政主体可能存在行政性垄断行为。

---

① 叶明、梁静：《我国互联网领域经营者集中反垄断审查的不足与改进》，载《西南政法大学学报》2021年第1期。

又如，在大数据开放中，也存在政府公共数据开放问题。其中，若行政主体有拒绝开放行为、歧视性行为、施加不合理条件行为等问题，也可能存在行政性垄断行为。对此，应分析行政主体的行为是否存在法律上的正当理由，如数据安全保护的理由。同时，需要分析行政主体的行为对竞争的损害，进而分析相关行为的违法性质。

六、“互联网+”经济领域反垄断法实施中的损害评估

损害计算是垄断法律责任追究的基础。[①] 就反垄断法实施而言，在对违法行为的定性分析基础上，对违法行为的损害进行评估是反垄断行政执法中罚款程序的基础，也是反垄断民事案件损害赔偿救济的关键。前者涉及垄断行为损害的总体评估，后者还涉及垄断行为对具体主体损害的具体认定。为此有必要分析之。

（一）反垄断行政执法案件中的垄断损害评估

我们知道，目前大多数国家或地区对垄断行为的行政罚款数额规定得相对明确，因此可根据反垄断立法规定的计算方法处理。例如，我国《反垄断法》规定的对经营者的滥用市场支配地位行为、垄断协议行为、违法实施经营者集中行为的罚款上限一般为垄断行为人上一年度销售额的10%，其他情形的罚款上限为500万元或300万元。在罚款确定方法上，主要考虑违法行为的性质、程度和持续的时间和消除违法行为后果的情况等因素。值得注意的是，这些方面都需要具体分析。其中，垄断损害评估具有重要的价值，因为法律规定中的“行为后果”范畴实际上就关涉垄断损害情况。就垄断行为损害而言，其既包括违法行为导致的直接损害，也包括违法行为带来的间接损害，因此既要分析垄断行为人实施违法行为前的因素，也要分析行为人实施违法行为后的因素。理由是，这些与垄断损害的范围、程度以及损害后果扩大避免、消除、减少等有关。因此，比较理性地分析垄断行为损害是必要的。

总体而言，垄断行为带来的损害包括两个方面：一是社会总福利损害，二是消费者福利损害。在评估社会总福利损害时，需要计算不存在垄断行为情况下的社会总福利和存在垄断行为时的社会总福利之间的差额。显然，其中一个比

---

① 参见张晨颖：《损失视角下的垄断行为责任体系研究》，载《清华法学》2018年第5期。

较重要的因素是垄断行为存续的时间。也就是说，社会总福利损害是指垄断行为存续期间所带来的损害。就此而言，案件所涉相关市场一定时间内的国民生产总值是一个重要参考因素。也就是说，案件所涉相关市场的国民生产总值的环比、同比指标可以作为重要参考。但是，应当指出的是，垄断行为并不存在的情况是假定的，其在分析中还需要考虑一些变量，例如，经济危机、战争、疫情防控等特殊因素。

在消费者福利损害方面，消费者的实际利益损害和期待利益损失是应予分析的内容。因此，垄断行为案件相关市场消费者的损害可以通过比较有无垄断行为的不同情况下的消费者福利差额计算。不过，非经济福利作为一种特殊的消费者福利，属于消费者福利损害评估中的组成内容。

在评估垄断行为的综合损害后，综合考量各种因素，根据比例原则，可按照罚款的法律规定，在从重、较重、中等、从轻、减轻的不同幅度中确定罚款数额。值得指出的是，从“互联网+”经济领域垄断案件的特殊性来看，在计算垄断行为的损害时需要考量市场的动态性、消费者福利损害中的非经济性福利损害等特殊问题。

（二）反垄断民事案件中的竞争损害评估

就反垄断民事案件中的垄断行为损害认定而言，需在垄断行为损害总体分析的基础上，分析垄断行为对竞争者的具体损害、对交易相对人的具体损害、对消费者的具体损害，以确定对具体受害人的赔偿数额。

我国最高人民法院2012年发布、2020年修订的《关于审理因垄断行为引发的民事纠纷案件应用法律若干问题的规定》并未对民事案件中的竞争损害评估问题进行解释。在理论界，有研究建议采用成本推算法、前后比较法、标杆法以计算互联网反垄断民事诉讼中的损害赔偿数额，其中成本推算法是根据垄断行为人的经营成本计算其获得的超出正常利润的不正当利益，前后比较法通过比较垄断行为前后的成本、价格、利润幅度等分析损害，标杆法采用比较假设的标杆市场与垄断行为相关市场的情况分析损害。① 此外，理论上还存在“纯粹经济损失说”“所失利益说”和以“转换交易的收益和成本”为基础的分析方法。② 在

① 参见黄勇、申耘宇：《论互联网反垄断民事诉讼的多重功能》，载《法律适用》2014年第7期。

② 参见李俊峰：《反垄断法中交易不成损害的可赔偿性》，载《现代法学》2012年第4期。

司法实践中,法院还采用垄断行为损害的市场份额分析法等方法。[①] 本研究认为,较为理性的方法是比较垄断行为存在时的情事与垄断行为不存在时的情事,进而展开分析垄断损害情况。

就对竞争者的损害而言,需分析垄断行为有无两种情况下的竞争者利益差额。值得注意的是,该利益差额即经济损害,包括竞争者的实际利益的减少和期待利益的减少。理由在于,若无某种垄断行为,竞争者的现有福利并不受到损害,且可能获得增长性利润。在这方面,欧盟 2014 年《关于违反欧盟及其成员国竞争法的损害赔偿诉讼若干规则的指令》第 3 条规定,成员国应确保因存在违反竞争法的行为而遭受损失的任何自然人或法人,就其损失享有索赔权并且享有获得充分赔偿的权利,其中的赔偿内容就包括实际损失、利润损失和相关利息。

就对交易相对人的损害而言,也需分析垄断行为有无的不同情况下交易相对人利益的差额。这样,交易相对人损害就包括利润损失(这里的交易相对人分析其为经营者的情形,作为消费者的交易相对人的情形见后分析)。但是,该利润损失不应基于合同约定的可得利润计算,而应从反垄断法角度分析。换言之,一般民事损害不同于垄断损害,[②]如强生垄断协议案就采用了该分析逻辑。[③] 当然,垄断行为人若抗辩垄断行为损害已转移或部分转移给了消费者且有充分证据的,应当予以考量。

就对消费者的损害而言,需分析垄断行为有无两种情况下消费者福利的差额。值得指出的是,消费者福利损害包括经济性损害和非经济性损害。消费者经济福利损害可以通过行业调查、大数据分析、听证会等方式进行分析。当然,可以参考消费者价格指数分析消费者经济福利损害。对于消费者非经济福利损害,则可以通过定性分析消费者的用户满意度、消费者多元选择、用户体验度等进行分析。在“互联网＋”经济背景下,需要加大对消费者的非经济福利损害的分析。不过,难点是如何在消费者经济性福利损害和非经济性福利损害同时

① 参见朱理:《〈关于审理因垄断行为引发的民事纠纷案件应用法律若干问题的规定〉的理解与适用》,载《人民司法》2012 年第 15 期。

② 参见于立、冯博:《维持转售价格法律适用问题中的“定性”与“定量”——“锐邦诉强生案”的法律经济学分析》,载《中国物价》2014 年第 1 期。

③ 参见上海市高级人民法院民事判决书,(2012)沪高民三(知)终字第 63 号。

存在与否的不同情形下进行具体分析。本研究认为,可以进行以下分类分析。

(1)若垄断行为同时损害了消费者的经济福利和非经济福利,则垄断行为损害的性质十分明确,消费者可以同时主张经济损害赔偿和非经济福利救济。

(2)若垄断行为带来的结果是某一种消费者福利未发生变动,另一种消费者福利存在损害,如消费者经济性福利未改变但其非经济性福利受到损害的情形,则消费者就可以就该类福利损害主张救济。

(3)若垄断行为带来的结果是消费者的两种福利都未发生变动,或仅有一种福利增加而另一种福利未变动,则消费者福利损害不存在,无须对消费者进行救济。

(4)若垄断行为带来的结果是消费者两种福利中的一种福利增加,另一种福利存在损害,则需要进行综合平衡分析。具体而言,应在计算消费者经济性福利损害时考量非经济性福利增加的因素,酌情减少垄断行为人对消费者的赔偿额;在分析消费者非经济性福利损害时考量消费者经济性福利增加的因素,适当降低垄断行为人对消费者的非经济福利救济程度。当然,如果消费者的一种福利损害微不足道,另一种福利同时增加,则无须对消费者进行救济。

七、“互联网+”经济领域反垄断法实施的重点领域

有研究认为,网络产业反垄断应以规制滥用市场支配地位行为为“重心”,其中主要有拒绝交易、捆绑和拒绝进入进出设施三种行为,同时放松对经营者联合、合并的反垄断控制。[①] 在前述新布兰代斯学派的观点中,反垄断法实施的重点是规制超大型平台的滥用行为和防止其并购。

在美国拟制定的系列法案中,其规制的主要对象也是超大型平台。虽然这些法案并没有明确针对任何一家具体的企业,但实际能够满足标准的就是GAFA四家公司(谷歌、苹果、脸书、亚马逊)。[②] 此外,欧盟《数字市场法》剑指“守门人”的规定实际上也旨在主要规制核心网络平台企业的滥用市场支配地位行为。

---

① 参见蒋岩波:《网络产业的反垄断政策研究》,中国社会科学出版社2008年版,第220页。

② 参见陈永伟:《五部法案上线,GAFA好日子到头了吗》,载经济观察网,http://www.eeo.com.cn/2021/0618/492147.shtml。

本研究认为,就“互联网+”经济的反垄断法实施事业而言,应重点关注超大型平台经营者的垄断行为特别是超级平台经营者的垄断行为,同时关注其他经营者的新型垄断行为,包括滥用市场支配地位行为、经营者集中行为、垄断协议行为。而就具体行为而言,应主要关注处理有关经营者通过人工智能、算法、大数据、平台规则、硬件、软件、技术措施等实施的相关垄断行为。同时,也需要关注处理行政主体在政府平台开放、大数据利用等方面的行政性垄断行为。

第四章

“互联网+”经济发展的反垄断法重点实施方法保障

在“互联网+”经济发展中，有诸多反垄断法实施问题需要解决。近年来，实践中出现了互联网经营者实施的平台封禁、“二选一”和“大数据杀熟”等行为，学术界已对此进行了一些研究。值得注意的是，已有反垄断法研究主要涉及消费互联网领域，近年来有向高端平台领域深入的趋势。但是，从“互联网+”经济发展的角度看，相关反垄断法问题尚未完全地出现。也就是说，除高端互联网平台的垄断行为外，“互联网+”经济领域可能出现其他一些新型垄断行为。为此，本研究对“互联网+”经济发展中的极其特殊的反垄断法问题展开研究，主要涉及超级平台滥用市场支配地位、智能制造技术专利许可、先进技术互操作性、算法合谋行为、未达到申报标准的经营者集中等反垄断法问题。

第一节 超级平台滥用市场支配地位行为的反垄断法实施方法

互联网平台有简单平台和复杂平台之分，也有中小平台、大型平台和超级平台之分。简单平台是独立的提供互联网平台服务的平台，其独立运行，在平台中平台内经营者与终端消费者进行交易。复杂平台是多个平台的聚合平台，其中可能存在多层级的平台经营者，一级平台下存在二级平台甚至更多低层级的平台。这样，高层级的平台可称为平台的平台。从规模和市场力看，平台可以分为中小平台、大型平台和超级平台。[①] 而超级平台可能是平台的平台，也可能是市场力巨大的简单平台。超级平台的相关反垄断法问题主要集中于滥用市场支配地位问题上。总体而言，超级平台滥用市场支配地位行为涉及以下核心问题：一是相关市场界定问题；二是效率抗辩问题；三是创新抗辩问题；四是特殊滥用行为的认定问题。以下深入分析之。

一、相关市场界定问题

（一）界定相关市场的必要性问题

就相关市场界定而言，学界的观点差异较大。如前章所述，有的研究认为仍需将界定相关市场作为反垄断法分析的起点；有的反对。

之所以有研究认为可以直接绕过相关市场界定，理由可能有：第一，超级平台涉及的相关市场较多。超级平台有关的主体除超级平台经营者外，有超级平台之子平台经营者、子平台内经营者、支付经营者、运输经营者、消费者等，涉及相关的商品或服务有超平台服务、子平台服务、终端平台商品、终端平台服务、支付服务、快递服务等。在此背景下，如果去界定相关市场，可能需将诸多行业的相关市场都纳入进来。这在分析上是复杂的甚至困难的。第二，从市场份额等经济数据看，超级平台的实力强。如果比较超级平台与其他平台，超级平台的市场份额、经营额、利润额等都比其他平台大得多，似乎超级平台具有明显的市场力，似乎可推定超级平台为市场支配地位经营者。因此，从这一角度看，似乎没有必要去界定相关市场。第三，人们存在企业大即是坏的认识。在反垄断界，布兰代斯学派以及新布兰代斯学派主要的观点是企业大即是坏。因此，从这个认识出发，界定相关市场可能并不一定是十分重要的事情。

---

① 国家市场监管总局2021年10月29日公布的《互联网平台分类分级指南（征求意见稿）》阐明，中小平台指具有一定用户规模、有限业务种类、有限经济体量、有限限制能力的平台。大型平台指同时具备较大用户规模、较广业务种类、较多业务范围、较高经济体量和较强限制能力的平台。其中，较大用户规模，即平台上年度在中国的年活跃用户不低于5000万人；较广业务种类，即平台具有表现突出的主营业务；较高经济体量，即平台上年底市值（估值）不低于1000亿元人民币；较强限制能力，即平台具有较强的限制商户接触消费者（用户）的能力。超级平台指同时具备超大用户规模、超广业务种类、超高经济体量和超强限制能力的平台。其中，超大用户规模，即平台上年度在中国的年活跃用户不低于5亿人；超广业务种类，即平台核心业务至少涉及两类平台业务，该业务涉及网络销售、生活服务、社交娱乐、信息资讯、金融服务、计算应用六大方面；超高经济体量，即平台上年底市值（估值）不低于10000亿元人民币；超强限制能力，即平台具有超强的限制商户接触消费者（用户）的能力。

但是,如前章所分析,本研究认为,界定相关市场在滥用市场支配地位行为处理中仍是必要的。因此,在对超级平台的滥用市场支配地位行为的处理中,仍需界定相关市场。理由在于,滥用市场支配地位行为规制制度的根基之一就是某一个企业在其相关市场具有支配地位。如果缺乏相关市场界定,则无市场支配地位行为认定之基础。如果绕开相关市场界定而直接认定滥用市场支配地位行为,则不应该以滥用市场支配地位行为制度处理相关企业的行为。换言之,如果绕开相关市场界定,则需要另行建立一类反垄断法规则处理超级平台的相关行为。这种方法似乎就是美国和欧盟试图建立的方法,即将超级平台认定为核心平台或关键平台,在法律上采用“适用平台”或“守门人”等特殊概念,赋予其特殊义务,甚至将该平台的业务限定为平台服务而禁止其从事终端商品或终端服务。

显然,从目前来看,我国尚未有这样的立法。因此,我国处理超级平台滥用市场支配地位行为时仍需回到相关行为认定的逻辑起点即进行相关市场界定。此外,超级平台涉及的市场范围复杂、经济数据巨大并不是绕开相关市场界定的理由。不仅如此,企业大即是坏的观点并不完全适用超级平台,因为超级平台可能带来更大的交易效率,促进市场经营创新乃至商品创新、服务创新、技术创新。总之,当前我们仍无绕开相关市场界定而直接处理超级平台滥用市场支配地位行为的理由。

(二)相关市场的界定方法

就超级平台的相关市场界定方法而言,探讨问题的起点是从超级平台的相关交易主体、交易关系、交易对象角度分析。也就是说,双边市场理论、多边市场理论的基础是平台交易主体涉及多元主体、交易关系具有多边性、交易对象具有多元性。简言之,超级平台与其子平台、超级平台子平台与平台内经营者、平台内经营者与消费者形成基本的业务关系,此外还包括三类经营者与其他主体之间的业务关系等。这样,在多类业务关系中就存在多个产品或服务,进而多边市场的分析似乎是正确的。可是,这样的思路存在的问题是,超级平台的竞争者究竟是何主体并未出现。换言之,按照双边市场、多边市场的分析进路,可能忽略了超级平台经营的对象。

本研究认为,超级平台经营的基础产品就是平台市场。换言之,若超级平台经营的基础产品是单一的,其就是网络交易市场。当然,如果超级平台也直接销售终端商品并与终端消费者产生业务关系,则产生另一个法律问题。也就是说,一般而言,超级平台经营者的相关市场就是平台市场,而不是具体的多元终端商品或服务。也就是说,界定相关市场时,首先应从市场竞争的角度展开,而不是从交易的角度展开。

因此,本研究认为,超级平台的相关市场界定总体上可以作以下分析。

1. 若超级平台并不直接向终端消费者提供商品或服务,其业务仅是提供商品服务交易平台,则超级平台的相关产品为平台市场服务,或言平台交易市场业务,进而超级平台的相关市场为平台市场。这样,某一超级平台的竞争者是其他与之具有竞争性业务的超级平台等平台。值得注意的是,平台市场是由多要素组成的,其中包括终端商品服务、支付工具、运输条件、广告业务等。这样,就带来了超级平台竞争者的范围问题。从这一角度看,需要综合认定哪些平台之间具有竞争性。从理论上看,超级平台的经营条件既有必要条件,也有非必要条件。若某一经营条件是某一超级平台独有或缺失的,进而导致其与其他平台未形成竞争约束,则相关市场界定要限缩范围。从具体界定方法看,仍应从平台与其他竞争者是否存在真正的竞争关系角度进行分析,具体可以采取是否存在替代性等方法进行分析。例如,在深圳微源码软件开发有限公司诉腾讯公司封禁微信公众号案中,法院认定腾讯平台与网站、微博、视频平台、社交网站等都可提供在线推广宣传服务,它们之间存在替代关系,故同属于一个相关市场。①

2. 若超级平台在经营平台的同时,也向终端消费者提供商品、服务,则相关市场在上一相关市场界定的基础上增加了其提供终端商品、服务的相关市场。也就是说,在这种情况下,超级平台的相关产品包括两类:一是平台市场;二是终端商品、服务。这样,在分析超级平台相关市场的过程中,就需要进行详细的分析。例如,在平台封禁行为处理中,就需要认定平台市场、被封禁事情所涉及的市场并应对其中的复杂问题进行区分,又如即时通信市场、软件市场、在线推广市场等。

另一个复杂的问题是,超级平台与超级平台的子平台之间是否在一个相关市场内?本研究认为,这主要看二者之间是否存在竞争性的业务。如果超级平

---

① 参见广东省深圳市中级人民法院民事判决书,(2017)粤03民初250号。

台也销售终端商品、服务，超级平台的子平台也提供终端商品、服务，则二者也属于同一相关市场。如果超级平台同超级平台的子平台一样直接为平台内经营者提供服务，则二者也存在共同的相关市场。可见，超级平台的相关市场分析十分复杂，但最为重要的分析是把平台市场作为其相关市场。这是分析超级平台相关市场的理性的逻辑起点。

二、效率抗辩问题

在超级平台滥用市场支配地位行为的认定中，效率抗辩是一个难点。从理论上看，效率可以分为以下类型：一是经营者自身的效率；二是经营者相关主体的效率；三是经济发展的效率。问题是，如何对效率进行分析更为合理？

本研究认为，如前章所述，比较理性的反垄断法基准是消费者分享型社会总福利最大化标准。根据该基准，如果超级平台提出的效率抗辩满足了以下两个条件，则其效率抗辩是成立的；否则，则不予以支持：一是其行为可带来社会总福利的最大化，即综合计算超级平台的福利、超级平台内子平台的福利、平台内经营者的福利和终端消费者的福利后，分析社会福利总值是否最大化的，即与相反情况相比是否增加了社会的总福利；二是该福利的增加是否带来了消费者福利分享——无论是经济上还是非经济上的。如果消费者福利未有任何增加或有所减少，则此条件不能得到满足。据此，我们可以得出以下分析。

第一，经营者的效率对经营者而言虽然是利己效率，但不能说这种效率不应得到支持。理由在于，按照古典经济学的理论，任何企业的利益最大化行为都是社会最有效率的资源配置方式。例如，我国《关于平台经济领域的反垄断指南》阐明，与交易相对人交易将使平台经济领域经营者利益发生不当减损的情形，交易相对人明确表示或者实际不遵守公平、合理、无歧视的平台规则的情形，都属于平台经济领域经营者拒绝交易的正当理由。显然，上述情形属于经营者利己效率抗辩的特殊情形。比较合理的是计算经营者的行为是否直接带来了社会总福利的最大化同时为消费者带来了利益分享。如果满足此条件，即使是经营者利己的效率也应得到支持。因此，如果超级平台经营者提出其行为促进了自己的经营效率，则还需要分析该效率是否有利于消费者福利增加。虽然消费者福利增加不限于消费者直接利益，但是至少应存在为消费者带来非经济性福利增加的情形，例如，增加消费者的体验、增加消费者的选择等。如果消费者的非经济性福利也不存在,则一般不支持超级平台的效率抗辩理由。于此,值得注意的是,超级平台可能提出,超级平台行为在提升了自身效率后将该效率经过子平台、子平台内经营者传导到消费者,则需要更加深入的分析。其中,核心是要分析此类传导性效率是否为消费者带来福利。这就需要结合相关经济数据进行深入分析。

第二,经营者相关主体的效率对经营者而言具有利他性。超级平台的相关主体包括子平台经营者、子平台内经营者、消费者等。若超级平台的某一行为对超级平台的子平台经营者、子平台内经营者是有效率的,则需要分析这种效率是否增加了社会总福利。如果答案是肯定的,则满足了社会福利最大化的标准。如果这种效率同时得到传递,让消费者得到福利分享,则这种效率抗辩理由应得到支持。例如,根据我国《关于平台经济领域的反垄断指南》,为保护交易相对人和消费者利益所必须的限定交易行为、为保护交易相对人和消费者利益所必须的搭售行为、在合理期限内开展促销活动中的低于成本销售行为、在合理期限内为吸引新用户的低于成本销售行为、针对新用户在合理期限内开展的优惠活动中的差别待遇行为属于滥用市场支配地位行为认定中的正当理由。反之,如果超级平台的行为仅仅对子平台经营者、子平台内经营者有效率,但是并未带来社会福利最大化,且未能让消费者分享到相关福利的,则其效率抗辩的理由不应得到支持。

第三,经济发展的效率在理论上是应予以支持的,其中的难点是如何计算长期效率。之所以认为在理论上应该支持这种效率,是因为这种效率不仅可以带来社会福利的最大化,而且还能促成消费者福利的分享。根据我国《关于平台经济领域的反垄断指南》,为提升商品使用价值或者效率所必须的搭售具有正当性。可问题是,如果这种长期效率无法衡量,则需要予以合理怀疑。可能的评估方法之一是,确定一个固定的时间,例如,将3年作为长期效率分析的时间段,进而进行评估。也就是说,如果这个长期效率是可以预见的、确定的,则可以计算出该长期效率。这样,就可以评估是否支持超级平台提出的长期效率抗辩理由。但是,在计算长期效率的同时,应分析消费者是否因此可分享相关福利。其中,尽管在未来消费者是否可以分享到相关经济福利可能是一个问题,但在当前消费者可以分享到非经济福利是不应忽略的问题。也就是说,面对超级平台提出的长期效率抗辩,比较合理的是还要分析消费者是否能分享到相关非经济福利。如果这个条件也不能满足，则超级平台提出的长期效率抗辩理由不应得到支持。

三、创新抗辩问题

在超级平台滥用市场支配地位行为认定中，超级平台经营者可能提出创新抗辩问题。本研究认为，如前所述，创新认定应采消费者分享型社会总福利最大化标准进行认定。理由在于，既然消费者分享型福利最大化标准是反垄断法的理性标准，那么创新的认定也应据此进行。具言之，对一个经营者的行为是否是创新的问题，不仅应分析该行为是否带来社会总福利最大化，还要分析是否能让消费者分享到相关福利。如果答案是肯定的，应保护之；如果答案是否定的，则需要加以反垄断法处理。

超级平台的创新可能涉及平台架构、平台要素、交易流程、售后服务等多个方面。从平台架构看，超级平台可能创新地将多个平台聚合在一起，更加便利“互联网+”经济交往，或可能对平台的组成结构进行创新安排；从平台要素看，超级平台可能创新地安排平台终端商品、平台终端服务、平台支付工具、平台运输工具等；从交易流程看，超级平台可能创新地设置用户注册登录程序、设置终端商品或服务的推荐程序、通过大数据促进终端消费者与平台内经营者达成交易、通过快捷支付完成付款、通过即时运输服务系统促进终端交货等；从售后服务看，超级平台可能创新地将售后服务便利化等。根据我国《关于平台经济领域的反垄断指南》，为维护合理的经营模式所必须的限定交易行为，为保护针对交易进行的特定资源投入所必须的限定交易行为，为保护知识产权、商业机密所必须的限定交易行为，在合理期限内为发展平台内其他业务而实行的低于成本销售行为，在合理期限内为促进新商品进入市场而实行的低于成本销售行为，都具有反垄断法上的正当理由抗辩性。可见，超级平台的创新正当理由可能涉及新业务、新产品、新服务、新投入等。

总体而言，超级平台的创新涉及促进交易效率的创新和提高用户体验的创新。一般而言，促进交易效率的创新相对容易界定，而提高用户体验的创新分析时则相对复杂。理由在于，提高用户体验的创新属于消费者非经济性福利的范畴。当然，创新是相对的概念。在分析超级平台创新抗辩时，核心在于分析创新是否促进了终端商品或终端服务的创新，更在于分析是否有利于促进技术创新,有利于社会进步。

需要指出的是,在分析超级平台创新抗辩时,需重在分析其算法、大数据技术、人工智能技术的应用创新问题。也就是说,需重在分析超级平台是否采用了创新性算法、创新性大数据、创新性人工智能技术等先进技术。例如,虽然算法技术应用产生的随机性交易可能带来差别待遇问题,但是其属于可以豁免的具有正当理由的情形。此外,此类创新不仅有利于超级平台经营领域的创新,更有利于新一代信息技术的发展创新。对此,相关反垄断法分析需更加深入细致。

四、特殊滥用行为的认定问题

(一)超级平台封禁行为

一般而言,平台封禁行为是指平台主体将某一主体封堵于某一平台之外不允许后者进入平台的行为。其中,被封禁者可能事前未曾进入该平台,也可能曾进入平台而事后被排除于平台之外。从被封禁的主体看,相关被封禁的主体可能包括平台竞争者、平台的交易相对人、平台的终端用户。近年来,平台经营者之间的封禁事件经常发生,按照封禁程度的不同,可以分为排他性封禁、限制性封禁、消极性封禁等类别。① 从被封禁的内容看,被封禁的可能是被封禁主体的主体资格、经营业务、某种商品或服务、某种软件程序、某种支付工具等。例如,在掌中无限公司与腾讯公司垄断案件②中,焦点问题是腾讯公司拒绝掌中无限公司开发的软件 PICA 链接 QQ 登录的行为是否构成反竞争行为。

从反垄断法的角度看,若超级平台实施了平台封禁行为,则可能构成滥用市场支配地位行为,其性质属于拒绝交易行为;若超级平台对某些主体实施封禁而对另一些主体未实施封禁则可能构成差别待遇行为。对此,有关研究进行过分析,③不再赘述。

从滥用市场支配地位行为的认定分析看,需要按照界定相关市场、认定市场支配地位、认定是否存在滥用市场支配地位行为、分析排除或限制竞争效果、

---

① 参见段宏磊:《数字经济反垄断背景下链接封禁行为的规制路径》,载《财会月刊》2021 年第 12 期。

② 参见冯江主编:《中国网络市场之竞争法博弈》,法律出版社 2015 年版,第 207 ~ 209 页。

③ 参见张江莉、张镭:《互联网“平台封禁”的反垄断法规制》,载《竞争政策研究》2020 年第 5 期。

是否存在正当理由的分析步骤进行分析。在相关市场界定中,需要详细分析被封禁情事的相关市场,具体可以从替代性分析入手;在分析是否存在排除、限制竞争影响中,需要准确分析封禁行为是否排除、限制了被封禁事情的进行。例如,若仅仅是封禁可打开视频的链接图标,但消费者仍可在平台上通过网络打开视频,这很难说存在排除、限制竞争的影响,[①]其中还需要分析相关市场的动态性、发展性等情况。在正当理由抗辩中,不可抗力、相对人自身原因(如违法)等有时也构成超级平台抗辩的正当理由。

(二)超级平台"二选一"行为

近年来,平台"二选一"行为时有发生。所谓平台"二选一"行为,是指平台经营者在经营活动中要求交易相对人只能在自己的商品或服务与其竞争者提供的商品或服务中选择其一的行为。对此,涉及的相关法律有《反垄断法》《反不正当竞争法》《电子商务法》,主要涉及是否存在垄断行为或不正当竞争行为。对此,有的建议建立滥用相对优势地位制度加以应对。[②] 从反垄断法的角度看,平台"二选一"行为可能构成滥用市场支配地位行为中的限定交易行为,也可能构成垄断协议中的纵向协议行为。前者是单边行为,后者是双边行为。

对于平台"二选一"行为是否构成限定交易行为,需要按照相关市场界定、市场支配地位认定、限定交易行为认定、竞争损害分析、正当理由分析等步骤进行。其中,对于限定交易行为,除应分析是否存在平台惩罚性措施外,还应分析是否存在激励性的诱导措施。对于竞争损害分析,应侧重分析相关行为是否具有锁定效应,是否真正排除、限制了竞争。其中,需要分析竞争者是否无法接纳用户、竞争者是否无法迅速进入市场、用户是否无抗衡能力等。[③] 对于正当理由问题,需要分析基于平台经营者特定资源投入、平台特殊经营模式、知识产权保护、安全事由、相对人利益、消费者利益所必须的事由,乃至防止"搭便车"、防范掠夺性议价、阻止交易相对人无视商誉等。[④]

---

① 参见袁波:《走出互联网领域反垄断法分析的七个误区——以"微信封禁飞书"事件为中心》,载《竞争政策研究》2020 年第 1 期。

② 王晓晔:《论电商平台"二选一"行为的法律规制》,载《现代法学》2020 年第 3 期。

③ 参见焦海涛:《"二选一"行为的反垄断法分析》,载《财经法学》2018 年第 5 期。

④ 参见袁波:《电子商务领域"二选一"行为竞争法规制的困境及出路》,载《法学》2020 年第 8 期。

（三）超级平台大数据滥用行为

随着“互联网+”经济的发展，大数据技术在各经济领域中发挥着重要功能。超级平台在使用大数据技术过程中可能存在诸多行为触及反垄断法中的滥用市场支配地位行为规则，如大数据不公平高价、拒绝大数据交易、限定大数据交易、大数据差别待遇（含“大数据杀熟”）、大数据搭售、大数据掠夺性定价等。可见，超级平台可能基于大数据实施诸多滥用市场支配地位行为。概括而言，在超级平台的大数据滥用行为认定中需要解决大数据相关市场界定、市场支配地位认定、滥用市场支配地位行为及其竞争损害认定、正当理由分析等问题。

就大数据相关市场界定而言，其中的难题在于替代分析方法有时存在一定困境。理由在于，超级平台的大数据可能是独一无二的，并不交易，因此无法从需求替代角度分析；同时，超级平台的竞争者可能也无竞争性的大数据，因此无法从供给替代的角度进行分析。当然，以上是极端的情况。随着大数据的商业利用逐步拓展，大数据交易得以出现，甚至还出现了大数据交易中心。这样，大数据市场的竞争开始出现，大数据市场开始形成。这样，界定相关市场就有了可能性。有研究认为，需要加强基于质量下降的假定垄断者测试方法，并可以采用其他替代性的分析范式，如基于成本上涨的假定垄断者测试方法，以分析界定大数据市场。[①] 本研究认为，大数据市场的界定方法之间并不是相互排斥的，需针对具体个案选择具体的认定方法。

就超级平台在大数据市场是否具有市场支配地位而言，需要综合分析超级平台的市场份额，大数据市场的竞争状况，超级平台控制大数据市场的能力，超级平台的大数据技术条件，其他经营者对超级平台大数据交易的依赖程度，其他经营者进入大数据市场的难易程度等。当然，如果大数据构成必需设施时，则超级平台经营者可能被认定为市场支配地位者。不过，对于大数据是否构成必需设施问题，需要谨慎分析。理由是，大数据不同于铁路等传统必需设施具有易拥堵性，收集者有时可以通过其获利，数据价值具有复杂性，数据权属具有多样性等。[②]

① 参见殷继国：《大数据市场反垄断规制的理论逻辑与基本路径》，载《政治与法律》2019 年第 10 期。

② 参见丁晓东：《论数据垄断：大数据视野下反垄断的法理思考》，载《东方法学》2021 年第 3 期。

就超级平台的大数据滥用行为是否造成竞争损害而言，核心在于分析相关行为是否限制、排除了竞争，是否损害消费者福利，是否损害了大数据市场的健康发展，包括是否阻碍大数据市场创新等。

在正当理由方面，需要考虑大数据知识产权保护、用户信息隐私、大数据安全、超级平台创新等方面的相关因素。其中，特别需要深入分析超级平台是否基于保护用户个人信息的理由实施拒绝交易、限定交易等行为，是否基于大数据安全的原因实施大数据限制性行为。

（四）超级平台滥用必需设施问题

根据我国《关于平台经济领域的反垄断指南》第14条的规定，分析是否构成拒绝交易行为，可以考虑“控制平台经济领域必需设施的经营者拒绝与交易相对人以合理条件进行交易”的因素，而认定相关平台是否构成必需设施。一般需要综合考虑以下因素：一是平台占有数据情况；二是可替代性情况，包括其他平台的可替代性、是否存在潜在可用平台、发展竞争性平台的可行性；三是交易相对人对该平台的依赖程度；四是开放平台对该平台经营者可能造成的影响等因素。不过，原《禁止滥用市场支配地位行为暂行规定》第16条和《禁止滥用市场支配地位行为规定》第16条还规定应考量“该经营者提供该设施的可能性”因素。

从以上规则看，若超级平台控制必需设施且拒绝交易的，可能构成滥用市场支配地位行为。不过，目前的规则尚未将“必需设施”原则拓展于其他情形。换言之，这实际上将“必需设施”原则限定于拒绝交易案件。有研究认为，对于网络平台拒绝许可及其他限制竞争行为案件，可以采用必需设施理论；而对于搭售、捆绑、排他性交易和掠夺性定价等行为案，可以采用杠杆理论。① 但是，有研究认为，杠杆理论是已经“死亡”的理论，已经被必需设施理论等替代。② 本研究认为，若超级平台拥有必需设施，其滥用行为也不限于拒绝交易这一情形，其他情形也有适用该理论的空间。

当然，首要的问题是认定超级平台是否拥有必需设施。在“互联网+”经

① 参见曾田：《网络内容平台竞争与反垄断问题研究》，载《知识产权》2019年第10期。

② 参见邓峰：《传导、杠杆与中国反垄断法的定位——以可口可乐并购汇源反垄断法审查案为例》，载《中国法学》2011年第1期。

济领域,超级平台是否是竞争者开展生产经营活动所缺乏且必不可少的条件需要谨慎分析。传统上,必需设施理论主要应用于铁路、机场、通信系统等领域,后来拓展于知识产权领域。对于平台相关市场而言,竞争者建立平台并不需要太多成本。这样,超级平台是否构成竞争者开展竞争的必需设施需要全面分析。

即使超级平台被认定拥有必需设施,还需要分析开放平台对平台经营者自身经营活动的影响,核心是是否损害其自身效率、是否影响其创新投入、是否影响其平台经营活动等。

综合看来,必需设施理论适用于超级平台的滥用市场支配地位行为时需要结合“互联网+”平台经济的特殊性进行具体分析。

第二节 智能制造领域的反垄断法实施方法

智能制造,又称先进制造、网络制造,是制造技术的网络化、智能化、数据化、协同化、服务化的生产形态。智能制造需要依托新一代互联网,即工业互联网、工业物联网、工业数据网;需要依托人工智能、机器人、先进制造装备(含3D打印设备)、工业应用程序、工业应用软件、先进算法、工业大数据等要素;需要依托工业制造标准、专利、商业秘密、非知识产权技术、开源信息等知识;需要依托先进材料、先进工艺流程、先进管理方法等。当前,包括中国在内的诸多国家都在推进制造业的迭代升级,全面推进智能制造业发展。为此,反垄断法应为智能制造行业发展提供有力保障。总体而言,以下方面需要从反垄断法的角度予以分析。

一、智能制造标准的反垄断法问题

为推进智能制造技术的普及,建立智能制造标准具有促进产品质量提高、降低成本、增进效率、提高消费者福利等功能。因此,制定统一的智能制造标准具有积极的价值。

于反垄断法而言,无论是国家有关部门、行业协会还是有关企业,制定或推进制定智能制造标准中的行为可能是合法的行为,通常不构成行政性垄断行为、垄断协议行为。也就是说，只要国家有关部门在制定智能制造标准时不存在滥用行政权力排除、限制竞争，则属于合法行为；行业协会制定有关智能制造标准只要不是为了排除、限制竞争也是可豁免的垄断协议行为；有关企业在推进智能制造标准的制定过程中，只要不存在排除、限制竞争的，也属于正当的行为。但是，如果在智能制造标准制定过程中存在以排除、限制竞争为目的或效果的行为，则属于反垄断法规制的对象，可能构成行政性垄断行为或垄断协议行为。

智能制造标准技术可能构成标准必要专利客体，进而可能引起反垄断法上的关切。若智能制造标准技术构成标准必要专利客体，相关经营者的市场行为是否构成滥用市场支配地位行为还需结合标准必要专利的反垄断法实施方法分析。本研究的主要观点如下。

第一，智能制造标准技术构成标准必要专利客体并不一定能得出经营者拥有市场支配地位。我们知道，知识产权与其他财产权一样属于经营者的财产性权利，因此仅仅从拥有知识产权情况认定经营者具有市场支配地位并不合理。因此，认定智能制造标准专利经营者是否具有市场支配地位还需分析该标准的市场性（标准的市场价值、应用范围和程度）、可替代性、受依赖性、发展性、兼容性等，该标准相关技术的可替代性，交易相对人的转换性和制衡性，该标准技术商品的受依赖性等。

第二，需分析是否存在违反公平、无歧视、合理原则的情形。因此，在分析中需要对智能制造标准技术许可的不同情形进行比较，包括对同一被许可人许可条件的历史比较、对不同被许可人许可情况的横向比较等。只有这样，才能比较合理地分析相关经营者的行为是否构成滥用市场支配地位行为。

第三，在分析中应特别分析智能制造标准技术的特殊性。也就是说，应分析算法、大数据、人工智能技术还处于动态发展中，应从智能制造技术的网络效应和创新发展方面进行分析，应分析经营者对智能技术的控制能力和优势情况。

第四，在证据方面，还应分析经营者的法律行为事实。其中，核心是分析经营者通过诉讼、仲裁、行政救济、谈判程序、许可协议迫使被许可人接受不公平的许可费或其他不合理条件的情况，其中包括分析谈判双方在谈判过程中的行为表现及其体现出的真实意愿、所提出的许可条件、[①]相关标准必要专利条款有关承诺、请求法院或者相关部门作出禁止使用相关知识产权的判决、裁定或者决定对许可谈判的影响和对下游市场竞争和消费者利益的影响等。

二、协同化制造的反垄断法问题

现代制造一般需要诸多经营者的一体化协同。因此,现代制造的特征之一是协同化制造。协同化制造包括上游经营者与下游经营者的制造协同,也包括同一环节制造者的制造协同。从反垄断法的角度看,多个企业之间的协同制造行为是否产生反垄断法上的垄断协议问题值得反思,是否产生反垄断法上的经营者集中问题也值得关注,甚至还需要关注其他反垄断法问题。

当然,协同化制造中最值得关切的是协同制造者之间是否存在垄断协议问题。主要原因是,在协同化制造中,多个经营者会分享各自的相关市场信息。这样,就可能导致经营者在商品价格上达成默契,更有可能在限制新技术应用方面达成协调一致的行动,还可能形成转售价格维持的一致行动。在这种情况下,应根据反垄断法进行处理之。不过,在协同化制造中,当事人因为制造而进行的必要的信息分享不能作为垄断协议的证据,而非必要的信息交流则构成垄断协议的行为证据。此外,更应该分析多个经营者的市场行为如定价是否保持了一致。只有经过综合分析,才能合理认定经营者之间是否因为协同化制造而实施了垄断协议行为。

另一个值得关注的是,协同化制造是否引起了反垄断法上的经营者集中问题。我们知道,经营者集中与垄断协议之间的模糊状态是企业联营。从实质上看,企业联合生产实际上导致相关企业形成了一个相对独立的整体。因此,究竟应以垄断协议制度还是经营者集中制度规制这种情形属于存在争议的问题,尤其出现某个企业能对其他企业施加决定性影响的情况时。本研究认为,随着协同化制造业的发展升级,某个企业对其他参与协同化制造企业的影响越来越大,需要将损害市场竞争的情形纳入经营者集中制度的规制范围。如果出现了

---

① 例如,在高通案中,当事人对过期无线标准必要专利收取许可费、要求被许可人将专利免费反向许可、搭售非无线标准必要专利的行为被认定为滥用市场支配地位行为。参见国家发展和改革委员会〔2015〕1 号行政处罚决定书。

协同化制造企业之间的并购或其他经营者集中行为，经营者集中审查就需要分析集中行为是否减少市场竞争。因此，协同化制造可能导致企业之间的并购加剧。为了促进市场竞争，需要依法阻止减少市场竞争的具有竞争损害的相关经营者集中。

三、个性化定制有关的反垄断法问题

在智能制造时代，商品可以根据消费者的个性化要求而生产。显然，个性化定制使每个消费者的需求最大可能地实现。从反垄断法的角度看，个性化定制相关的问题既可能涉及生产者的滥用市场支配地位行为，如不公平高价、拒绝交易、限定交易、搭售、差别待遇等；也可能涉及多个经营者的垄断协议行为，例如统一定价、转售价格维持等。

不过，只有生产企业具有市场支配地位时，才引起个性化定制相关的滥用市场支配地位行为。对于其中的滥用市场支配地位行为的认定而言，核心是分析经营者的抗辩事由是否正当。消费者的个性化定制，无疑增加了经营者的生产成本，因此这可能是应给予经营者反垄断法适用豁免的正当理由。但是，个性化定制引起的经营者成本增加不应成为经营者滥用市场支配地位行为的杠杆。因此，超过生产成本增加合理范围的情形是经营者构成滥用市场支配地位行为的证据。为此，通过比较不同个性化定制商品的价格和复杂程度，比较不同经营者的个性化定制成本等，可以合理地分析是否存在滥用市场支配地位行为。

个性化定制可能引起反垄断法上的垄断协议问题。原因是个性化定制可能是多个经营者纵向一体化完成的，也可能是横向竞争者协同化生产的。因此，个性化定制中也可能存在经营者之间的垄断协议问题。对此，按照垄断协议的分析原理进行分析即可，不再赘述。

四、智能制造平台的反垄断法问题

智能制造的高级形态是平台制造。这是指，只要消费者在智能制造平台上提出个性化定制需求，智能制造平台就可以组织平台经营者进行生产或自行生产。从这个角度看，当前的标准化商品购物平台可能进化为个性化定制商品生产平台。众所周知，互联网企业亚马逊公司目前在销售商品的同时也在生产网络化产品。可见，未来互联网平台的高级形式将是智能制造互联网平台，或称智能制造平台。

智能制造平台自身既可能是一个独立的制造型企业的平台,也可能是众多制造型企业的聚合平台,而后者则类似于当前的互联网购物平台。从这个角度看,智能制造平台经营者可能构成反垄断法上的市场支配地位经营者。若智能制造平台属于制造型企业聚合平台,则可能引起复杂的反垄断法问题,包括滥用市场支配地位行为、垄断协议、经营者集中问题等。

就智能制造平台相关的滥用市场支配地位行为而言,核心在于需要分析该智能制造平台的相关市场,其中包括智能制造平台之间的竞争状况、智能制造平台与传统制造企业的竞争状况等;该智能制造平台是否具有市场支配地位,其中需要综合分析其市场份额、资本情况、技术情况、市场依赖情况、市场进入难度等,包括智能制造产业的发展状况等;该智能制造平台是否存在滥用行为及其对竞争的损害,包括是否损害其他智能制造平台的竞争,是否损害消费者福利,是否损害社会福利最大化;该智能制造平台的行为是否具有正当理由,例如智能制造效率、智能制造安全、智能制造创新、保护消费者利益等。

就智能制造平台相关的垄断协议问题而言,需要分析是否存在纵向协议和横向协议。不过,其中最为特殊的是智能制造平台可能引起新的垄断协议问题,如智能制造平台与平台内制造者之间的轴辐协议问题。

就智能制造平台相关的经营者集中问题而言,需要分析相关集中是否实质上减少了市场竞争,进而阻止具有竞争损害的集中,促进智能制造行业的竞争性。

五、智能制造工具的反垄断法问题

智能制造工具包括成套型制造设备、3D 打印设备、工业机器人设备、工业制造软件等。从样态看,这些智能制造工具本身是独立的。因此,这些设备可能是专利产品、集成电路布图设计、工业版权作品等。故此,智能制造工具的相关反垄断法问题主要涉及知识产权滥用问题。

若智能制造工具构成标准必要专利客体,则需根据标准必要专利滥用行为的反垄断法分析方法处理相关案件。如果智能制造技术未构成标准必要专利客体,也可能构成其他知识产权客体,包括非标准必要专利、集成电路布图设计、商业秘密或一般技术。因此,对此应进行具体分析。

通常情况下，非标准必要专利智能制造技术的反垄断法实施问题可以采取一般知识产权许可的相关反垄断法实施方法，即按照知识产权与其他财产性权利等视原则、非直接推定市场支配地位原则、个案分析原则等，在界定相关市场的基础上，分析相关行为有关排除、限制市场竞争的影响，并分析相关行为对创新和效率的积极影响等。对于构成商业秘密的智能制造技术的反垄断法实施问题，应做区分分析。在有些情况下，商业秘密具有标准必要专利的实质功能，则需要参照标准必要专利的反垄断法分析方法进行分析；在有些情况下，商业秘密仅仅是一般知识产权，则需要平衡行为的正负效应进行分析。

对智能制造工具的相关滥用行为，需要着重分析智能制造工具的互操作性问题。理由在于，只有从法律上保障促进智能制造工具之间的兼容和可互操作，才能促进智能制造业的高效发展。当然，这需要分析智能制造工具相关行为是否具有正当理由，例如为了智能制造安全、智能制造商品或服务的安全、满足产品功能需要、提高效率等。①

六、智能制造专利联营的反垄断法问题

智能制造是复杂的过程，其可能涉及诸多专利技术的集合应用。因此，在智能制造时代，专利权人可能将专利共同委托给专利联营成员或第三方管理。这样，受托专利联营成员可能集中地将专利许可给有需要的主体使用。这既可以节约许可成本、提高许可效率，也有利于促进技术应用乃至技术创新。在智能制造普遍化后，相关制造技术的专利联营将成为常见现象。

从反垄断法的角度看，智能制造专利联营既可能引起垄断协议问题，也可能引起滥用市场支配地位行为问题。在前者，多个智能制造专利权人可能在专利联营过程中（包括建立联营过程和联营实施过程）达成垄断协议或形成协调一致的行动，对此需要进行处理。此外，在联营专利授权许可过程中，也可能出现垄断行为，如因为许可费条款、交叉许可条款、限制单独许可条款、“一揽子”许可条款、回授条款、非对抗条款等引起不公平高价、搭售、差别待遇等违法行为。

在相关垄断行为的认定分析中，需要分析以下方面：分析联营专利的类型，

---

① 参见王炳：《密码技术滥用行为的反垄断法规制》，载《暨南学报（哲学社会科学版）》2019年第9期。

如是否属于替代性专利、互补性专利、阻却性专利，进而准确界定商品市场、技术市场和创新市场；分析是否存在市场支配地位，其中需要分析联营的性质、组织形式，联营方的情况，联营专利管理方、竞争者、被许可人的情况等；分析是否损害竞争、消费者福利、创新等；分析联营行为的正负影响的比较结果；分析是否存在豁免理由，如是否为了统一标准、是否属于豁免“安全港”范围[①]等。

第三节 先进技术互操作性的反垄断法实施方法

随着“互联网+”经济的发展，先进技术也“互联网+”化，即先进技术的网络化。因此，某一先进技术能否在另一个网络生产服务环境中进行再生产或再运用就是一个难题。这个难题的体现之一是网络化系统中的互操作性问题或兼容问题。[②] 总体而言，互操作性问题既包括横向互操作性问题，也包括纵向互操作性问题。前者是指横向竞争者之间的商品、服务、网络、系统、软件、平台等要素中的一个方面或多个方面是否能兼容应用；后者是指上下游商品、服务、网络、系统、软件、平台等要素中的一个方面或多个方面是否能兼容应用。显然，如果某个企业阻碍互操作性以排除、限制竞争，则其行为可能落入滥用市场支配地位行为的分析。如果是多个企业联合利用互操作性问题阻碍竞争，其行为也可能纳入垄断协议行为的分析，其中涉及横向垄断协议和纵向垄断协议。如果是寡头企业联合利用互操作性阻碍竞争，则滥用市场支配地位行为和垄断协议行为的可能性都存在。总体而言，探讨经营者利用互操作性损害竞争问题显得尤为重要，其核心是分析经营者滥用互操作性引起的反垄断法问题。当然，探讨这一问题的前提是先进技术经营者是否具有市场支配地位。若答案是肯

---

① 国务院反垄断委员会《关于知识产权领域的反垄断指南》第13条规定，属于反垄断执法机构认定的垄断协议，但以下情形属于安全港范围：第一，具有竞争关系的经营者在相关市场的市场份额合计不超过20%；第二，经营者与交易相对人在受到涉及知识产权的协议影响的任一相关市场上的市场份额均不超过30%；第三，如果经营者在相关市场的份额难以获得，或者市场份额不能准确反映经营者的市场地位，但在相关市场上除协议各方控制的技术外，存在4个或者4个以上能够以合理成本得到的由其他经营者独立控制的具有替代关系的技术。

② 国务院办公厅2019年8月1日发布的《关于促进平台经济规范健康发展的指导意见》（国办发〔2019〕38号）指出要“尊重消费者选择权，确保跨平台互联互通和互操作”。

定的，则需要考虑经营者的行为是否构成排他性行为，当然还要分析是否存在相关抗辩理由问题。具体而言，先进技术互操作性引起的反垄断法问题主要有以下方面。

一、互操作性的含义问题

对于互操作性如何理解？一种理解是，互操作性是指单向互操作性，即技术产品的下游产品能与技术产品兼容；另一种理解是，互操作性是指双向互操作性，即技术产品的下游产品不仅能与技术产品兼容，并且技术产品能与技术产品的下游产品形成兼容性。欧盟的一审法院对欧盟委员会的以下观点表示支持：互操作性是两种软件产品交换信息以及相互地使用该信息以允许每种软件产品能以自己的所有设计运行的能力。[①] 可见，第一种互操作性主要是下游产品与上游产品的兼容，主要是指应用软件、应用系统能否在已有软件、系统中得以运用；第二种互操作性则更进一层，其还包括已有软件、系统能兼容应用软件，且要求能达到使上游产品设计得到功能全面实现的程度。

本研究认为，单向互操作性标准虽然没有双向互操作性标准更理想，但其可能是比较好的界定选择。原因是，单向互操作性仅要求技术产品开发者作出必要的兼容即可，无须实现技术产品理想状态下的所有功能，可有效平衡技术产品的开发者与下游产品开发者的利益。否则，则会加重对上游产品的技术负担，对技术产品的开发者产生不利。因此，本研究认为互操作性主要是要求上游产品经营者保证下游产品能在上游产品中得以运用。

二、必需设施理论的适用问题

在互操作性的反垄断法问题中，互操作性相关要素是否是一个必需设施（essential facility）的问题值得关注。欧盟委员会对微软因为未能提供充分、详细的互操作性信息予以罚款，其中重要的理论支撑是微软的接口属于必需设施，因此作为市场支配地位经营者的微软有义务允许其他经营者按照公平、非歧视性的原则接入其接口。但是，由于必需设施理论在美国的适用是不确定

---

① See Microsoft Corp. *v.* Commission, Case T – 201/04, [2007] ECR II – 03601, ECLI: EU: T: 2007: 289, para. 4.

的,因此美国法院可能支持微软的拒绝许可接口信息的正当理由,因为如果它不能收回研发成本,其就不大可能有创新的动力。[①] 在脸书一案中,美国法院也认为,即使存在拒绝接入的行为,也需要分析相关情形是否满足了违反反垄断法的条件。[②]

本研究认为,在某项技术产品出现初期,其下游应用才开始,该技术产品下游领域很难说是一个新相关市场。当该项技术产品及其下游应用越来越广泛时,就会形成一个新的相关市场。于此情形下,某上游产品的接口可能构成必需设施。在这种情况下,采用必需设施理论是合适的。也就是说,必需设施理论的运用是否必要,核心是看相关技术产品的接口是否构成了下游广泛应用的瓶颈。如果答案是肯定的,则可以采取必需设施理论处理相关案件。当然,即使适用必需设施理论,相关经营者开放相关接口信息也不是无限的,而应当是必要的、合理的、有限度的。

有研究指出,互操作性并不是所有情形的最佳解决方案。[③] 有分析认为,必需设施规则可能不一定是合适的。理由是,第一,市场手段有时可以解决互操作性,例如适配器、转化器可能解决互操作性问题。第二,可利用赋予用户数据可携带权以减少非互操作性环境的成本。[④] 本研究认为,在以上两种情况下,必需设施理论的适用缺乏基础。在第一种情况下,市场条件可以解决互操作性问题,因此有关技术产品的接口不构成必需设施;在第二种情况下,法律实际上使互操作性接口的必需设施的性质改变了,使必需设施理论无适用的需要。可见,无论是技术进步的原因,还是法律降低互操作性障碍的原因,都可能使必需设施理论无须适用。

三、知识产权保护问题

在互操作性相关反垄断法问题中,技术产品的知识产权是否是拒绝兼容性

---

① See Pamela Samuelson, *Are Patents on Interfaces Impeding Interoperability*, Minnesota Law Review, Vol. 93:6, p. 1943 – 2019(2009).

② See Federal Trade Commission *v.* Facebook Inc., No. 1:20 – cv – 03590 – JEB, at 33(D. D. C. 2021).

③ See Herbert Hovenkamp, *Antitrust Interoperability Remedies*, Columbia Law Review Forum, Vol. 123, p. 1 – 36(2023).

④ See Wolfgang Kerber & Heike Schweitzer, *Interoperability in the Digital Economy*, Journal of Intellectual Property, Information Technology and Electronic Commerce Law, Vol. 8:1, p. 39 – 58(2017).

的一个理由值得研究。有研究指出，寻找反垄断法实现低价格的目标与知识产权法授予排他权实现社会福利最大化的目标之间的平衡点是不可能实现的任务，人类为了更加富有就应接受垄断价格而保障高水平的持续创新，而不是坚守低价格而威胁新经济的未来。① 有研究指出，如果一个企业知道其不得不分享知识产权，其就不会去创新，因此政府保护竞争者而非竞争是一种成本。②

对此，在当前的反垄断法理论中，已有以下共识。第一，知识产权并不是推定知识产权拥有者具有市场支配地位的直接证据。第二，知识产权并不是经营者排除反垄断法适用的理由。因此，若上游技术产品经营者拥有兼容技术，掌握着下游产品接入系统进而运行的关口，也不能推定该经营者具有市场支配地位。也就是说，拥有知识产权并不意味着拥有市场支配地位。理由是，知识产权产品之间存在竞争性，在相关市场中，某种上游技术产品的存在不一定是具有市场支配地位的定然证据。

当然，若经营者拥有知识产权且具有市场支配地位，上游技术产品经营者的行为则应被纳入反垄断法的调整范围。也就是说，上游技术产品经营者拥有互操作性产品的知识产权并不能作为其拒绝开放兼容性端口的理由。原因在于，知识产权的行使应在合理的范围内进行，超过限度的知识产权行使行为可能排除、限制竞争，进而可能构成垄断行为。故此，拥有知识产权并不能成为经营者可以拒绝互操作性的理由。进言之，即使产品的互操作性技术构成标准必要专利客体，其经营者也应遵守反垄断法的基本要求，应使该技术实施合乎反垄断法上的开放和许可要求。

四、创新保护问题

在互操作性的反垄断法问题中，相关创新保护的难题在于：若对上游技术产品的经营者提出较高的兼容性要求，是否损害下游产品经营者对创新的投入？若对上游技术产品的经营者提出较低的兼容性要求，是否阻碍其投入创新？

---

① See Alan Devlin, Michael Jacobs & Bruno Peixoto, *Success, Dominance, and Interoperability*, Indiana Law Journal, Vol. 84:4, p. 157 - 1202 (2009).

② See Thomas O. Barnett, *Interoperability between Antitrust and Intellectual Property*, George Mason Law Review, Vol. 14:4, p. 859 - 870 (2007).

产生第一种担忧的理由在于，若按照较高程度的兼容性标准，例如要求上游技术产品的经营者开放互操作性的全面信息和参数，则可能使下游产品经营者能够复制应用程序软件，甚至与上游技术产品经营者开展竞争。因此，较高标准的互操作性要求可能减少下游产品经营者的创新投入，进而损害市场创新。产生第二种担忧的理由在于，若对上游技术产品的经营者提出较低的兼容性要求，可能其会利用技术优势，懈怠于创新投入，甚至阻碍其他经营者的创新投入。

本研究认为，维护创新是人类社会发展的重要方式。理想的方式应是保持上游技术产品的继续创新，也有利于下游产品的创新。理性地看，在“互联网+”经济的背景下，消费者倾向于选购兼容性较高的产品。[①] 原因在于，技术产品也具有网络效应，较高兼容性的产品可能成为注意力经济的“赢者通吃者”的助推器。因此，即使我们的制度是为了保持必要的兼容性，经营者也可能提高技术产品兼容性的程度。但无论如何，互操作性制度应在上游产品经营者与下游产品经营者之间维持合理的利益平衡，需要按照必要、合理、公平、比例原则处理互操作性的程度问题。

五、救济执行问题

在互操作性的反垄断法实施中，可能的救济有：一是责令经营者提供完全的接口信息、代码、参数；二是责令经营者提供必要的接口信息、代码、参数；三是当事人按合同许可使用接口信息、代码和参数。前两种都是法定义务模式，第三种是合同模式。而核心问题是，互操作性是一个技术问题，即何种接口信息、代码、参数才可满足互操作性的要求。无论采取法定义务模式还是合同模式，都存在互操作救济程度的裁决认定问题。如果采取法定义务模式，则可能需要反垄断法实施机构解决这一技术难题。若采取合同模式，[②]解决纠纷的手段还包括和解、仲裁等方式。

其中，如果由反垄断执法机构对互操作性问题进行裁判，则带来反垄断监

① 参见魏立舟：《标准必要专利情形下禁令救济的反垄断法规制——从“橘皮书标准”到“华为诉中兴”》，载《环球法律评论》2015年第6期。

② 微软公司就曾通过该方式促进其产品的互操作性。See U. S. *v.* Microsoft Corporation, No. 98 - 1232 (CKK), at. 8 (D. D. C. 2007).

管问题。显然,有必要在思维上进行调整。[①] 原因是,要求某一经营者对其竞争者提供互操作服务,或要求某一经营者对消费者等提供互操作服务,存在实现该服务的标准问题。也就是说,经营者履行互操作义务的边界需要明确。然而,由于科技仍在不断发展中,该义务边界的确定非常困难。因此,若将反垄断执法机构确定为互操作义务的裁判者,具体裁判可能难以操作,除非得到专业技术人员的支持。这就是美国拟在联邦贸易委员会下设立专门技术机构,由其执行互操作标准的原因。值得注意的是,从严格意义上说,某一经营者对其竞争者的互操作义务与该经营者对消费者的互操作义务应有所不同。理由是,不同的主体期待得到互操作服务的内容不同,法律保护的法益也有一定的差异。这样,经营者的互操作义务的实际执行就需要有类型化的标准。

从公平的角度看,法律应该确立一个基准,即互操作性是以必要、合理、公平、比例为原则的。其中,核心是必要性原则。在此基础上,当事人可以采取合同的方式许可使用互操作性技术。但是,无论如何,完全许可的要求(a "license-to-all" requirement)是不必要的,即使是华为案中也未存在此类要求。[②] 其中主要的原因是要进行利益平衡,尤其是知识产权利益的平衡。故有研究指出,尽管反垄断法可以赋予消费者获得互操作性的权利,但如何协调其与知识产权法的关系是一个问题。[③] 从执行角度看,当事人既可以在许可合同中约定尊重互操作性产品知识产权的条款,也可以约定宽于互操作性产品范围的许可及其纠纷解决条款。这样,就能够很好地解决互操作性产品许可的难题。

第四节 算法合谋行为的反垄断法实施方法

在反垄断法中,合谋行为的认定问题非常复杂。随着算法的广泛应用,算

---

① See Philip J. Weiser, *Regulating Interoperability: Lessons from AT&T, Microsoft, and Beyond*, Antitrust Law Journal, Vol. 76:1, p. 271 – 306(2009).

② See Bjorn Lundqvist, *Standardization for the Digital Economy: The Issue of Interoperability and Access under Competition Law*, Antitrust Bulletin, Vol. 62:4, p. 710 – 725(2017).

③ See Deana Sobel, *A Bite out of Apple-iTunes, Interoperability, and France's Dadvsi Law*, Berkeley Technology Law Journal, Vol. 22:1, p. 267 – 292(2007).

法合谋的反垄断法实施问题也随之而来。对此,无论是在理论界还是实践界,均存在诸多争议。为此,本研究从算法合谋行为的类型化问题、算法合谋行为的认定方法问题、算法合谋行为的责任主体问题三个方面进行分析。

一、算法合谋行为的类型化问题

算法合谋,也称算法共谋,有广义和狭义之分。从广义看,凡是与算法有关的共谋都属于算法合谋,具体包括以下一种或多种情形:一是通过算法达成共谋;二是通过算法执行共谋;三是通过算法监督共谋;四是算法之间自主共谋等。因此,广义的算法合谋既包括经营者将算法作为合谋工具的情形,也包括算法自主地从事合谋的情形。从狭义看,算法合谋仅仅是指算法自主地从事合谋的行为。总体而言,学界更多采用广义的算法合谋概念,通常将经营者利用算法进行共谋的行为和算法自主进行的合谋行为进行总体分析。不过,这是值得商榷的。

对于算法合谋的类型化,四类型分类法影响较大,其将算法合谋分为信使型(messenger)、轴辐型(hub and spoke)、预测型(predictable agent)、数字眼型(digital Eye)四类。[①] 信使型合谋指的是人达成卡特尔后利用计算机帮助执行和监督卡特尔;轴辐型合谋指的是通过单一算法统一决定众多经营者所采用的市场价格的共谋;预测型合谋涉及通过算法对市场进行预测并作出反应的共谋;数字眼型合谋指的是竞争者通过算法实现设定目标如利益最大化的共谋。[②]

就我国法律而言,算法合谋需要纳入协议、决定和协同行为的分析框架中。显然,经营者之间通过算法达成协议、执行协议、监督协议的行为都属于协议型垄断协议;经营者组织通过算法作出统一决定实施卡特尔则属于决定型垄断协议;对于经营者之间虽未明确订立协议或者经营者组织未作出决定,但实质上其存在通过算法协调一致的行为,则属于协同行为。

---

① See Ariel Ezrachi & Maurice E. Stucke, *Artificial Intelligence & Collusion: When Computers Inhibit Competition*, University of Illinois Law Review, Vol. 2017:5, p. 1775 – 1810 (2017).

② See Ariel Ezrachi & Maurice E. Stucke, *Artificial Intelligence & Collusion: When Computers Inhibit Competition*, University of Illinois Law Review, Vol. 2017:5, p. 1775 – 1810 (2017).

值得注意的是,算法合谋行为既可能是竞争者之间的横向垄断协议行为,[①]也可能是经营者之间的纵向垄断协议行为。[②] 但是,随着“互联网+”经济的复杂化,算法合谋行为既可能含有横向垄断协议行为,也可能含有纵向垄断协议行为,且二者有时难以区分。于此,组织帮助型垄断协议的新范畴就得以产生。一些研究者提出我国法律应对该行为予以规定。[③] 为此,我国《反垄断法》第19条、[④]第56条第2款[⑤]进行了回应。不过,我国《反垄断法》新设的垄断协议组织帮助条款仍存在缺陷,需要补救。[⑥] 本研究认为,对于某一算法合谋行为,究竟是归入横向垄断协议行为,还是归入纵向垄断协议行为,又或是归入组织帮助型垄断协议行为,应根据个案情况,具体问题具体分析。对于横向垄断协议行为与纵向垄断协议行为区分意义不大的,或不宜区分且可归入组织帮助型垄断协议行为的,可以按照组织帮助型垄断协议行为的类型进行分析。

二、算法合谋行为的认定方法问题

对于算法合谋行为的认定方法,应根据算法合谋的具体类型进行分析。一

---

① 我国《禁止垄断协议规定》第13条规定,具有竞争关系的经营者不得利用数据和算法、技术以及平台规则等,通过意思联络、交换敏感信息、行为协调一致等方式,达成本规定第8条至第12条规定的垄断协议。

② 我国《禁止垄断协议规定》第15条规定,经营者不得利用数据和算法、技术以及平台规则等,通过对价格进行统一、限定或者自动化设定转售商品价格等方式,达成本规定第14条规定的垄断协议。(该规定第14条规定,禁止经营者与交易相对人就商品价格达成下列垄断协议:第一,固定向第三人转售商品的价格水平、价格变动幅度、利润水平或者折扣、手续费等其他费用;第二,限定向第三人转售商品的最低价格,或者通过限定价格变动幅度、利润水平或者折扣、手续费等其他费用限定向第三人转售商品的最低价格;第三,通过其他方式固定转售商品价格或者限定转售商品最低价格。对前款规定的协议,经营者能够证明其不具有排除、限制竞争效果的,不予禁止。)

③ 参见戴龙:《论组织帮助型垄断协议的规制——兼议我国〈反垄断法〉的修订》,载《法学评论》2021年第1期;郝俊淇:《论我国垄断协议类型序列的立法完善》,载《中国政法大学学报》2022年第1期。

④ 该条规定,经营者不得组织其他经营者达成垄断协议或者为其他经营者达成垄断协议提供实质性帮助。

⑤ 该款规定,经营者组织其他经营者达成垄断协议或者为其他经营者达成垄断协议提供实质性帮助的,适用前款规定。(该款的前款的规定是,经营者违反本法规定,达成并实施垄断协议的,由反垄断执法机构责令停止违法行为,没收违法所得,并处上一年度销售额1%以上10%以下的罚款,上一年度没有销售额的,处500万元以下的罚款;尚未实施所达成的垄断协议的,可以处300万元以下的罚款。经营者的法定代表人、主要负责人和直接责任人员对达成垄断协议负有个人责任的,可以处100万元以下的罚款。)

⑥ 参见王玉辉:《垄断协议组织帮助行为条款缺陷及其补救》,载《法学》2023年第2期;焦海涛:《垄断协议达成中的组织与帮助行为》,载《中州学刊》2023年第2期。

般而言,具有“协议”性质和具有“决定”性质的算法合谋行为比较容易认定。例如,若经营者之间达成“协议”后或经营者组织作出“决定”后交算法去执行“协议”或“决定”,则算法是算法合谋行为的执行工具。对此行为,只要根据“协议”或“决定”的卡特尔认定方法认定即可。比较复杂的情况是具有“协同”性质的算法合谋行为的认定。

在协同行为的认定方法中,附加因素论、促进行为论、信息交流论是经典的认定方法。就算法合谋而言,一些研究沿着传统协同行为的认定思路进行分析。第一,有的认为算法可能构成附加因素。有分析认为,尽管算法的类型是无穷的,但具有一定特点的定价算法可以看作附加因素,[①]如预测类算法和自我学习类算法中的算法设计可能构成附加因素。[②] 第二,有的认为促进行为理论可以有效应对算法合谋。理由是,因为促进行为包括竞争者交流、帮助共谋的价格策略、内部封锁、建立定价体系等,而算法通过其数据收集等功能可增加市场透明度,使竞争者能及时调整自己的行为以与竞争者的行为匹配,也能惩罚寡头市场中的价格偏离者。即使信息交换不能证明为协同行为,还可以采用滥用共同市场支配地位方法处理对市场具有负面影响和导致默示共谋的算法行为,因为共同市场支配是一种可观察的、外化的共谋,故可将市场支配地位的概念应用于促进行为。[③] 我国也有研究认为,“发生在寡头市场并在不同功能算法助力下实施的明示共谋和默示共谋,可以分别适用垄断协议制度和滥用共同市场支配地位制度”,因为经营者就遏制竞争“达成共识”后,就进入了他们共同采用排他行为、剥削行为等滥用共同市场支配地位的阶段。[④] 故共同市场支配地位制度“对新兴行业规制具有特殊意义”。[⑤] 第三,有的从信息交流角度分析算法合谋。有的研究认为,“算法在达成共谋之前,会通过网络收集数据,根据收

---

① See Catalina Gonzalez Verdugo, *Horizontal Restraint Regulations in the EU and the US in the Era of Algorithmic Tacit Collusion*, UCL Journal of Law and Jurisprudence, Vol. 7: 1, p. 114 - 141(2018).

② See Michal S. Gal & Niva Elkin-Koren, *Algorithmic Consumers*, Harvard Journal of Law & Technology, Vol. 30:2, p. 309 - 354(2017).

③ See Catalina Gonzalez Verdugo, *Horizontal Restraint Regulations in the EU and the US in the Era of Algorithmic Tacit Collusion*, UCL Journal of Law and Jurisprudence, Vol. 7:1, p. 114 - 141(2018).

④ 参见时建中:《共同市场支配地位制度拓展适用于算法默示共谋研究》,载《中国法学》2020 年第 2 期。

⑤ 参见张晨颖:《共同市场支配地位的理论基础与规则构造》,载《中国法学》2020 年第 2 期。

集到的数据进行分析并制定相应的策略,另一种算法也会实施同样行为”,因此可“将算法间的信息交流视为意思联络的一种形式”。[①] 有的研究认为,算法、机器学习和区块链技术可能通过公开或私密地释放信息信号实现共谋,以达到超出竞争水平的均衡,反垄断法认定的核心是审查信息信号这一交流要素即可,无须认定其中是否存在知情、反竞争故意。[②]

此外,知悉分析法也是一种认定算法协同行为的方法。例如,在 2016 年的 Eturas 一案中,欧盟法院采用假定知悉规则认定算法协同行为。[③] 而在 2016 年优步一案中,美国法院则采用推定知悉分析方法认定算法协同行为。[④] 我国《关于平台经济领域的反垄断指南》也支持采用知悉分析方法认定算法协同行为,支持根据间接证据认定经营者对相关信息的知悉状况,进而判定经营者之间是否存在协同行为。[⑤] 然而,根据我国国家市场监管总局 2023 年 3 月公布的《禁止垄断协议规定》第 6 条的规定,[⑥]认定算法协同行为需考虑市场行为的一致性、意思联络或者信息交流情况、市场环境因素、正当理由四个方面。因此,“知悉”仅仅是算法协同行为认定中的一个方面。

本研究认为,对于算法协同行为的认定,需要考虑目的违法或效果违法的不同情形进行分析。其中,涉及算法层面的,可分析算法设计、算法工具、算法过程、算法结果等,分析经营者能否对相关算法作出合理解释,进而认定是否存在算法协同行为。不过,值得指出的是,相关算法是否合理可能是更为关键的

---

① 参见殷继国等:《人工智能时代算法共谋的规制困境及其破解路径》,载《华南理工大学学报(社会科学版)》2020 年第 4 期。

② See Stefan Thomas, *Harmful Signals-Cartel Prohibition and Oligopoly Theory in the Age of Machine Learning*, Journal of Competition Law & Economics, Vol. 15:2 – 3, p. 159 – 203(2019).

③ See “Eturas” UAB and Others *v.* Lietuvos Respublikos konkurencijos taryba, Case C – 74/14, ECLI:EU:C:2016:42, paras. 7 – 11 & 50.

④ See Meyer *v.* Kalanick, No. 1:15 – cv – 09796 – JSR, at 12 – 13 (S. D. N. Y. 2016).

⑤ 国务院反垄断委员会 2021 年 2 月 7 日发布的《关于平台经济领域的反垄断指南》第 2 章关涉算法协同行为的认定问题,其中第 9 条阐明:认定平台经济领域协同行为,可以通过直接证据判定是否存在协同行为的事实。如果直接证据较难获取,可以根据《禁止垄断协议暂行规定》第 6 条规定,按照逻辑一致的间接证据,认定经营者对相关信息的知悉状况,判定经营者之间是否存在协同行为。经营者可以提供相反证据证明其不存在协同行为。值得说明的是,《禁止垄断协议暂行规定》已被废止。相应的替代性规定《禁止垄断协议规定》第 6 条规定,认定其他协同行为,应当考虑下列因素:第一,经营者的市场行为是否具有一致性;第二,经营者之间是否进行过意思联络或者信息交流;第三,经营者能否对行为的一致性作出合理解释;第四,相关市场的市场结构、竞争状况、市场变化等情况。

⑥ 该条规定的内容见上注。

因素。对此,可能需要通过更先进的算法对经营者算法进行解释。

三、算法合谋行为的责任主体问题

一般而言,在算法合谋行为中,所有参加合谋者应承担法律责任。由此看来,算法的使用者、参与者一般是算法合谋行为的责任主体。可问题是,算法合谋的反垄断法责任是否涉及算法设计者?或言之,算法设计者是否应承担算法合谋责任?有研究认为,算法设计者等第三人对算法合谋提供了便利条件,对算法合谋也有"贡献",故应承担相关责任。①

本研究认为,算法设计者是否承担算法合谋责任应进行具体分析。若算法设计者与算法使用者非为同一主体,算法设计并不是为了算法合谋而设计,其也并未参与算法合谋行为,则算法设计者无须承担算法合谋责任。但是,算法设计者可能在以下情形中须承担算法合谋责任:一是经明示或暗示委托为算法合谋而设计算法;二是知悉受托设计算法存在算法合谋目的;三是直接参与算法使用者实施的算法合谋行为;四是为算法合谋行为提供帮助,包括提供技术支持、数据服务等。

此外,算法合谋中存在轴心合谋者和非轴心合谋者问题。也就是说,在轴辐型算法合谋中,网络平台等主体可能处于算法合谋的轴心地位,其是算法合谋的组织者、操纵者、协调者甚至是胁迫者,在算法合谋中起主要作用,对其处罚应依法从重处理。而对于被动参与算法合谋者,若能采取与算法合谋相反的行为,尤其是向反垄断法实施机构举报的,在处理中应依法从轻或依法免予处罚。②

---

① 参见杨文明:《算法时代的垄断协议规制:挑战与应对》,载《比较法研究》2022 年第 1 期。

② 我国《禁止垄断协议规定》第 47 条规定,经营者根据本规定第 37 条主动向反垄断执法机构报告达成垄断协议的有关情况并提供重要证据的,反垄断执法机构可以按照下列幅度减轻或者免除对其处罚:对于第一个申请者,反垄断执法机构可以免除处罚或者按照不低于 80% 的幅度减轻处罚;对于第二个申请者,可以按照 30% 至 50% 的幅度减轻处罚;对于第三个申请者,可以按照 20% 至 30% 的幅度减轻处罚。在垄断协议达成中起主要作用,或者胁迫其他经营者参与达成、实施垄断协议,或者妨碍其他经营者停止该违法行为的,反垄断执法机构不得免除对其处罚。负有个人责任的经营者法定代表人、主要负责人和直接责任人员,根据本规定第 37 条主动向反垄断执法机构报告达成垄断协议的有关情况并提供重要证据的,反垄断执法机构可以对其减轻 50% 的处罚或者免除处罚。

第五节　未达到申报标准的经营者集中的反垄断法实施方法

在反垄断法中，对未达到申报标准的经营者集中的规制关涉反垄断法实施机构的“剩余管辖权”，[①]攸关公共利益，也攸关集中当事人的权利义务以及其他经营者、消费者的合法权益，故应规范为要。近年来发生的诸多“互联网 + ”经济领域的经营者集中案件，[②]有的涉及未达到申报标准但具有或者可能具有排除、限制竞争效果问题，“社会各界呼吁反垄断执法机构在经营者集中审查中强力干预的呼声不绝于耳”[③]。可见，随着“互联网 + ”经济的快速发展，为防止资本无序扩张，迫切需要对未达到申报标准的经营者集中行为进行合理规制。

一、未达到申报标准的经营者集中的规制起因

（一）事前申报：经营者集中规制的通行做法

众所周知，对经营者集中进行反垄断审查的目的在于防止竞争的不当减少或窒息。因此，从某种意义上说，任何经营者集中都不能排除竞争损害嫌疑。故在理论上，反垄断执法机构有权规制一切经营者集中。从起源看，经营者集中规制并不存在所谓达到申报标准与未达到申报标准的二元区分。从历史看，经营者集中规制主要起源于 1950 年美国《塞勒—凯弗维尔法》对《克莱顿法》第 7 条的修订。根据该修订，美国反垄断执法机构有权对反竞争合并提起诉讼。[④]此后，美国的经营者集中反垄断法规制完全由反垄断执法机构主导，但其也不拒绝经营者自愿申报以提高程序效率。这就能保证任何经营者集中都可落入反垄断执法机构的规制范围。这就是为何目前仍有少数国家实行无申报义务

① 王先林：《我国反垄断法修订完善的三个维度》，载《华东政法大学学报》2020 年第 2 期。

② 如“滴滴”“快的”集中案、“58 同城”“赶集网”集中案、“美团”“大众点评”集中案、“携程”“艺龙”集中案、“携程”“去哪儿”集中案、“百合网”“世纪佳缘”集中案等。

③ 孙晋：《谦抑理念下互联网服务行业经营者集中救济调适》，载《中国法学》2018 年第 6 期。

④ See Mikhail S. Kouliavtsev, *Measuring the Extent of Structural Remedy in Section 7 Settlements: Was the US DOJ Successful in the 1990s?*, Review of Industrial Organization, Vol. 30:1, p. 1 – 27(2007).

体制规制经营者集中的原因。例如，在英国，企业合并没有强制性申报标准，执法机构有权启动对任何合并的审查——无论当事人是否自愿申报合并。① 在澳大利亚，合并申报也采取自愿申报制，虽然竞争和消费者委员会公布了指引性申报标准以帮助合并当事人决定是否申报，但无论合并是否超过指引性申报标准，都不能阻止委员会调查且在必要时采取法律行动。② 在智利，因为没有强制性合并申报制度，竞争法庭可干预已完成交易的合并和未完成交易的合并。③

值得指出的是，实行无申报义务制的经营者集中规制模式可能更多是事后规制模式。也就是说，诸多经营者集中规制可能是在集中交易完成后进行的。这就带来了经营者集中规制是否有效的问题。对此，一项研究指出，在1960 年以前的美国 39 个经营者集中事后救济案中，有 35 个案件未能及时建立起独立的竞争者；另一项研究指出，1960 年至 1980 年的 104 个案件中的80% 的剥离是不成功的；上述两项研究都指出，这些剥离通常在合并完成 5 年以后才进行。④ 因此，美国早期合并后调查体制被认为是不合理的。⑤ 于是，为了解决合并后规制的企业、法院和市场的实质成本增加问题，美国于 1976 年制定了《哈特—斯科特—罗迪诺反垄断改进法》(The Hart-Scott-Rodino Antitrust Improvements Act)(简称 HSR 法案)，规定达到申报标准的企业并购须进行事前申报。⑥ 这种体制建立申报标准，达到申报标准的合并须进行申报，而对于未达到申报标准的则进行例外规制。这样，美国的合并规制就从事后诉讼规制向事前行政规制转型。⑦ 因此，从经营者集中控制制度的沿革看，以事后控制为中

---

① See United Kingdom, *Investigations of Consummated and Non-Notifiable Mergers* (Submission to the OECD Working Party No. 3 on Co-operation and Enforcement), 25 February 2014, para. 12.

② See Australia, *Investigations of Consummated and Non-Notifiable Mergers* (Submission to the OECD Working Party No. 3 on Co-operation and Enforcement), 25 February 2014, paras. 8 – 10.

③ See Chile, *Investigations of Consummated and Non-Notifiable Mergers* (Submission to the OECD Working Party No. 3 on Co-operation and Enforcement), 25 February 2014, paras. 7 – 9.

④ See *the Staff of the Bureau of Competition of the Federal Trade Commission*, U. S., A Study of the Commission's Divestiture Process, 1999, p. 1, note 3.

⑤ See David Givensky, *Investigating Consummated Mergers: The Antitrust Agencies' Shift Toward a Retroactive Enforcement Policy*, Review of Banking & Financial Law, Vol. 32:1, p. 88 – 97(2012).

⑥ See Scott A. Sher, *Closed but Not Forgotten: Government Review of Consummated Mergers Under Section 7 of the Clayton Act*, Santa Clara Law Review, Vol. 45:1, p. 41 – 98(2004).

⑦ See William E. Kovacic, Petros C. Mavroidis & Damien J. Neven, *Merger Control Procedures and Institutions: A Comparison of EU and U. S. Practice*, Antitrust Bulletin, Vol. 59:1, p. 55 – 110(2014).

心的体制向事前控制为中心的体制转变是基本趋势。以下制度变革更说明了这一点:德国曾于1998年通过修订《反限制竞争法》将合并事前申报和合并事后登记制调整为单一的合并事前申报制;[①]日本曾并行采用企业并购事前申报制度与事后申报制度,但2009年后其积极向合并事前申报制度转向;[②]俄罗斯对部分集中实行事前申报制,对部分集中采取事后申报制,[③]但2013年启动的改革希望废止部分集中的事后申报制。[④] 因此,从目前大多数国家或地区的实践看,采取有强制申报标准的经营者集中事前审查制的国家或地区居多。[⑤] 主要理由是,经营者集中反垄断法规制的核心目的是防止垄断力聚集,而聚集垄断力只有达到一定规模的企业并购才能实现,故对一定规模以上的经营者集中进行规制是关键。我国也采取这一做法,规定达到一定标准的经营者集中须进行事前申报,反垄断执法机构有相应审查职责。

(二)围捕“漏网之鱼”:反垄断法规制未达到申报标准的经营者集中的正当性

在理论上,对经营者集中虽然采取具有强制性申报标准的事前申报审查制具有一定的合理性,但也不能排除这样的情形,即未达到申报标准的经营者集中也可能限制或窒息竞争。这样,反垄断法规制未达到申报标准的经营者集中就有了正当性。从经营者集中申报标准与经营者集中审查的关系看,强制性申报标准仅仅是将具有较大垄断风险的经营者集中框定于反垄断执法机构的规制范围中,但低于强制性申报标准的经营者集中并非完全没有排除、限制竞争的可能。因此,授权反垄断执法机构对未达到申报标准的经营者集中予以规制,

---

① 参见涂卫:《反垄断法规制企业合并的控制程序比较:美国与德国——兼评〈反垄断法〉草案的相关规定》,载《重庆工商大学学报(社会科学版)》2004年第4期。

② 参见郭宗杰:《日本禁止私人垄断及确保公正交易法最新发展研究》,载《价格理论与实践》2010年第8期。

③ See Terry Calvani & Karen Alderman, *BRIC in the International Merger Review Edifice*, Cornell International Law Journal, Vol. 43:1, p. 73 – 146(2010).

④ See Federal Antimonopoly Service of the Russian Federation, *The State Duma Adopted Amendments to the Law "On Protection of Competition" Abolishing Post-Merger Control* (Press Releases), 17 December 2013.

⑤ See Daniel A. Crane, *Rethinking Merger Efficiencies*, Michigan Law Review, Vol. 110:3, p. 347 – 392 (2011).

可以“相机”调整申报标准的实施强度和具体程序,弥补“静态”申报标准的不足。[①]

因此,实行强制性申报标准的诸多国家或地区并没有放弃对未达到申报标准的经营者集中的规制。在美国,根据《克莱顿法》第7条,无论股权或资产并购是否需要根据HSR法案的要求进行事前申报,反垄断执法机构皆有权对企业并购提起指控,该指控可在并购交易完成前进行,也可在并购交易完成后进行。理由是,《克莱顿法》第7条先于HSR法案制定,因此即使在HSR法案规定了强制性申报标准的情况下,不符合HSR法案的小规模合并也不能免除反垄断审查。[②] 例如,Twin America案、St. Luke's Health Sys案、Bazaarvoice案皆是如此。[③] 据统计,自2010年至2019年,美国的未达到申报标准合并实施案达125件,占全部合并案件的17.9%。[④] 这表明,美国近年来的非HSR案件数量有所增长,其中奥巴马政府就指控了十余件相关案件。[⑤] 在欧盟,根据1989年《企业集中控制条例》第22条第3款至第5款,经成员国请求,共同体委员会可启动对没有欧盟维度的企业集中的调查,并可采取严格必要的措施以保持或重塑该成员国的有效竞争。因此,共同体委员会可审查相关集中以裁决该集中是否产生或加强了相关经营者在某一成员国的市场支配地位,是否影响成员国之间的贸易。例如,过去荷兰、比利时、卢森堡等没有合并控制制度的国家曾请求共同体委员会适用该条款以保护本国经济。[⑥] 而根据欧盟2004年《企业集中控制条例》第4条第5款和第22条,若一项集中不具有共同体属性,且不能根据至少3个成员国的法律进行审查的,当事人或企业可在向有关机构申报前请求

① 参见徐瑞阳:《论经营者集中申报标准实施机制的完善》,载《法学家》2016年第6期。

② 参见美国律师协会反垄断分会编:《美国并购审查程序暨实务指南》(第3版),李之彦、王涛译,北京大学出版社2011年版,第217~218页。

③ See U. S. and State of New York *v.* Twin America LLC, No. 1:12-cv-08989-ALC-GWG (S. D. N. Y. 2012); FTC and State of Idaho *v.* St. Luke's Health Sys., Ltd., No. 1:12-cv-00560-BLW-REB (D. Idaho 2013); U. S. *v.* Bazaarvoice, Inc., No. 3:13-cv-00133-WPO (N. D. Cal. 2014).

④ See U. S. Department of Justice, *Antitrust Division Workload Statistics Fy* 2010-2019, U. S. Department of Justice, https://www.justice.gov/atr/file/788426/download,访问日期:2023年9月24日。

⑤ See Gavin Robert, *Merger Control Procedure and Enforcement: An International Comparison*, European Competition Journal, Vol. 10:3, p. 523-550(2014).

⑥ See Otto Sandrock & Elke van Arnheim, *New Merger Control Rules in the EEC*, *International Lawyer* (*ABA*), Vol. 25:4, p. 859-874(1991).

欧盟委员会审查；同时，若一项集中不具有共同体属性，一个或多个成员国可请求欧盟委员会审查。因此，尽管未达到数额标准的企业集中不受欧盟委员会管辖是一项基本原则，但在特殊情况下欧盟委员会也可处理该类集中。[①] 例如，Promatech/Sulzer 案、GE/Unison 案、GE/Agfa NDT 案都没有达到欧盟的申报标准，但欧盟委员会都进行了集中审查。[②] 因此，欧盟在特殊情况下可对未达到申报标准的企业集中进行审查。不仅如此，欧盟近年来又准备引入非控股少数股权并购审查规则（review of non-controlling minority shareholding acquisitions）[③]和交易额标准（deal-size based thresholds）[④]以对低于申报标准的企业集中进行审查。在瑞典，1997 年的法律修订就引入了未达到申报标准的经营者集中规制规则，即若存在特殊理由，执法机构可以要求当事人申报集中，当事人也可以自愿申报，反垄断执法机构可以在正式申报前联系当事人，以讨论中止交易和集中的实施问题。[⑤] 在挪威，根据其《竞争法》第 18 条的规定，无论是否达到营业额标准，竞争当局有权审查任何经营者集中。此外，冰岛和爱尔兰也有授权对媒体等特殊行业的未达到申报标准的经营者集中进行审查的规则。[⑥] 在加拿大，《竞争法》授权竞争专员审查和指控所有行业所有规模的合并，即使某项合并低于申报标准，例如 2011 年的 Landfills Merger 案、Airlines JV 案皆是如此，[⑦] 法庭后来还命令采取集中实施后的剥离措施。[⑧] 在日本，无论合并是否申报，若

---

① See European Union, *Investigations of Consummated and Non-Notifiable Mergers* (Submission to the OECD Working Party No. 3 on Co-operation and Enforcement), 25 February 2014, paras. 6 - 7.

② See Ariel Ezrachi, *EU Competition Law: An Analytical Guide to the Leading Cases*, Hart Publishing, 2014, p. 290.

③ See Jakub Kociubinski, *Proposed Review of Non-Controlling Minority Shareholding Acquisitions under the EU Merger Regulation*, European Networks Law and Regulation Quarterly, Vol. 2015:3, p. 164 - 175 (2015).

④ See Cormac O'Daly, *Major Developments in EU Merger Control* (2016), Competition Law & Policy Debate, Vol. 3:1, p. 4 - 23 (2017).

⑤ See Sweden, *Investigations of Consummated and Non-Notifiable Mergers* (Submission to the OECD Working Party No. 3 on Co-operation and Enforcement), 25 February 2014, para. 16.

⑥ See Marianne Henne Moller & Simen Klevstrand, *Alarm Case Signals Increased Risk of Post-Closing Merger Review*, European Competition and Regulatory Law Review, Vol. 2:4, p. 296 - 298 (2018).

⑦ See Canada, *Investigations of Consummated and Non-Notifiable Mergers* (Submission to the OECD Working Party No. 3 on Co-operation and Enforcement), 25 February 2014, para. 8.

⑧ See Paul Collins & Michael Laskey, *Striking the Right Balance: 25 Years of Merger Review in Canada*, Canadian Competition Law Review, Vol. 25:2, p. 419 - 434 (2012).

合并实质上限制竞争,《禁止垄断法》皆禁止之,因此即使某项合并计划未达到申报标准也可能受到审查。[①] 在巴西,根据《竞争法》第88条第7款,在合并交易完成后1年内,竞争执法机构有权要求经营者提交未达到申报标准企业合并的材料。在墨西哥,根据《联邦经济竞争法》第65条第2款和第86条第3款第4段,对于未达到申报标准的合并未申报的,联邦经济竞争委员会有权在合并实施后1年内审查该合并,未达到申报标准合并的当事人也可向联邦经济竞争委员会自愿申报。在南非,根据《竞争法》第13条第2款,一项小规模合并的一方当事人可在任何时间自愿向竞争委员会申报合并。在我国,《反垄断法》第26条第2款、第3款正式将未达到申报标准的经营者集中纳入反垄断法的规制范畴。[②]

综上可见,若未达到申报标准的经营者集中具有或可能具有竞争损害,无论集中是否已经完成实施,对其进行规制皆具有正当性。正因如此,诸多典型国家或地区也明确规定了对未达到申报标准的经营者集中的规制规则。可见,我国对未达到申报标准但具有或者可能具有排除、限制竞争效果的经营者集中进行规制也是合理的。

二、未达到申报标准的经营者集中的规制困境

理论界对未达到申报标准但具有或可能具有排除、限制竞争效果的经营者集中的规制分别支持不同的规制模式,我国的相关规则和其他国家或地区的规则或实践也采用不同的规制模式。以下进行具体检视。

(一)三类规制模式

1. 违法调查模式

对未达到申报标准的经营者集中采用涉嫌违法垄断行为调查程序处理的主要理由可能在于,无论是经营者集中行为,还是滥用市场支配地位行为,还是垄断协议行为,在反垄断法规制过程中都要判断市场行为对竞争的损害,即是

---

① See Japan, *Investigations of Consummated and Non-Notifiable Mergers* (Submission to the OECD Working Party No. 3 on Co-operation and Enforcement), 25 February 2014, para. 3.

② 这两款的规定内容是,经营者集中未达到国务院规定的申报标准,但有证据证明该经营者集中具有或者可能具有排除、限制竞争效果的,国务院反垄断执法机构可以要求经营者申报。经营者未依照前两款规定进行申报的,国务院反垄断执法机构应当依法进行调查。

否排除、限制竞争。从这一角度看,经营者集中规制与滥用市场支配地位行为和垄断协议行为的处理标准是趋同的,那就是要认定是否存在竞争损害。采用涉嫌违法垄断行为调查模式的理由可能还在于,对部分未达到申报标准的经营者集中的处理可能是在集中实施完成后进行。这样,虽然该类集中无主动申报义务和等待期限制,但部分集中在性质上属于具有竞争损害的集中,一旦完成实施,则损害即产生。这样,采用涉嫌违法垄断行为调查程序处理未达到申报标准的经营者集中就具有某种正当性。例如,根据爱尔兰 2002 年制定、2014 年修订的《竞争法》第 18 条第 3 款,一项拟进行的合并或收购未被要求根据该条第 1 款申报的,合并或收购的任何相关企业可在合并或收购实施前以书面形式向竞争和消费者保护委员会申报关于合并或收购实施计划的全面信息。不过,对于无申报义务的并购交易(无论是否完成交易)的调查没有专门程序,而是依赖滥用支配地位行为和垄断协议行为调查程序。①

2. 一般集中审查模式

对未达到申报标准的经营者集中采用一般集中审查模式或言强制申报经营者集中审查程序的主要理由可能在于,无论是对达到申报标准的经营者集中的审查还是对未达到申报标准的经营者集中的规制,其都属于经营者集中规制,本质上都是为了对经营者集中行为进行反垄断法上的处理,该处理的核心在于判断市场竞争是否因为经营者集中而受到不利影响。因此,无论是事前规制还是事后规制,似乎都不影响未达到申报标准的经营者集中规制的性质。从这一角度看,适用强制申报经营者集中审查程序似乎具有一定的合理性。不过,涉嫌违法的未达到申报标准的经营者集中规制总体上不可能占有太高比例,否则申报标准就需要进行调整。理由是,在理性的规制中,强制申报标准应提高到纳入强制申报的集中基本上都是有问题的集中的程度,②以避免强制申报的非正义性。既然如此,对于未达到申报标准的经营者集中的反垄断法处理就不大可能受到反垄断执法机构的重视。这也可能是一些国家采用一般集中审查程序处理未达到申报标准的经营者集中的潜在理由之一。例如,在美国,

---

① See Ireland, *Investigations of Consummated and Non-Notifiable Mergers* (Submission to the OECD Working Party No. 3 on Co-operation and Enforcement), 25 February 2014, para. 15.

② See Nathalie Jalabert-Doury, *The International Competition Network-Convergence dans le Domaince des Concentrations*, International Business Law Journal, Vol. 2003:6, p. 697 – 710(2003).

对未达到申报标准合并的规制程序与强制申报合并规制程序大体相同,尽管前者没有第二阶段的程序。① 在日本,无论是否需要申报,合并都可能受到审查,且在审查程序方面没有差异,②不过无申报义务合并没有等待期限制。③ 在巴西,根据竞争局《内部条例》第113条,无申报义务的合并审查采用合并审查行政程序。

3. 区分规制模式

采用违法调查与一般集中审查混合程序规制未达到申报标准的经营者集中的理由可能在于,未达到申报标准的经营者集中有不同样态:有的在集中交易完成前就受到反垄断执法处理;有的集中交易正在进行且与反垄断执法程序开展存在竞争性;有的则是集中完成后反垄断执法机构才启动反垄断处理程序。这样,对于反垄断执法机构尚能在集中交易完成前有足够时间处理的,可采用类似于达到申报标准的经营者集中的处理程序,或批准或禁止或附条件批准之;对于在反垄断执法机构作出处理前已经完成交易的,处理程序接近于涉嫌违法实施集中情形的调查处理程序。这样,未达到申报标准的经营者集中规制采用混合程序似乎具有一定的合理性。正因如此,在智利的实践中,对已经完成的合并采取对审程序,对未完成的合并采取协商程序。前者的不同之处在于,经营者可能被处以罚款。④

在我国,《〈反垄断法〉修订草案(公开征求意见稿)》和国务院的相关规定采取“调查”模式,但有的规章或采取“审查”模式,或采取“调查”模式,或区分采取“审查”模式和“调查”模式。而根据我国《反垄断法》第26条第2款、第3款,经营者集中未达到国务院规定的申报标准,但有证据证明该经营者集中具有或者可能具有排除、限制竞争效果的,反垄断执法机构可以“要求经营者申报”;经要求申报而不申报的,反垄断执法机构应当依法进行调查。但是,对于

---

① See U. S., *Investigations of Consummated and Non-Notifiable Mergers* (Submission to the OECD Working Party No. 3 on Co-operation and Enforcement), 25 February 2014, para. 14.

② See Japan Fair Trade Commission, *Policies Concerning Procedures of Review of Business Combination*, 14 June 2011, item 7.

③ See Japan, *Investigations of Consummated and Non-Notifiable Mergers* (Submission to the OECD Working Party No. 3 on Co-operation and Enforcement), 25 February 2014, para. 10.

④ See Chile, *Investigations of Consummated and Non-Notifiable Mergers* (Submission to the OECD Working Party No. 3 on Co-operation and Enforcement), 25 February 2014, paras. 7 – 9.

"要求经营者申报"且经营者申报的情形,该规定并未明确后续如何处理,[①]似乎是后续采取审查处理方式。这样看来,我国《反垄断法》似乎具有区分采用"审查"模式和"调查"模式的意味。若对未达到申报标准的经营者集中规制采取"调查"模式,根据我国《反垄断法》第3条和第六章的规定,也只能采取统一的涉嫌垄断行为调查程序。但是,国家市场监管总局制定的《经营者集中审查规定》第五章规定了专门的"对违法实施经营者集中的调查"程序。若对未达到申报标准的经营者集中规制采取"审查"模式,根据《反垄断法》的规定,似乎只能采取一般集中审查模式,即强制申报经营者集中审查程序,因为该法中无其他审查程序可用。不过,《经营者集中审查规定》规定了相关具体规则,其中有些规则又不同于强制申报经营者集中审查程序规则。可见,我国在对未达到申报标准的经营者集中的反垄断法规制方面存在不同模式,规则之间的冲突十分明显。

(二)规制困境

1. 适用违法调查模式的非合理性

总体而言,经营者集中规制是从结构主义出发实行的处理方式,更多是对集中可能带来的市场结构影响的筛查,故该类规制尚不能称为涉嫌违法垄断行为调查。尽管在经营者集中期间经营者可能利用集中程序进行串通,可能实施卡特尔行为,但这已是另一类反垄断法问题,而不是经营者集中规制问题本身。进言之,即使存在未达到申报标准但具有或可能具有排除、限制竞争效果的经营者集中案件,该类案件也不属于严格意义上的涉嫌违法垄断行为案件。原因是,对未达到申报标准的经营者集中的规制不同于滥用市场支配地位行为调查、垄断协议行为调查。未达到申报标准的经营者集中行为即使可能损害竞争,由于其豁免于一般经营者集中申报,故未申报行为不属于违法行为,进而对该类集中的后续规制一般也不能以涉嫌违法垄断行为定性。比较而言,滥用市场支配地位行为、垄断协议行为中的违法故意一般较为明显。因此,对未达到申报标准的经营者集中的规制不宜以涉嫌违法垄断行为调查定性理解。

值得深思的是,对未达到申报标准的经营者集中可否按违法实施的经营者

---

① 有研究指出该规定存在以下不明确问题:相关证据如何获得,以何种程序认定具有或者可能具有排除、限制竞争效果,此种认定程序与后续审查程序关系如何问题。参见李国海、王潇:《论反垄断法对未达申报标准的经营者集中之规制》,载《中南大学学报(社会科学版)》2023年第4期。

集中进行规制？其实，这也是有问题的。理由在于，绝大多数未达到申报标准的经营者集中属于无竞争损害的集中，只有偶尔或少数的情形才属于具有、可能具有竞争损害的情形。因此，从或然性角度看，对该类集中不宜采取违法实施经营者集中行为调查的方式。从时间上看，在未达到申报标准的经营者集中案件中，有的在集中实施完毕前被发现且能完成规制处理，有的在集中实施完毕前发现但可能在集中实施完毕后完成规制处理（若不强制停止实施集中），有的则是在集中实施完毕后发现和规制处理。可见，对未达到申报标准的经营者集中行为若以违法实施经营者集中行为进行认定并不合理，因为该类集中经营者通常并无集中实施等待义务。

此外，将未达到申报标准的经营者集中归为涉嫌违法垄断行为，无论是归类于类似于滥用市场支配地位行为和垄断协议行为的违法行为，还是归类于违法实施经营者集中的行为，在处理程序上皆不合理。例如，根据国家市场监管总局 2022 年 9 月修订的《市场监督管理行政处罚程序规定》第 64 条的规定，对滥用市场支配地位行为和垄断协议行为的调查处理期限一般为 90 日，特殊情况下可延长 30 日。而根据国家市场监管总局 2023 年 3 月公布的《经营者集中审查规定》第 59 条、第 60 条、第 61 条的规定，对违法实施经营者集中的调查分初步调查和进一步调查两个阶段，期限分别为 30 日和 120 日。此期限不包括两个阶段前给予当事人各 30 日的文件材料提交期限。这些规定不同于《反垄断法》规定的经营者集中审查规制的二步骤审查期间规定。因此，若对未达到申报标准的经营者集中采取涉嫌违法垄断行为调查模式，则在程序上可能不公平。可见，若以违法调查模式规制，则可能错误地将大多数不可能具有竞争损害的未达到申报标准的经营者集中贴上“涉嫌违法”的标签，故违法调查模式并不合理。

2. 适用一般集中审查模式的非合理性

若以强制申报经营者集中审查模式处理未达到申报标准的经营者集中案件，也不够公平，因为该程序相对冗长。同时，这也是不必要的，因为大多数该类集中并不存在竞争损害。一般而言，强制申报经营者集中审查程序针对的是竞争损害风险相对较高的情形，而对未达到申报标准的经营者集中的处理是基于其属于竞争损害可能性较小的情形。从这一角度看，前者中无竞争损害情形的比例应小于后者中的情形。因此，没有必要采用强制申报经营者集中审查程序那样的冗长程序处理未达到申报标准的经营者集中问题。另一个问题是,由于未达到申报标准的经营者集中的经营者无主动申报义务,相关当事人一般也无等待义务,因此采用冗长的规制程序也会给市场带来较大的不确定性。此外,若在经营者集中实施较长时间后仍要采取经营者集中救济措施,表明经营者集中的竞争损害可能已经形成,此种情形若再采用冗长的规制程序会使问题更加“恶化”。可见,对未达到申报标准的经营者集中设置冗长的规制期限,对竞争、竞争者和消费者都是不利的。因此,直接适用或准用经营者集中强制申报审查程序处理未达到申报标准的经营者集中案件并不正义。

3. 区分采用违法调查模式和一般集中审查模式的非合理性

如前所述,有的国家对未达到申报标准的经营者集中采用区分规制模式,对于已经实施的采用违法调查模式,对于未实施的采用一般集中审查模式。这种做法看似合理,实际上并不合理。首先,对已经实施的未达到申报标准的经营者集中采用违法调查模式并不合理,因为将一切已经实施的未达到申报标准的经营者集中认定为涉嫌违法垄断行为是不合理的,理由是大多数已经实施的该类经营者集中无竞争损害。即使是少数该类集中存在竞争损害,该损害也不同于滥用市场支配地位行为和垄断协议行为类的行为损害。该损害主要是对市场结构的影响,而认定该影响存在复杂性,相关当事人无违法的主观过错,对其救济也不应是惩罚性救济,故采用违法调查模式并不合理。其次,对未实施的未达到申报标准的经营者集中采用一般集中审查模式也是不合理的。主要原因是,该类集中存在竞争损害的可能性较小,案件处理一般并不复杂,不需要采用相对冗长的程序。另外,对未达到申报标准的经营者集中按照已经实施和未实施实行性质上迥异的区分规制,有违程序公平原则。从实体上看,即使对该类集中进行区分,也不改变对该类经营者集中规制的定性。故此,对未实施的经营者集中采用一般集中审查程序、对已经实施的经营者集中采用违法调查模式总体上并不合理。

综上可见,对未达到申报标准的经营者集中采用违法调查模式、一般集中审查模式或区分适用模式总体上都不合理。核心原因在于,未达到申报标准的经营者集中不同于滥用市场支配地位行为和垄断协议行为,通常也不同于违法实施的经营者集中行为,更不同于一般强制申报类的经营者集中行为,其存在竞争损害的可能性较小,故适用传统规制模式皆有缺陷。

三、未达到申报标准的经营者集中的规制认知

(一)未达到申报标准的经营者集中与达到申报标准的经营者集中规制区分的根源

1. 经营者集中竞争损害在定量分析上存在差异

其实,在实行强制申报审查制的国家或地区,无论是实行双层销售额标准、总资产标准、选择性绝对规模标准、相对规模标准等当事人规模标准还是交易规模标准,①实际上都是定量分析思维的体现,即达到一定定量分析标准的经营者集中需申报,反之则属于未达到申报标准的经营者集中,无须申报。

值得注意的是,定量分析与定性分析并非成正比。也就是说,纳入定量分析的并不一定都属于应禁止的范围。或言之,定量分析并不决定定性分析。因此,从某个角度看,定量分析既可以理解为反垄断执法机构对申报集中的合法排除分析,也可以理解为市场主体对未达到申报标准的经营者集中的违法怀疑分析。② 也就是说,反垄断执法机构对达到申报标准的经营者集中的规制思维主要是排除合法的经营者集中以发现具有竞争损害的经营者集中;市场主体对未达到申报标准的经营者集中的自我判断主要是分析该类集中行为是否存在竞争损害。这表明,定量分析不同于定性分析。

但是,量达到一定度,就可能带来定性的变化。主要原因在于,定量分析中的量化标准是认定竞争损害的重要因素。其中,核心因素是经营者的营业额或市场份额或交易额等。这类因素在结构主义占主导地位时期几乎是认定垄断力的唯一因素,在现在则是重要因素之一。因此,定量分析中的量值越大,就越增加垄断损害的可能性,例如经营者集中可能减少具有竞争力的竞争者,且增强集中后经营者的市场力。一般而言,市场份额在20%—30%以下的规模较小的经营者集中并不产生垄断力。这也间接表明,定量分析对定性分析有一定的影响。从这一角度看,达到申报标准的经营者集中与未达到申报标准的经营者集中的真正差异在于损害的可能性大小不同。或言之,达到申报标准的经营者

---

① 参见方小敏:《经营者集中申报标准研究》,载《法商研究》2008 年第 3 期,第 79 ~ 86 页。

② See Paul K. Gorecki, Cormac Keating & Brendan O'Connor, *The Role of Economic Evidence in Merger Control in Ireland: Current and Future Practice*, European Competition Journal, Vol. 3:2, p. 345 – 372 (2007).

集中的竞争损害可能性大于未达到申报标准的经营者集中的竞争损害可能性。因此，无申报义务的交易受到指控的可能性较低，比较强制申报经营者集中而言，其也易于被宽恕。[①] 但这仅仅是一般情况，仅仅是概率论上的分析，并非定性分析。也就是说，审查标准仅仅是一种析出需要详细审查的并购的筛查机制，超过申报标准的不一定损害竞争，低于申报标准的仍可能引起竞争关切。[②]在实践中，大量的达到申报标准的经营者集中并不存在竞争损害；[③]而如前所述，未达到申报标准的经营者集中也存在竞争损害的情形。

2. 分类规制的主要考量

从上述分析可见，达到申报标准的经营者集中与未达到申报标准的经营者集中的规制区分更多是基于盖然性的考量，前者存在竞争损害的可能性较大，后者存在竞争损害的可能性较小。这样，强制申报审查制对于前者更优，对于后者则可采用不同模式。主要理由如下。

一是竞争损害可能性的差异。有研究指出，如果违法概率较高，执法机构的调查成本就会成倍增加，因此需采用事前审查许可方式减少该负担；反之，则不需要采用这种模式。[④] 众所周知，一般集中审查制针对的是达到申报标准的经营者集中，相关企业市场份额和交易额都较大，其损害竞争的可能性较大，因此若放任相关企业实施集中，则事后调查成本非常高，故采取强制事前申报的方式较合理。而对于未达到申报标准的经营者集中，由于其存在竞争损害的盖然性较小，故采取事前申报规制的必要性不大，否则可能会浪费不计其数的申报审查成本。

二是案件数量的不同。如果市场行为数量大，采事前实施机制就存在作出

---

① See Paul J. Stancil, *Atomism and the Private Merger Challenge*, Temple Law Review, Vol. 78:4, p. 949 - 1024(2005).

② See Ashleigh Cavagnino, *Deficiencies in Australia's Current Merger Regime: The Call to Combat Creeping Acquisitions*, International Trade and Business Law Review, Vol. 22, p. 119 - 204(2019).

③ 根据主要司法管辖区公布的统计数据，只有3%—7%的申报经营者集中可能引发反竞争影响。例如，根据欧盟发布的竞争政策报告，2005年到2014年，欧盟委员会认为存在竞争问题而实施干预的集中案件平均占6.1%；根据美国联邦贸易委员会和司法部2013年的HSR法年度报告，2013年两家执法机构认为存在反竞争影响并予干预的案件占2.9%。参见叶军：《经营者集中法律界定模式研究》，载《中国法学》2015年第5期。

④ See Ashutosh Bhagwat, *Modes of Regulatory Enforcement and the Problem of Administrative Discretion*, Hastings Law Journal, Vol. 50:5, p. 1275 - 1332(1999).

行政许可决定的巨大成本问题,[①]也会带来量大而水平低的行政决定问题。[②]从这一角度看,对所有经营者集中实行强制申报审查制显然浪费成本。原因是,达到申报标准的经营者集中的数量远远低于未达到申报标准的经营者集中的数量,且大量的经营者集中无申报的必要,也无审查的必要。这样,就需要对经营者集中进行分类,对于高风险的经营者集中予以强制申报审查,但仅仅覆盖少数大公司,以避免合并实施带来过多的市场成本。[③] 这也正是绝大多数国家或地区对经营者集中的竞争审查采取有限审查而非全面审查的原因。[④]

三是信息获取难易的考量。有研究指出,美国 HSR 法案的目标是非常有限的,即主要是为执法机构提供事前信息,并使少数大公司获得信息反馈,否则执法机构不大可能关注到这些公司的合并。[⑤] 因此,尽管事前审查也存在成本问题,有人因而反对事前规制体制,但经验表明保留这种体制是合理的。[⑥] 值得指出的是,这种模式在竞争文化不发达的国家更为重要。理由在于,竞争文化不发达国家的经营者更偏好采取不合作的态度,可能更希望侥幸地逃过经营者集中审查。也就是说,经营者可能不仅不配合审查,反而可能会采取对抗的态度。因此,规定达到申报标准的经营者集中当事人的申报义务且违反者将受到处罚,可以较好地处理高风险的经营者集中,节约高风险经营者集中发现成本。而对于风险不高的经营者集中而言,即使启动规制程序,由于集中交易规模小,寻找集中规制信息要简单得多。这也表明,对经营者集中规制进行分类是十分必要的。

四是认定因素繁简的考虑。我们知道,对于高风险的经营者集中,反垄断

---

① See Ashutosh Bhagwat, *Modes of Regulatory Enforcement and the Problem of Administrative Discretion*, Hastings Law Journal, Vol. 50:5, p. 1275 – 1332(1999).

② See Martin Shapiro, *Administrative Discretion: The Next Stage*, Yale Law Journal, Vol. 92:8, p. 1487 – 1522(1983).

③ See Andrew G. Howell, *Why Premerger Review Needed Reform and Still Does*, William and Mary Law Review, Vol. 43:4, p. 1703 – 1746(2002).

④ 参见丁茂中:《论我国经营者集中控制制度的立法完善》,载《法商研究》2020 年第 2 期。

⑤ See Joe Sims & Deborah P. Herman, *The Effect of Twenty Years of Hart-Scott-Rodino on Merger Practice: A Case Study in the Law of Unintended Consequences Applied to Antitrust Legislation*, Antitrust Law Journal, Vol. 65:3, p. 865 – 904(1997).

⑥ See Ashutosh Bhagwat, *Modes of Regulatory Enforcement and the Problem of Administrative Discretion*, Hastings Law Journal, Vol. 50:5, p. 1275 – 1332(1999).

法通常会规定比较固定的期限以进行集中实施前审查。该处理所需时间实际上要比经营者集中风险发生后处理所需时间要短得多，因为后者情形的认定处理十分复杂。理由在于，强制申报经营者集中的竞争损害认定是可能性认定，是一种理论主导的分析方法，①其中并不存在合并实施后的诸多复杂因素剔除问题，故认定竞争损害相对简单。而对于低风险的经营者集中，即使其已经实施，实施后的情况也不会十分复杂，剔除有关因素并不复杂，故也就比较容易判断是否存在竞争损害。

五是最终救济难易的考量。在经营者集中规制中，对高风险集中的事后救济十分困难，因为已实施集中的相关企业的组织机构和人员已经变动，资产已经变卖，难以复原，可能诸多救济难以实施。因此，在经营者集中实施前阻止有问题的集中是必要的。这也可避免冗长的事后剥离期和诉讼问题。② 而对于未达到申报标准的经营者集中而言，其中绝大多数集中无须救济，即使少数情形需要救济，救济也比较简单。可见，对经营者集中进行分类规制是必要的。

综上可见，建立经营者集中申报标准，实际上是建立了一道“过滤网”，对高风险的经营者集中实行事前防范，而对竞争损害可能性较小的经营者集中先原则性不予禁止，个别有问题的再进行例外规制。

（二）未达到申报标准的经营者集中与达到申报标准的经营者集中规制区分的思维

1. 特殊规制与一般规制区分思维

对于经营者集中的反垄断法规制应有特殊规制思维与一般规制思维之分。对于违法可能性较小的经营者集中，需采取特殊规制思维。也就是说，对于未达到申报标准的经营者集中无须采取一般规制思维，而应采取特殊规制思维。在特殊规制模式下，需要考量特殊的规制结构、特殊的处理机制、特殊的规制规则等。而一般规制针对的是违法可能性较大的情形。通常，达到申报标准的经营者集中对竞争的影响相对复杂，认定处理需要进行复杂的分析。对此，采取一般规制思维比较合理，即规定达到申报标准的经营者集中相关当事人的强制

① See Catalin Stefan Rusu, *Ex-Ante or Ex-Post Merger Control*, Revista Romana de Drept al Afacerilor, Vol. 2009:7, p. 54 – 82 (2009).

② See William J. Baer, *Reflections on Twenty Years of Merger Enforcement under the Hart-Scott-Rondino Act*, Antitrust Law Journal, Vol. 65:3, p. 825 – 864 (1997).

申报义务，规定严格的审查程序，以保证该程序的规范性。

2. 裁决性义务与规则性义务区分思维

众所周知，对于达到申报标准的经营者集中的规制，立法常规定经营者的主动申报义务。这样，达到申报标准的集中经营者就有了规则性义务。对于未达到申报标准的经营者集中的经营者，若规定其正常申报的规则性义务，则可能浪费成本。对此，需要采取个案规制的方式。这样，规制机关不得不为此作出正式的案件程序启动裁决，以设定当事人的特殊申报义务等，相关经营者的裁决性义务由此而生。也就是说，规则性义务是立法施加于相关经营者的一般义务，而裁决性义务是执法机关通过个案裁量施加于经营者的特殊义务。因此，对未达到申报标准的经营者集中的规制，理性的思维是裁决性义务思维而非规则性义务思维。

3. 集中实施与违法区分思维

对于未达到申报标准的经营者集中，若其已经完成实施，由于相关经营者无事先申报义务，所以不能认为已经完成实施的该类集中存在违法。也就是说，其中的逻辑是该类集中实施本身并不导致违法。进言之，相关经营者违法的前提条件可能是其未履行规制机关裁定的后申报义务或者未履行救济裁决。显然，这与经营者集中实施并无绝对必要关联。而在达到申报标准的经营者集中情形中，若经营者未申报而实施集中，无论集中是否具有竞争损害，都存在违法行为。也就是说，其中的逻辑是未申报而实施集中等于违法。从另一个角度看，在未达到申报标准的经营者集中的情形中，因为一般不存在相关经营者的先申报义务，所以不存在经营者实施集中违法问题；在达到申报标准的经营者集中的情形中，经营者会因为违反先申报义务而违法。此外，对此还需澄清的是，竞争损害不是集中经营者违法的条件。在未达到申报标准的经营者集中案件中，即使集中已经实施且存在竞争损害，也不存在有竞争损害即违法的问题，除非经营者未遵守裁决性义务。在达到申报标准的经营者集中案件中，即使已经实施的集中不存在竞争损害，也不存在无竞争损害即未违法的推理。换言之，若从竞争损害嫌疑的角度看，在未达到申报标准的经营者集中情形中存在裁决性损害嫌疑与违法的牵连关系，即存在竞争损害嫌疑是诱因，违反裁决性义务是违法的成就条件；在达到申报标准的经营者集中情形中存在规则性损害嫌疑与违法的关联关系，即符合申报标准是诱因，违反申报义务是违法的成就条件。

4. 补救与惩罚区分思维

由于未达到申报标准的经营者集中的相关经营者无主动申报义务,在反垄断执法机构认定个别该类集中存在不利影响后,只能责令相关经营者采取救济措施。值得指出的是,该救济措施不宜定性为惩罚或处罚。理由在于,由于相关经营者并无一般性事先申报义务,因此在认定经营者集中存在不利影响且应进行救济时经营者并无过错,故不宜以惩罚思维对之,只能责令相关经营者予以补救。也就是说,在裁决未达到申报标准的经营者集中的经营者应采取救济措施时应持补救性思维。不过,值得指出的是,若未达到申报标准的经营者集中当事人未遵守行政机关作出的要求申报的裁决性义务的,则需承担一定的行政责任。但是,这与达到申报标准的经营者集中的经营者未遵守先申报义务的"抢跑""偷跑"行为的情形不同。我们知道,若达到申报标准的经营者集中的经营者未申报而实施集中的,属于违反先申报规则性义务,即使经营者集中不存在竞争损害,都应加以惩罚。若该类已实施的经营者集中还存在竞争损害,则会受到更为严厉的处罚。只有这样,才能消除相关行为的不利影响,并对潜在违法者予以震慑。

如上所述,未达到申报标准的经营者集中规制区别于达到申报标准的经营者集中规制,其中存在特殊规制与一般规制、裁决性义务与规则性义务、集中实施与违法、补救与惩罚等方面的区分。反之,若不采取这些逻辑认知,很容易将未达到申报标准的经营者集中规制与达到申报标准的经营者集中规制混淆,很容易滑入强制申报审查规制思维中,混淆裁决性义务与规则性义务。更为严重的是,上述混淆又可能导致混淆集中实施与违法的逻辑关系。进一步地,则带来补救与惩罚认识混淆的错误。这样,就很容易将未达到申报标准的经营者集中规制置入违法调查规制体系中。可见,无论是采取一般集中审查、采取违法调查抑或区分采取前述两种模式,都是混淆未达到申报标准的经营者集中规制与达到申报标准的经营者集中规制所致。

(三)未达到申报标准的经营者集中规制的核心在于对当事人设定义务

总体而言,未达到申报标准的经营者集中规制的核心在于设定当事人之义务。我们知道,在未受到规制时,未达到申报标准的经营者集中当事人有权利开展集中行为,且不受到反垄断法限制。此时,经营者享有的是权利,包括合并、收购股份、收购资产、取得经营控制等权利。但是,一旦受到反垄断法规制,经营者就有了相关义务。在集中实施前的场合,责令相关经营者申报是对当事人设定义务;若作出禁止集中的决定和不予禁止集中但附加限制性条件的决定,也属于对相关经营者设定义务;若作出不予禁止集中实施的决定,则当事人的权利义务在事前事后无变动。同样地,在集中实施后的场合,责令相关经营者申报是对当事人设定义务;若作出解散集中的决定和责令相关经营者采取行为性救济等措施的决定,也属于对相关经营者设定义务;若作出无须采取任何补救措施的决定,则当事人的权利义务在事前事后无变动。值得强调的是,即使是在该类集中已经实施的场合,规制机关作出的处理决定也仅仅是设定义务,并非追究责任。因此,未达到申报标准的经营者集中规制在总体上是附加当事人的义务,其规制的核心在于设定义务,本质上是集中当事人义务的增加,导致集中当事人权利向集中当事人义务方向发展。换言之,在该类集中规制中,存在集中当事人的“权利—义务”转换关系,或言“权—义”转换关系。

比较而言,一般集中审查规制总体上在于复权,即恢复或部分恢复当事人的权利。在最终处理前,达到申报标准的经营者集中当事人有申报义务和等待义务。在最终处理上,达到申报标准的经营者集中可能有被不予禁止、不予禁止但附加限制性条件、禁止三大类处理情况。其中,前两类实际上在于恢复或部分恢复当事人因为强制申报制度被停止的拓展经营权利,后一类则未增加当事人的权利但也未减少当事人的义务(当事人的经营者集中停止义务须持续履行)。可见,一般集中审查规制在权利义务总量上在于复权。其中,在集中处理前,当事人承担的是义务;在集中处理后,当事人的权利总体上得以恢复增加(禁止的情形属于权利未恢复增加且义务未减少的情形)。因此,一般集中审查规制总体上的性质是集中当事人权利的恢复增加,其中存在集中当事人义务向当事人权利方向的变动关系。换言之,该类规制中的逻辑关系是“义务—权利”转换关系,或称“义—权”转换关系。

比较而言,违法调查模式属于追责模式。在达到申报标准的经营者集中情形中,若当事人违反申报义务或等待义务而实施集中,则要被追究责任。其中,存在集中当事人义务向集中当事人责任方向的变动,逻辑关系是“义务—责任”模式,或言“义—责”模式。当然,在反垄断法中,也存在其他“义—责”模式的情形。例如,滥用市场支配地位行为和实施垄断协议行为的当事人都应承担法律责任,原因是相关当事人违反了不得滥用市场支配地位行为的义务和不得实施垄断协议行为的义务。

综合而言,未达到申报标准的经营者集中规制的核心是设定义务型规制,一般集中审查规制总体上为复权型规制,而对违法实施的经营者集中的规制则为追责型规制。换言之,未达到申报标准的经营者集中规制中的逻辑转换为"权—义"转换,一般集中审查规制中的逻辑转换突出表现为"义—权"转换,对违法实施的经营者集中的规制中的逻辑转换为"义—责"转换。"权—义"转换与"义—权"转换的共同之处在于二者都属于权利义务之间的转换,不同之处在于权利义务转换的方向不同。"权—义"转换与"义—责"转换的共同之处在于二者都属于负担附加型转换,不同之处在于二者转换的起点与终点都不同,性质上存在天壤之别。倘若对未达到申报标准的经营者集中当事人采取一般集中审查模式,则思维逻辑变为"义—权"转换,显然颠倒了权义关系的变动方向。倘若对未达到申报标准的经营者集中的当事人采取直接追责的方式,例如对已经实施的该类集中进行处罚的情形,则可能存在这样的错误:相关当事人从有权利的情形直接发展到其要承担法律责任的情形,即发展为"权利—责任"模式,或简称"权—责"模式。显然,这是不合理的,因为这违反了一般法律逻辑。倘若要让相关经营者承担法律责任,理应加上义务这个环节。也就是说,只有在附加未达到申报标准的经营者集中当事人义务后,才会有其不遵守义务的情形,进而带来法律责任承担问题。综合可见,如果不能厘清未达到申报标准的经营者集中规制与一般集中审查、违法调查的实质差异,就可能颠倒集中当事人权利义务之间的变动方向,将"权—义"转换错位为"义—权"转换,越过"义—责"模式,直接构建"权—责"模式,进而导致反垄断法规制未达到申报标准的经营者集中的认知困境乃至错误。

(四)未达到申报标准的经营者集中规制归为特殊经营者集中审查较合理

总体而言,以追责为导向的违法调查模式和以复权为总体特征的一般集中审查模式对未达到申报标准的经营者集中规制总体上都是不合适的,应采取设定义务为中心的模式。但是,设定义务模式和复权模式都属于对当事人权利义务之间的调整。因此,二者同属一个大的类属。既然如此,未达到申报标准的经营者集中规制应采审查类体制。

但是,我们也应认知到,未达到申报标准的经营者集中不同于达到申报标准的经营者集中,故对其审查应采特殊集中审查制,即特殊经营者集中规制模式。原因在于,在宏观上,未达到申报标准的经营者集中规制是可能对当事人设定义务,是对当事人义务附加问题的处理,其中存在从权利向义务方向的变动,故应谨慎处理,以保护当事人的合法权益。这样,行政主体设定义务时需要遵守相关实体规则和程序规则,包括“义务设定主体有限化规则、义务设定方式法定化规则、义务设定过程程式化规则”等。[①] 为此,此类规制需对反垄断执法机构的权力进行合理限制,其规制应符合比例原则,在规制过程中应尽可能地寻求当事人乃至其他主体的合作,对需要处理的应采取补救方式,且规制处理应及时。

之所以要对反垄断执法机构的权力进行合理限制,主要在于未达到申报标准的经营者集中规制的核心在于可能设定当事人之义务。从某种意义上说,在相关当事人事前无义务的情形下,直接设定其义务是对相关当事人的不利益,所以格外需要保护集中当事人的合法权益。故而,应强调“控权”“限权”,[②]“衡平政府经济干预权的授予与限制”[③],限制反垄断执法机构的权力行使,将其损害限制到最小,非必要时不采用强制性权力,并对其权力的行使进行程序性规范。之所以反垄断执法机构的规制要符合比例原则,主要在于未达到申报标准的经营者集中规制与达到申报标准的经营者集中规制不同,与违法实施经营者集中的情形也不同。根据比例原则,未达到申报标准的经营者集中规制不能比一般集中审查规制引起的负担更重,也不能比违法调查产生的负担更重。不但如此,未达到申报标准的经营者集中规制也分多种情形,有的可以在集中实施前完成规制处理,有的集中实施可能与规制程序进行处于竞争关系,有的可能是在集中实施后才启动处理程序。这样,就需要发挥比例原则在反垄断法多元价值权衡中的作用,[④]按照目的正当性、适当性、必要性、均衡性的比例原则要求,[⑤]根据不同情形设计处理方式。之所以应尽可能地寻求当事人乃至其他主体的合作,主要在于未达到申报标准的经营者集中当事人的权益需要谨慎平衡;对该类集中的发现有时较为困难,有时需要当事人的积极合作,也需要市场

① 张淑芳:《行政主体义务设定的法律规则研究》,载《法商研究(中南政法学院学报)》2001 年第 6 期。
② 姜明安:《中国依宪治国和法治政府建设的主要特色》,载《政治与法律》2019 年第 8 期。
③ 甘强:《经济法中的国家干预——基于法律文本的实证考察》,载《现代法学》2013 年第 5 期。
④ 参见焦海涛:《我国反垄断法修订中比例原则的引入》,载《华东政法大学学报》2020 年第 2 期。
⑤ 参见梅扬:《比例原则的适用范围与限度》,载《法学研究》2020 年第 2 期。

主体等积极支持程序开展;在救济上也需要集中当事人合作,特别是集中实施已经完成的情形。这样,未达到申报标准的经营者集中规制就需要发挥当事人等主体的程序动能,并在某种程度上需尊重当事人的意思,与其进行有效商谈,促进规制与救济问题的解决。之所以应对该类集中采取补救方式处理,主要在于未达到申报标准的经营者集中当事人并无一般申报义务和等待义务,对其附加负担是从其有权利到其有义务方向的变动,因此不可采用惩罚性思维。因此,对该类集中的规制应当按照补救原则处理。之所以要进行及时性规制,主要在于未达到申报标准的经营者集中分为多种情形,有的集中已经完成实施,有的可能正在实施,有的仅仅开始启动集中协商。对于前两种情形,及时性审查是必要的,及时性处理也是必要的。否则,事后救济的问题就会出现或加重。对于虽有时间审查处理的情形,及时审查与处理也是必要的,因为这有利于为市场带来稳定预期。

综上可见,对未达到申报标准的经营者集中的规制的核心在于可能设定当事人之义务,使得集中当事人从其有权利向其有义务方向发展。虽然其中仍属于权利义务之间的变动,但转换方向却是权利转向义务。故此,为保护当事人的合法权益,应对反垄断执法机构的权力进行合理限制,使其规制符合比例原则,在规制过程中应尽可能地寻求当事人乃至其他主体的合作,对集中的处理应采取补救方式,且规制处理应及时。故此,对未达到申报标准的经营者集中应按照限权、比例、合作、补救、及时原则构建特殊集中审查制。因此,有必要建立未达到申报标准的经营者集中规制的特殊结构与特殊规则。

四、未达到申报标准的经营者集中的规制结构

鉴于未达到申报标准的经营者集中的特殊性,本研究认为,理性的规制结构应采不同于达到申报标准的经营者集中的规制结构,具体包括三阶段规制体系、合作性程序启动方式和快速双层审查机制。具体分析如下。

(一)三阶段规制体系

对未达到申报标准的经营者集中规制应根据具体情形采取三种不同的规制方法。

1. 预防型规制

若未达到申报标准的经营者集中尚在谈判阶段或实施前的其他阶段,但集

中可能带来对竞争的不利影响,应采取措施避免该不利影响之发生。也就是说,对于此种情形,反垄断法规制应采取预防型规制思维,以避免集中实施后规制带来的规制成本问题。因此,若审查机关发现未达到申报标准的经营者集中可能有不利影响的情形,应责令相关经营者申报。但这应以法律明文规定为要。当然,若处于集中实施前阶段的集中当事人自愿进行申报的,审查机关若经过审查认为应当立案的,也应启动规制程序。若第三方提请进行审查的,审查机关经过审查认为有必要进行审查的,也应立案审查之。

2. 防止型规制

对于未达到申报标准的经营者集中正在实施的情形,即未达到申报标准的经营者集中已经实施部分集中的情形,例如资产、股权、知识产权等正处于过户转移中,人员正处于分流调整时,若集中存在竞争损害的,应防止之。理由在于,此时若不进行规制,则可能带来集中实施后无法规制、规制成本过高等问题。因此,此类经营者集中规制应以防止型规制为原则。但是,此中的防止应以柔性防止为一般原则、强制防止为例外。理由在于,未达到申报标准的经营者集中规制属于附加当事人义务的情形,故在未作出最终决定前一般不以强制性规制方式为之。有研究认为,对未达到申报标准的经营者集中,“自反垄断执法机构发出立案调查通知之日起,经营者集中尚未实施的,经营者不得开始实施集中;正在实施的,经营者必须暂停实施集中”①。本研究认为这可能带来规制过度问题。一则即使受到审查,真正有竞争损害的此类集中的比例通常不会太高;二则一些市场主体可能滥用举报程序损害有效率的经营者集中的实施。因此,采取概括性要求当事人等待或暂停实施的方式不一定合理,可能会“错杀”无损害的相关集中。故,建议采取紧急必要情形下才责令当事人等待或暂停实施集中的方式。值得注意的是,根据国家市场监管总局2020年10月公布的《经营者集中审查暂行规定》第48条、第51条、第52条的规定,对违法实施经营者集中的调查分初步调查和进一步调查两个阶段,似乎只有市场监管总局作出实施进一步调查的决定后,经营者才有停止违法行为的义务,而对于立案后至作出实施进一步调查决定前的阶段经营者是否应停止相关行

---

① 丁茂中:《论我国经营者集中控制制度的立法完善》,载《法商研究》2020年第2期。

为语焉不详。[①] 国家市场监管总局2023年3月公布的《经营者集中审查规定》第56条、第60条、第61条的规定也基本相同。[②] 这其中可能隐含了反垄断执法机构对未达到申报标准的经营者集中处理过程中的非强制性停止有关行为的态度。可见，对于未达到申报标准的经营者集中正在实施的情形，虽应防止但并非一定要强行制止，而应以柔性防止为一般原则。对此，审查机关若能与相关当事人及时商谈，促成当事人主动暂停实施集中的，为较好选择。若不能达成一致，且在情形紧急必要时，审查机关应有责令暂停实施集中的权力。同时，审查机关若认为集中当事人应申报的，应责令相关经营者予以申报，然后根据特别程序进行审查处理。

3. 补救型规制

对于未达到申报标准的经营者集中已经完成实施的情形，若确实需要进行规制的，也应规制之。但是，对于此类经营者集中的规制，应采补救型规制。理由在于，相关经营者事前并无主动申报经营者集中的规则性义务，其在集中实施前、集中实施过程中并未被附加裁决性申报义务，其集中实施行为属于正当

---

① 国家市场监管总局2020年10月公布的《经营者集中审查暂行规定》第48条规定，经营者集中达到申报标准，经营者未申报实施集中、申报后未经批准实施集中或者违反审查决定的，依照本章规定进行调查。该规定第51条规定，被调查的经营者应当在立案通知送达之日起30日内，向市场监管总局提交是否属于经营者集中、是否达到申报标准、是否申报、是否违法实施等有关的文件、资料。该规定第52条规定，市场监管总局应当自收到被调查的经营者依照本规定第51条提交的文件、资料之日起30日内，对被调查的交易是否属于违法实施经营者集中完成初步调查。属于违法实施经营者集中的，市场监管总局应当作出实施进一步调查的决定，并书面通知被调查的经营者。经营者应当停止违法行为。不属于违法实施经营者集中的，市场监管总局应当作出不实施进一步调查的决定，并书面通知被调查的经营者。

② 国家市场监管总局2023年3月公布的《经营者集中审查规定》第56条规定，经营者集中达到申报标准，经营者未申报实施集中、申报后未经批准实施集中或者违反审查决定的，依照本章规定进行调查。未达申报标准的经营者集中，经营者未按照本规定第8条进行申报的，市场监管总局依照本章规定进行调查。该规定第60条规定，市场监管总局应当自收到被调查的经营者依照本规定第59条提交的文件、资料之日起30日内，对被调查的交易是否属于违法实施经营者集中完成初步调查。属于违法实施经营者集中的，市场监管总局应当作出实施进一步调查的决定，并书面通知被调查的经营者。经营者应当停止违法行为。不属于违法实施经营者集中的，市场监管总局应当作出不实施进一步调查的决定，并书面通知被调查的经营者。该规定第61条规定，市场监管总局决定实施进一步调查的，被调查的经营者应当自收到市场监管总局书面通知之日起30日内，依照本规定关于经营者集中申报文件、资料的规定向市场监管总局提交相关文件、资料。市场监管总局应当自收到被调查的经营者提交的符合前款规定的文件、资料之日起120日内，完成进一步调查。在进一步调查阶段，市场监管总局应当按照反垄断法及本规定，对被调查的交易是否具有或者可能具有排除、限制竞争效果进行评估。

的市场行为,故不能对此类集中当事人采取惩罚型思维,而应采取补救型思维。一般而言,除非必要,对此类集中不宜采取拆分的方式进行救济,而应尽可能地采取行为救济的方式,以减少不必要的救济成本。当然,若拆分是唯一救济途径,也只能为之。

综合而言,在以上三类规制中,预防型规制在类属上虽相似于达到申报标准的经营者集中的规制结构,但又应有所不同。而防止型规制和补救型规制属于未达到申报标准的经营者集中规制中更具有特殊性的规制结构部分。

(二)合作性程序启动方式

从理论上看,对具有竞争损害的经营者集中采取合作性程序启动方式更为合理。也就是说,经营者集中审查机关、集中当事人、第三人等相互合作的机制效率最高,不对抗的情形次之,对抗的情形效率最低。

1. 当事人启动

为了避免或减少未达到申报标准的经营者集中情形中有“漏网之鱼”,开放经营者、第三人合作的通道是必要的。也就是说,除第三人举报、审查机关自我发现等渠道外,应允许经营者自我怀疑,自愿申报。经济学研究表明,自愿申报是非常有效的机制,且这种机制非常适合小规模并购,因为其申报成本并不高,且这种机制在我国尤为合理。① 这可以尽可能地使一些经营者集中理性实施和避免事后风险,也有利于反垄断执法机构实施监控,②减少反垄断执法机构事后处理成本。例如,脸书公司并购 WhatsApp 公司案、谷歌公司并购 DoubleClick 公司案都未达到欧盟的申报标准,但集中当事人都进行了自愿申报,后欧盟委员会批准了上述并购。③

2. 审查机关启动

对于未达到申报标准的经营者集中,若是反垄断执法机构启动审查的情形,授权其在满足一定条件时要求相关经营者进行申报是必要的,否则集中审查很难有效地快速进行。由于此类情形并非对所有该类集中经营者普遍适用,

---

① 参见彭树宏:《强制还是自愿?——企业并购申报机制研究》,载《产业经济评论》2010 年第 4 期。

② 参见孙晋、王菁:《〈澳大利亚 2008 年合并指南〉评析——兼论我国经营者集中控制制度的立法完善》,载漆多俊主编:《经济法论丛》第 20 卷,武汉大学出版社 2011 年版。

③ See Rachel Brandenburger, Logan Breed & Falk Schoning, *Merger Control Revisited: Are Antitrust Authorities Investigating the Right Deals*, Antitrust, Vol. 31:2, p. 28 – 36(2017).

仅仅是例外情形,也非相关经营者承担主动申报义务,故即使有此例外规则也未改变未达到申报标准的经营者集中审查的总体性质。而通过这种做法,对未达到申报标准的经营者集中的反垄断法规制可实现效率最大化。

3. 第三方启动

第三方通常最容易发现未达到申报标准的经营者集中可能具有不利竞争影响。理由在于,集中当事人的竞争者、消费者以及社会团体等是一个庞大的群体,经营者集中的动向往往受到其广泛关注,因此第三方最容易发现相关集中。不仅如此,这些主体甚至也是不利竞争影响的潜在受害人,因此这些主体具有利益关切。故此,赋予这些主体程序启动资格是必要的。从更高层次上说,这些主体的程序启动资格也是其向有关国家机关提出建议和行使社会监督权的体现。例如,在美国,消费者、州司法部长、其他第三方主体可以向反垄断执法机构提出其对非强制申报交易的关切,若该类交易存在反竞争影响,反垄断执法机构有权调查。[①] 值得指出的是,这些主体启动程序仅仅是一种可能性,而非必然性。也就是说,是否真正启动程序还需审查机关决定。

总体而言,对于未达到申报标准的经营者集中,我国《反垄断法》第 26 条规定采取的是“要求经营者申报”模式,而《经营者集中审查规定》第 18 条则进一步增加了允许经营者自愿申报的情形。[②] 本研究认为,从规制效率的角度考虑,允许经营者自愿申报可以节约涉嫌竞争损害行为的发现成本,理应支持。此外,对于第三人申请审查的情形,也不应予以完全排除,即若反垄断法规制机构认为第三人的反映、举报具有初步证据的,反垄断法规制机构应依法责令相关经营者申报。对此,《经营者集中审查规定》第 43 条进行了积极回应。[③] 值得指出的是,在程序启动方面,尤其应注重第三方启动的特殊构造部分。只有这样,

---

① See Caitlin M. Durand, *Who Blesses the Merger? Antitrust's Role in Maintaining Access to Reproductive Health Care in the Wake of Catholic Hospital Mergers*, Boston College Law Review, Vol. 61:7, p. 2595 - 2642 (2020).

② 《经营者集中审查规定》第 18 条规定,经营者集中未达到申报标准,参与集中的经营者自愿提出经营者集中申报,市场监管总局收到申报文件、资料后经核查认为有必要受理的,按照反垄断法予以审查并作出决定。

③ 《经营者集中审查规定》第 43 条规定,任何单位和个人发现未达申报标准但具有或者可能具有排除、限制竞争效果的经营者集中,可以向市场监管总局书面反映,并提供相关事实和证据。市场监管总局经核查,对有证据证明未达申报标准的经营者集中具有或者可能具有排除、限制竞争效果的,依照本规定第 8 条进行处理。

才能充分发挥市场主体的反垄断法实施动能,更好地促进对未达到申报标准的经营者集中的规制。

(三)快速双层审查机制

1. 未达到申报标准的经营者集中审查需实行快速审查制

有研究指出,对于未达到申报标准的经营者集中审查而言,经营者申报集中交易的成本尤其是时间和资源成本不容低估,因此若对该类集中进行审查也应限于存在具体结构性联系的情形,且应使当事人在较短时间内获得法律确定性。① 因此,经营者集中审查应在合理和确定的时间内进行,以减少由于冗长或不确定性审查期限导致的迟延危害。② 因此,为了增强市场的确定性,也为了避免个别具有竞争损害的未达到申报标准的经营者集中带来的不利竞争影响,对该类集中的反垄断法规制的核心在于建立高效性审查程序,以避免时间持续而引起市场确定性阻碍和救济迟延问题以及进而导致的迟到正义问题。尽管这种构建仍然不可能使所有有问题的未达到申报标准的经营者集中都能在集中实施前审查完毕,但至少可以在发现需要规制后及时处理该类集中案件。③ 因此,建立快速审查程序是最为关键的问题。具言之,对于已经实施的未达到申报标准的经营者集中而言,若不快速处理,市场的不确定性问题难以解决;若需要进行救济而不尽快进行救济,则可能存在难以再救济的难题,因为集中交易完成较长时间后市场环境已发生变化,再进行救济就十分困难。我们知道,对于已经实施的集中而言,救济的最大难题是“已搅拌鸡蛋的复原”(unscrambling of the eggs)问题,即企业资产和经营已经联合,敏感信息已经交换,再恢复到集中前的状态就十分困难。④ 对于尚未实施的未达到申报标准的经营者集中而言,若不快速处理,则影响经营者和市场的稳定预期。此外,对于尚未实施但可能即将实

---

① See Gabrielle Williamson & Marie-Madeleine Husunu, *Non-Controlling Minority Shareholdings in EU Merger Control*, Business Law International, Vol. 15:2, p. 123–132(2014).

② See Charles James, *Guiding Principles and Recommended Practices for Merger Notification*, Antitrust Division of U. S. Department of Justice, https://www.justice.gov/atr/file/519691/download, 访问日期:2020 年 12 月 7 日。

③ 例如,在偶尔解散合并的场合,美国反垄断执法机构通常是在合并完成后立即处理之而不是等到多年以后。See Timothy J. Muris & Jonathan E. Nuechterlein, *First Principles for Review of Long-Consummated Mergers*, Criterion Journal on Innovation, Vol. 5, p. 29–48(2020).

④ See Max Huffman, *Worlds Colliding: Competition Policy and Bankruptcy Asset Sales*, Villanova Law Review, Vol. 60:5, p. 839–902(2015).

施的未达到申报标准的经营者集中而言,快速处理也尤为重要,处理时间更为紧迫。可见,对未达到申报标准的经营者集中的处理的核心是建立快速审查机制。

2. 对未达到申报标准的经营者集中应采取快速双层审查制

我们知道,在未达到申报标准的经营者集中情形中,大量的集中并不存在竞争损害,只有例外的少数情形具有或可能具有竞争损害。若进行规制,对于前者,应尽可能地在较短的审查期间内使其通过审查;对于后者,则需进行相对审慎的审查。这样,就应建立类似于强制申报审查程序的二步审查制,但在时间设计上又需特殊考量。因此,有必要对未达到申报标准的经营者集中采取快速二步审查制,或言快速双层审查制。这显然是符合比例原则的,因为快速双层审查制可对不同的未达到申报标准的经营者集中进行分类过滤。该设计可使得该类集中审查不同于强制申报经营者集中审查,也不同于涉嫌违法垄断行为调查,同时又能解决未达到申报标准的经营者集中内部差异的难题。这就是建立快速双层审查制的根本原因。也就是说,需要通过初步审查的短时间设计使部分无损害的经营者集中快速摆脱审查干扰,以使相关当事人正常开展经营。相对于强制申报经营者集中审查而言,未达到申报标准的经营者集中审查的期间应该更短。这样,未达到申报标准的经营者集中审查与达到申报标准的经营者集中审查都存在双层审查制,并且在期间设置上体现了比例原则。

综上可见,对未达到申报标准的经营者集中的反垄断法规制的核心是摆脱传统规制思维,不应再以强制申报经营者集中审查程序或违法调查程序应对,而应建立一个多维面向的特殊集中审查体系,发挥不同主体的规制动能,实行快速双层审查机制,有效规制“漏网之鱼”。

五、未达到申报标准的经营者集中的规制规则

(一)审查期限设计

对于未达到申报标准的经营者集中而言,应规定明确的审查期限。在美国,联邦贸易委员会和司法部一般都希望尽快处理非 HSR 合并交易,一般不迟于程序启动之日起 10 日内处理。① 在南非,根据《竞争法》第 13 条第 5 款,小规

① See U. S. Department of Justice and the Federal Trade Commission, *Streamline Jurisdictional Procedures*, 1994.

模合并申报审查时间明确规定为20个工作日,特殊情况下最多可延长40个工作日。在我国,《国务院关于经营者集中申报标准的规定》虽然规定了对未达到申报标准的经营者集中的调查问题,但未对调查的时间和程序予以指引,给小企业合并带来反垄断法实施的不确定性问题。[①] 国家市场监管总局2020年10月公布的《经营者集中审查暂行规定》也未规定相关“调查”“审查”的期限。我国《反垄断法》第26条规定了对未达到申报标准的经营者集中的“要求经营者申报”内容,但无要求申报后的处理规则,国家市场监管总局2023年3月公布的《经营者集中审查规定》也是如此。不过,该规定第8条规定了集中已经实施情形的经营者应当自收到书面通知之日起120日内申报。但是,该规定对于集中尚未实施情形的经营者应于何期限内完成申报并未规定。此外,《经营者集中审查规定》通过其第18条规定了自愿申报情形“按照反垄断法予以审查并作出决定”的指引规则,意味着该情形适用30日初步审查与90日进一步审查的规定;又通过其第56条、第60条、第61条的规定,对经营者未按照该规定第8条进行申报的,规定适用30日的“初步调查”和120日的“进一步调查”的规则。

本研究认为,根据比例原则,未达到申报标准的经营者集中的审查期限应不同于达到申报标准的经营者集中审查期限。结合我国对达到申报标准的经营者集中规定的30日初步审查与90日进一步审查的一般规定,对未达到申报标准的经营者集中审查可以规定减少1/2的审查时间。在具体设计时,可以设定一个较短的初步审查时间,如15日;对于需要进一步审查的,可以规定一个略长的时间,如45日,特殊情形下可最多延长30日。值得说明的是,若在初步审查期间发现相关集中为达到申报标准的经营者集中的,应转入一般集中审查程序处理。

此外,对于要求经营者申报的,根据前述快速审查制的理据分析,无论经营者集中是否已经实施,其完成申报的期限也不宜过长,如可以规定为30日,自收到申报书面通知之日起算。

另需指出的是,对未遵守申报要求的未达到申报标准的经营者集中的处理属于性质更为特殊的规制,根据比例原则,对其适用的二阶段处理期限应短于对强

---

① See Susan Beth Farmer, *The Evolution of Chinese Merger Notification Guidelines: A Work in Progress Integrating Global Consensus and Domestic Imperatives*, Tulane Journal of International and Comparative Law, Vol. 18:1, p. 1-92(2009).

制申报情形的违法实施经营者集中的调查期限，可以分别规定为20日和60日。

(二)审查时效限制

为了保障反垄断法规制的及时性，避免不当规制干预，结合存在竞争损害的可能性，对未达到申报标准的经营者集中的审查应规定一个追查时效。在加拿大，过去对已完成合并交易的指控时效为3年，2009年的法律修正将之减至1年。[①] 在墨西哥，根据《联邦经济竞争法》第65条第2款，对未达到申报标准且未向联邦经济竞争委员会事前申报的集中，不得在集中实施1年后进行调查。因此，有研究认为，与美国在启动调查方面没有时间限制相比，墨西哥的做法较为合理。[②] 在南非，根据《竞争法》第13条第3款，一项小规模合并实施后的6个月内，竞争委员会根据第12A条的规定认为该合并具有以下情形的，可以要求该合并当事人按照规定方式和形式向竞争委员会申报该合并：(a)可能实质上阻止或减少竞争；(b)或根据公共利益理由缺乏正当性。因此，为避免一些经营者集中的不利竞争影响，考虑到互联网经济变动的快速性，我国可以将未达到申报标准的经营者集中的审查时效规定为1年，自经营者集中实施完成之日起计算。

(三)商谈与接受承诺

如前所述，未达到申报标准的经营者集中审查的最大难题是经营者无主动申报义务，因此如何避免时间紧迫性难题就十分关键。以此观之，对未达到申报标准的经营者集中采用临时性救济是必要的。这样，就需要赋予反垄断执法机构接受中止集中实施承诺的权力，或接受经营者维持资产或持分资产的权力，以等待集中审查完成后采取灵活应对措施。具体而言，对于已完成的交易，在审查中可能需要接受经营者的承诺以解决相关救济问题；对于未完成的交易，审查中可能需要附加限制性条件，该条件也需经过商谈并接受经营者的承诺。对于时间紧迫的未完成交易，审查机构有时还需要与经营者达成协议，以完成审查。在美国，在缺乏法定等待期的情况下，时间问题对低于申报标准并购的处理十分关键。通常，执法机构可能寻求一个时间协议，也可能寻求

---

① See Canada, *Investigations of Consummated and Non-Notifiable Mergers* (Submission to the OECD Working Party No. 3 on Co-operation and Enforcement), 25 February 2014, para. 9.

② See the Business and Industry Advisory Committee ("BIAC"), *Investigations of Consummated and Non-Notifiable Mergers* (Submission to the OECD Working Party No. 3 on Co-operation and Enforcement), 25 February 2014, note 66.

一个维持现状协议,也可能向法院申请一个持分令以完成调查。[①] 在加拿大,如果当事人希望在竞争局完成实质性分析前完成交易,竞争局可能与其达成时间安排协议或例外情况下的资产维持协议或持分协议(a timing agreement, a preservation agreement or a hold separate agreement)。时间安排协议可能包括各类承诺,如经营者向竞争局提供信息和(或)完成拟进行交易的事前书面通知。资产维持协议一般包括并购方维持一定资产的承诺,以维持资产的整体性和存活性以便于进行事后剥离或其他补救。持分协议确保并购方保持资产以能作为竞争法庭命令的标的,以减少资产恶化等问题。[②] 在爱尔兰,对于未达到申报标准的企业并购,在初步调查或调查的任何阶段,竞争和消费者保护委员会将寻求经营者作出事先告知实施合并意愿的承诺或承诺在一定时期内不实施合并。[③] 在我国,根据国家市场监管总局2023年3月公布的《经营者集中审查规定》第8条的规定,在要求未达到申报标准的经营者集中申报的情形下,“集中尚未实施的,经营者未申报或者申报后获得批准前不得实施集中;集中已经实施的,经营者应当自收到书面通知之日起一百二十日内申报,并采取暂停实施集中等必要措施减少集中对竞争的不利影响”。可见,对要求未达到申报标准的经营者集中申报的情形,我国实际上主要采取了停止实施规则。此外,根据《经营者集中审查规定》第18条的规定,自愿申报未达到申报标准的经营者集中且得到受理的,则需遵守《反垄断法》第30条、第31条[④]有关“审查”的规定,

---

① See U. S., *Investigations of Consummated and Non-Notifiable Mergers* (Submission to the OECD Working Party No. 3 on Co-operation and Enforcement), 25 February 2014, para. 15.

② See Canada, *Investigations of Consummated and Non-Notifiable Mergers* (Submission to the OECD Working Party No. 3 on Co-operation and Enforcement), 25 February 2014, para. 12.

③ See the Competition and Consumer Protection Commission, Ireland, *Notice in Respect of Non-notifiable Mergers and Acquisitions*, 31 October 2014, Article 5.

④ 《反垄断法》第30条规定,国务院反垄断执法机构应当自收到经营者提交的符合本法第28条规定的文件、资料之日起30日内,对申报的经营者集中进行初步审查,作出是否实施进一步审查的决定,并书面通知经营者。国务院反垄断执法机构作出决定前,经营者不得实施集中。国务院反垄断执法机构作出不实施进一步审查的决定或者逾期未作出决定的,经营者可以实施集中。该法第31条规定,国务院反垄断执法机构决定实施进一步审查的,应当自决定之日起90日内审查完毕,作出是否禁止经营者集中的决定,并书面通知经营者。作出禁止经营者集中的决定,应当说明理由。审查期间,经营者不得实施集中。有下列情形之一的,国务院反垄断执法机构经书面通知经营者,可以延长前款规定的审查期限,但最长不得超过60日:第一,经营者同意延长审查期限的;第二,经营者提交的文件、资料不准确,需要进一步核实的;第三,经营者申报后有关情况发生重大变化的。国务院反垄断执法机构逾期未作出决定的,经营者可以实施集中。

审查期间不得实施集中。而对于因第三人"反映"而启动的情形,根据《经营者集中审查规定》第43条的规定,"经核查"后具有竞争损害的,则采用责令申报模式,进而受到该规定第8条停止实施规则的约束。但是,这种一概要求停止实施的做法并不完全合理。比较合理的做法是,原则上不限制此类经营者的集中实施行为,必要情形时应责令当事人停止实施。也就是,对于确有必要停止实施的,应以行政决定约束之;对于非必要停止实施的,则可以由经营者自主决定是否实施,或与经营者进行商谈达成相关处理措施。为此,就我国而言,首先,应明确反垄断执法机构有权适用《反垄断法》第35条的规定处理未达到申报标准的经营者集中。其次,应增加行为性条件的类型,即增加时间性条件、中止交易条件等,以便于处理未达到申报标准的经营者集中案件。当然,最好的方式是《反垄断法》第四章增加一条,"在对未达到国务院规定的申报标准的具有或者可能具有排除、限制竞争效果的经营者集中审查期间,可以接受经营者作出的中止集中、持分、维持资产等行为性条件和结构性条件的承诺"。

(四)法律风险告知

在对未达到申报标准的经营者集中的规制中,若反垄断执法机构与相关当事人无法进行有效商谈并形成具有约束力的中止实施集中的承诺措施时,反垄断执法机构是否有权责令停止实施集中?本研究认为,原则上不应采取此类强制措施,但在紧迫必要的情形下可采用之。因此,对于未达到申报标准的经营者集中而言,除非执法机构责令停止实施集中,经营者无法定等待义务,因此其有权继续实施集中。不过,尽管一般情况下不责令相关当事人停止实施集中,但应向其提示相关法律风险。故此,《反垄断法》第四章可增加一条,"在对未达到国务院规定的申报标准但具有或者可能具有排除、限制竞争效果的经营者集中的审查期间,经营者继续实施集中的,不影响反垄断执法机构作出审查规定,反垄断执法机构应告知经营者可能的相关法律风险;情势紧急且确有必要的,反垄断执法机构应依法责令经营者停止实施集中或采取其他必要的救济措施"。

(五)处理决定方式

根据前述分析,对未达到申报标准的经营者集中采取的救济应为补救性救济。对此,有域外实践与规则可参考。例如,美国2013年的Bazaarvoice案就属于非 HSR 案件,美国司法部指控该公司的并购消灭了唯一有意义的竞争者,后该公司同意剥离并购资产并采取其他救济措施。[①] 又如,爱尔兰竞争和消费者保护委员会 2014 年 10 月发布的《关于非申报性并购的公告》第 6 条规定,对非申报性并购的救济为衡平救济,其目的在于重塑竞争。再如,根据南非《竞争法》第 13 条第 5 款的规定,对于小规模合并,竞争委员会可根据规定形式作出决定书:(i)批准合并;(ii)根据一定条件批准合并;(iii)对合并尚未实施的禁止实施合并;(iv)宣告合并被禁止。就我国而言,《反垄断法》对未达到申报标准的经营者集中的处理不应采用惩罚性规则,而应采补救性规则。对于尚未实施的,采取禁止、不予禁止、不予禁止附加限制性条件的方式之一处理即可。对于已经实施且需要救济的,可采取要求限期处分股份或者资产、限期转让营业以及采取其他必要措施恢复到集中前的状态或行为性措施救济之。国家市场监管总局 2020 年 1 月公布的《〈反垄断法〉修订草案(公开征求意见稿)》第 34 条[②]对此进行了规定,但 2022 年新修订的《反垄断法》则无相关规定。本研究认为,《反垄断法》在未来完善时应对此进行明确。具体而言,《反垄断法》第四章应增加一条:“对于未达到国务院规定的申报标准的经营者集中,经过审查后认为具有或者可能具有排除、限制竞争效果的,应当按照下列规定作出处理决定:(一)经营者集中尚未实施的,反垄断执法机构可以依据《反垄断法》第三十四条、第三十五条的规定作出处理决定;(二)经营者集中已经实施的,反垄断执法机构可以责令采取行为性措施减少经营者集中对竞争的不利影响或者责令采取限期处分股份或者资产、限期转让营业以及采取其他必要措施恢复到集中前的状态。”也就是说,我国立法应明确,在采取结构性救济手段无法恢复到集中前状态的,应由经营者采取行为性措施减少经营者集中对竞争的不利影响。理由是,在无法恢复到集中前状态的情形中,结构性救济常已不可能,只能采取行为性救济。

值得指出的是,除以上建议外,我国对未达到申报标准的经营者集中的规

---

① See United States *v.* Bazaarvoice, Inc., No. 3:13 - cv - 00133 - WHO (N. D. Cal. 2014).

② 该条规定,未达申报标准的经营者集中,经调查具有或者可能具有排除、限制竞争效果的,国务院反垄断执法机构可以按照本法第 32 条、33 条规定作出处理决定。经营者已经实施集中的,国务院反垄断执法机构还可以责令停止实施集中、限期处分股份或者资产、限期转让营业以及采取其他必要救济措施恢复到集中前的状态。

制还应通过加强互联网执法制度建设等，通过公共评论等机制保障利害关系人和社会公众的参与，保障集中当事人的程序权利，依法保障相关主体权益受损时的救济权利。

第五章

“互联网+”经济发展的反垄断法实施体制机制保障

第一节 “互联网+”经济发展的反垄断法实施体制保障

一、反垄断法实施体制的一般分析

总体而言，世界上的反垄断法实施体制可以分为三类：统一（独立）体制、平行体制和分立体制。

统一（独立）体制是指反垄断法实施权集中于某一个国家机关的情形。其中，权力最大的情形是反垄断法实施机构同时拥有反垄断法的行政执法权和司法裁判权。但是，目前尚无国家或地区将全部的反垄断法实施权交由一个独立的国家机关来行使。不过，存在将反垄断行政执法权和部分司法权交由一个独立性较大、法律地位较高的国家机关行使的情况。例如，日本的公正交易委员会、韩国的公平交易委员会就是如此。可见，世界上采取统一（独立）反垄断法实施体制的国家或地区比较少见。值得注意的是，统一（独立）体制型反垄断法实施机构实际具有权力集中行使的特点，从反面看即其具有权力排他行使的特点。总体上看，诸多国家或地区有设立高位阶反垄断法实施机构的趋势。也就是说，许多国家或地区设立了中央层级的反垄断法实施机构，且权力并不下放到较低层级的有关机关。另外，统一（独立）体制型的反垄断法实施体制实际上排除了其他机构如行业规制机构的反垄断法实施权，即其他国家机关不具有反垄断法实施权。这样，反垄断法实施机构就拥有较为广泛的反垄断法实施权。一般而言，如果一个国家或地区的市场经济水平高，管制行业少，则不需要设立行业管制机构或仅需设立较少的行业管制机构,反垄断法实施权可以赋予一个统一的国家机关行使。在这方面,澳大利亚的竞争和消费者委员会、欧盟委员会都有这样的特点。

平行体制的反垄断法实施权配置是指反垄断法实施权在少数机构中分配。这里包括两种情形:一是反垄断法实施权在少数专业的反垄断法实施机构中分配;二是反垄断法实施权在专业的反垄断法实施机构和行业规制机构之间分配。前者的典型例子是美国的司法部和联邦委员会。我们知道,历史上的美国反垄断法实施权是先赋予美国司法部的,但由于其实施反垄断法的效果不佳,后又成立了联邦贸易委员会。但是,美国司法部和联邦贸易委员会的反垄断法实施权是平行的,即二者对某一垄断行为都有实施权,不过两机构在长期的实践中已形成了协调机制,因此很少出现反垄断法实施权行使冲突的问题。当然,在历史上,一直存在合并美国司法部和联邦贸易委员会的反垄断法实施权的呼声。就反垄断法实施权在专业实施机构和行业规制机构之间分配的问题,实践中的例子比较多见。之所以行业规制机构可能涉及反垄断法实施权,原因在于只要存在规制型行业或管制型行业,该行业就同时存在行业部门监管和反垄断法问题,且二者的联系十分紧密。因此,在同时设有反垄断法实施专门机构和行业规制机构的情况下,反垄断法实施权配置也是复杂的:或由反垄断法实施专门机构统一行使反垄断执法权,或由行业规制机构统一行使反垄断执法权,或由二者共享反垄断执法权。在反垄断法实施专门机构和行业规制机构共享反垄断执法权情形中,又存在以某个机构为主、某个机构为辅的情况。一般而言,如果一个国家或地区的市场化程度较高,则可能将特殊行业的反垄断执法权交由专门反垄断执法机构行使,反之则存在行业规制机构也享有反垄断执法权的情况。但从世界上诸多国家或地区的情况看,由于管制行业在一定范围内存在,所以行业规制机构参与反垄断执法的情况也较为常见。即使在具有悠久反垄断法历史的美国,其行业规制机构如银行业规制机构、农业部等也时常参与反垄断执法,例如涉及相关行业经营者并购的情形。

分立体制的反垄断法实施体制是指反垄断法实施权分别由多个不同层级的国家机关享有。在这种体制下,反垄断法实施权需要首先解决横向配置问题,即中央层级的反垄断法实施权配置,然后解决纵向配置问题即中央层级的反垄断法实施权与地方反垄断法实施权的配置问题。通常而言,若一个国家或地区的经济总量较大、地域广阔、经济主体数量多、人口数量大,则有必要实行分立体制型的反垄断法实施体制。例如,在美国,除美国司法部和联邦贸易委员会有联邦层级的反垄断法实施权外,州的司法机构有地方反垄断法实施权。

总体而言,反垄断法实施权配置是复杂的,其涉及反垄断法实施权中行政执法权与司法权之间的配置,涉及反垄断行政执法权内部的配置,而后者又涉及横向配置和纵向配置。相对而言,一个较小国家的反垄断法实施权配置要比一个较大国家的反垄断法实施权配置要简单得多,而一个较大国家的反垄断法实施权配置则可能是纵横交错配置的复杂情形。

二、“互联网+”经济发展的反垄断法实施体制需求

随着“互联网+”经济的发展,反垄断法实施体制方面出现了新的需求。之所以如此,主要有以下原因。

其一,“互联网+”经济发展中的新反垄断法情事亟须解决。“互联网+”经济是新经济领域,其是超越传统经济形态而形成的,因此在发展中出现了新的垄断问题,例如网络经济效应引起的反垄断法特殊问题、大数据隐私保护引起的反垄断法新问题、人工智能产业发展中出现的反垄断法新问题等。这些问题直接涉及相关反垄断法实施体制问题,不仅涉及反垄断法实施专门机构与行业规制机构的权力协调问题,更涉及反垄断行政执法与反垄断法私人实施的问题。前者涉及的是一个新型行业滋生了新的问题后,究竟由何主体执法更为科学合理;后者涉及的是一个新行业领域出现新问题后,是否仅仅是一个民事问题,即是否只需要司法机关进行事后介入即可。因此,随着新一代信息技术的发展,传统反垄断法实施机构与其他机构的权力边界问题再次成为社会关注的焦点之一。在这种背景下,处理好反垄断法实施机构的外部关系十分重要。也就是说,在“互联网+”经济发展相关的垄断行为问题应对中,要解决以下问题:一是反垄断法实施机构与行业规制机构的关系,即它们之间的执法冲突或执法真空问题。显然,若反垄断法实施专门机构与行业规制机构都积极干预“互联网+”经济发展中出现的新问题,则带来执法冲突;反之,若二者都对“互联网+”经济发展的问题不予过问,则存在执法真空。二是反垄断法实施专门机构与私法调整机构的关系。换言之,一个“互联网+”经济的相关问题究竟是市场主体之间的合同问题、侵权问题、知识产权纠纷问题还是涉及损害

竞争的反垄断法问题。若是一般的私法问题，相关纠纷可以通过市场主体自行和解解决，或采取其他私法纠纷解决机制处理即可，最后的救济则是司法机关对私法纠纷的裁决。若是损害竞争的问题，则涉及反垄断法实施权。因此，“互联网＋”经济发展的相关垄断问题是新行业领域的新问题，需要从反垄断法实施体制方面加以保障。

其二，“互联网＋”经济的高效发展需要有效的反垄断法实施体制保障。从发展的角度看，“互联网＋”经济的良性发展需要科学有效的反垄断法实施体制。科学有效的反垄断法实施体制须满足以下要求：一是尊重“互联网＋”经济发展的规律。从经济与法律的关系看，二者是相互促进的关系。但是，人类社会发展最大的问题是资源的有限性。因此，人们不断改进经济活动方式以促进资源的丰富性。“互联网＋”经济是人类经济社会发展史上的一次飞跃，其将人类的经济生产方式、分配方式、消费方式等尽可能互联网化、智能化、数据化、算法化，以促进最有效率的生产、分配、消费。因此，作为法律制度组成部分之一的反垄断法实施体制需要符合“互联网＋”经济的规律。因此，任何反垄断法实施体制都不能阻碍“互联网＋”经济发挥其动能，不能成为“互联网＋”经济发展的羁绊。这样，凡是可能成为“互联网＋”经济发展障碍的体制都应得到调整或矫正。二是积极发挥“互联网＋”经济发展的潜能。“互联网＋”经济模式是比传统经济方式更为方便、快捷、高效、智能的经济模式。因此，我们不仅要尊重“互联网＋”经济规律，而且要积极利用“互联网＋”经济发展规律，将其经济效能发挥到最大，以促进经济社会发展，进而给人类社会带来更大的福利。因此，反垄断法实施体制不仅不能成为“互联网＋”经济发展的障碍，还应成为“互联网＋”经济发展的助推器。因此，反垄断法实施体制的变革就成为促进“互联网＋”经济发展的需求之一。三是有效保障“互联网＋”经济发展的秩序。在“互联网＋”经济发展中，存在各种经济主体的市场行为，投资者、生产者、销售者、消费者等存在经济交往，形成经济关系，甚至存在经济纷争。也就是说，在“互联网＋”经济发展中，传统行业的投资者、生产者、销售者可能存在向“互联网＋”经济领域大规模转移的现象，因此其中的资本进入与扩张问题十分突出，生产者之间、销售者之间的竞争也更加激烈，在此背景下消费者的利益保护问题也十分突出。因此，为了有效保障“互联网＋”经济发展的秩序，需要有科学的反垄断法实施体制予以保障。只有这样，才能保障“互联网＋”经济组织形式的有效运行。

三、“互联网+”经济发展的反垄断法实施体制选择

“互联网+”经济是基于高速互联网、智能化、大数据、高端平台等要素的经济形态，其中需要利用先进信息技术、算法技术、人工智能技术、大数据技术等。不仅如此，在该经济形态中，若将生产、分配、销售、终端服务融入一体，则更需要各专门科技领域的迭代升级技术。从这个角度看，“互联网+”经济涉及的专业领域有计算机、人工智能、软件、互联网等科技领域，以及各类产品或服务涉及的各专门技术。从这个角度看，“互联网+”经济至少涉及以下行业领域的规制体制：互联网通讯层规制机构、互联网应用层规制机构、信息化产业规制机构等。

显然，“互联网+”经济发展的反垄断法实施体制需要解决好反垄断法实施机构与上述机构之间的关系。本研究认为，反垄断法实施机构的专业性、中立性、独立性是较好的判断标准。但是，在“互联网+”经济发展的初期，完全将反垄断法实施权交由专门反垄断法实施机构并不是最理想的选择。原因是法律实施的专业性是一个难题。具体而言，专门反垄断法实施机构可能缺乏“互联网+”行业的专业知识，而行业管制机构缺乏反垄断法的专门知识。这样，有效地发挥二者知识优势是十分重要的。

因此，有研究认为，平台的市场力包括多种类型，因此相应规制应从竞争法向隐私保护以及其他多种管理策略发展。① 当然，从大的趋势看，采取“互联网+”行业规制机构有效参与反垄断法实施的模式是理想选择。当然，在具体实施中，可以采取相关机构共同制定相关反垄断规则、召开联席会议、招募专业技术人员等方式。不过，当前最好的方式仍是采取相关机构共同制定规则和举行联席会议的方式比较合理，而各自招募专业技术人员则是一个长期过程且是需要不断强化的工作。

但无论如何，让“互联网+”专业技术人员进入反垄断法实施机构是重要方式之一。有研究指出，反垄断执行应该向有更多专家治理的方向发展，应采用

---

① See Kenneth A. Bamberger & Orly Lobel, *Platform Market Power*, Berkeley Technology Law Journal, Vol. 32:3, p. 1051 – 1092(2017).

解决问题的方法，而不是倚重陪审团或其他民选机构的裁决。[①] 从更大的层面看，专业技术人员不仅要在反垄断执法机构中占有一定的比重，在相关行业规制机构中占有一定的比重，还应在相关司法机关中占有一定的比重。

在“互联网 + ”经济发展中，是否需要成立独立的“互联网 + ”经济领域的反垄断执法机构也是值得分析的问题。目前，已有一些国家或地区在探讨是否需要将数字经济的政府规制权独立出来，有的国家甚至已经开始实践，例如英国于 2021 年 4 月在竞争和市场管理局下设立数字市场部门（Digital Market Unit），以专门应对新经济领域的反垄断法问题。本研究认为，在反垄断执法机构内成立独立的工作部门是必要的，但不必将其独立于传统的反垄断执法机构之外。理由在于，反垄断执法权配置应尽可能避免执法冲突，在当前经济背景下，传统垄断行为和新型垄断行为存在复杂的交错关系，无法截然分开，因此相关执法权也不应进行切割。不过，为了有效应对新经济领域的特殊问题，在已有的反垄断执法机构内部成立独立的工作部门是必要的，以专门针对新经济领域的新型垄断问题，以加强反垄断执法的专业性。

第二节 “互联网 + ”经济发展的反垄断法实施机制保障

一、反垄断法实施机制类型化

我们知道，在人类社会发展的很长一段时间内，人们将法律视为强制性的命令，当事人承担的是义务，违反法律的得到的是惩罚，法律的实施是强制性的。因此，传统的反垄断法实施也主要以强制性机制为主。所谓反垄断法强制性实施机制，是指以行政处罚命令和司法裁决命令为中心的机制。就反垄断行政处罚而言，主要有罚款、责令停止违法行为、责令采取一定的救济、撤销相关主体的资格、拆分企业、行政处分等。正是有了强制性的反垄断法实施机制，违法者受到追究，违法者再次违法的可能性得以降低，其他潜在违法行为者得到了震慑。特别值得指出的是，反垄断法强制性实施机制中的罚款数额十分巨

① See Daniel A. Crane, *Technocracy and Antitrust*, Texas Law Review, Vol. 86:6, p. 1159 – 1222(2008).

大,情节严重的可以处以经营者上一年度销售额的10%,而这远远高于经营者某次垄断行为的实际涉案金额。可见,这使得经营者受到严厉的处罚。之所以规定如此严厉的处罚,是因为垄断行为损害的是市场竞争,破坏的是市场竞争秩序,而竞争是市场经济的根本机制。可见,巨额罚款是相对合理的惩罚机制。对某些滥用市场支配地位行为可能处以拆分的处罚,进而从根本上革新市场结构,重塑市场竞争机制,因此其也是比较合理的强制性执行机制。

但值得指出的是,反垄断法强制性实施机制是将实施机关与违法者置于“金刚怒目”式的对立中,因此可能并不能真正对市场主体进行有效的反垄断法教育。因此,在强制性实施机制外,反垄断法实施机制也发生了变革,形成了一些非强制性的实施机制。例如,在反垄断法调查程序中建立经营者承诺机制,由经营者采取一定的行为以救济其情节并不严重的尚未定性的市场行为的不利后果,则可使反垄断执法机构与涉嫌违法者进入“行政执法和解”的商谈中,有时能更好地救济涉嫌垄断行为的不利后果。又如,在垄断行为可能发生之前,对相关企业的行为进行行政指导,也能预防一些垄断行为的发生。倘若通过反垄断法的公开政策倡导引导经营者遵守反垄断法,则更可以节约反垄断法执法成本。再如,若引导经营者进行自我反垄断合规,则可减少反垄断违法的可能性。可见,非强制性的反垄断法实施机制显然具有节约反垄断执法成本的功能。当然,这也具有促进市场主体真正守法,实现反垄断守法正义,进而达到真正法治状态的功能。值得指出的是,非强制性反垄断法实施机制的采用与反垄断法的复杂性有一定的关系。也就是说,反垄断法违法行为的认定更多需要进行经济分析,进而从经济分析中认定行为是否违法,是否符合正义的标准,包括竞争自由、竞争效率、社会公共利益最大化等。然而,经济学理论是不断发展变化的。这样,经济正义有时很难认定,进而反垄断正义也具有一定的模糊性。正因如此,为了解决反垄断法的模糊性,采取非强制性的反垄断法实施机制有时可以避免法律适用错误。理由在于,非强制性的反垄断法实施机制对当事人而言是尊重其内心自由的机制,所以这种机制具有程序正义性。

正是如此,大多数国家或地区都在重视强制性反垄断法实施机制的基础上,也重视非强制性的反垄断法实施机制。其中,答复咨询、协商的机制通常被纳入反垄断法实施机制中。因此,反垄断法调查程序中的承诺制度、经营者集中许可中的承诺制度是比较合理的制度,至少从程序正义的角度看如此。

二、“互联网 + ”经济发展的反垄断法实施机制需求

在推进“互联网 + ”经济发展中，既需要强制性的反垄断法实施机制，也需要非强制性的反垄断法实施机制。

首先，“互联网 + ”经济中存在一些违法性质清楚、情节严重的垄断行为，需要以强制性的反垄断法实施机制应对。在垄断案件中，滥用市场支配地位行为中有一些经营者强制实施的行为，例如限定交易行为、搭售行为、拒绝交易行为、歧视行为等，严重损害市场竞争机制，极大地损害了其他竞争者、消费者权益，需要以法律规定的惩罚机制处理之。例如，当前社会中受到普遍关注的平台“二选一”行为、平台“封禁”行为通常是性质恶劣的垄断行为，需要以强制性的反垄断法实施机制应对。另外，垄断协议中的一些行为，如横向价格卡特尔行为、划分市场行为、联合抵制行为等也属于性质恶劣的垄断行为（在有些国家属于犯罪行为），也需要以反垄断法的强制性实施机制处理。而这些性质恶劣的重大违法卡特尔行为在“互联网 + ”经济中也会存在，需要以强制性的实施机制应对。

其次，在“互联网 + ”经济发展中，有些涉嫌违法垄断行为需要以非强制性的实施机制处理。例如，对涉嫌违法行为不利后果尚不明显的行为和涉嫌违法行为不利后果尚有待认定分析的行为，有时需要以非强制性的反垄断法实施机制应对。总体而言，“互联网 + ”经济是新型经济，有关市场行为是否构成竞争损害，是否存在效率，是否真正有利于经济健康发展，有时还很难判断。在此背景下，若武断地采取强制性的反垄断法实施机制可能带来执法的错误性，即所谓假阳性或假阴性反垄断法实施。因此，在“互联网 + ”经济发展的初期，可能需要采取更多的非强制性反垄断法实施机制处理有关行为。

最后，需要协调处理好反垄断法强制性实施机制与非强制性实施机制的关系。对于“互联网 + ”经济反垄断法实施问题，学术界存在对立的态度。有的认为应采取强监管的态度，认为应采取“强监管、早监管、长监管”的规制模式，[①] 认为应采取“全景式、前置式与穿透式”反垄断监管方式，[②] 提出对共享经济的

① 参见陈兵：《因应超级平台对反垄断法规制的挑战》，载《法学》2020 年第 2 期。

② 参见翟巍：《超大型数字平台企业双轮垄断的规制范式》，载《财经法学》2021 年第 1 期。

监管应从创新友好型监管转向竞争导向型监管，包括弱化相关市场的概念，积极加强对滥用市场支配地位的规制、要求独占者分享数据、引导和监督算法竞争。[①] 有的认为应采取审慎监管的态度，认为我国反垄断执法机构应秉持包容审慎理念下的依法监管原则。[②] 有的则认为，应“积极推进高效的包容审慎监管、公平公正监管、协同整体监管、激励性监管、信用监管和智慧监管”之反垄断之道，[③]短期内仍需继续注重反垄断法专项治理和监管，而中长期则需要增强互联网行业自律、寻求协同治理模式、完善社会弱势群体实施机制等，[④]而公众对反垄断法实施具有积极意义，[⑤]甚至人工智能也有作为“原告”和“举报人”的价值。[⑥]

本研究认为，理性的方案是有效发挥反垄断执法机制与其他实施机制的积极作用。在此过程中，应避免过度监管。理由在于，反垄断法实施监管化损害公共主体实施、私人实施、司法机关实施。其一，损害公共主体实施。在我国，检察院、消费者协会都是法律上实施反垄断法的主体，其可以提起反垄断法公益诉讼。这些主体的实施已经发挥一定的作用。因此，平台经济反垄断监管化将损害这些公益主体以及其他主体对平台经济的反垄断法实施。其二，损害私人实施。在我国，随着人们的法治意识越来越强，私人通过起诉或其他方式实施反垄断法的情况越来越多。反垄断法实施监管化显然不利于私人主体的反垄断法实施。其三，损害司法机关的动能发挥。在我国，最高人民法院和其他法院在反垄断法实施中也发挥着重要作用。而反垄断法实施监管化的逻辑思维存在阻碍反垄断司法机关效能发挥的可能性。不仅如此，反垄断法实施监管

---

① 参见孙瑜晨：《互联网共享经济监管模式的转型：迈向竞争导向型监管》，载《河北法学》2018 年第 10 期。

② 参见王先林、方翔：《平台经济领域反垄断的趋势、挑战与应对》，载《山东大学学报（哲学社会科学版）》2021 年第 2 期；孙晋：《谦抑理念下互联网服务行业经营者集中救济调适》，载《中国法学》2018 年第 6 期；刘乃梁：《包容审慎原则的竞争要义——以网约车监管为例》，载《法学评论》2019 年第 5 期。

③ 孙晋：《数字平台的反垄断监管》，载《中国社会科学》2021 年第 5 期。

④ 参见孙晋、徐则林：《平台经济中最惠待遇条款的反垄断法规制》，载《当代法学》2019 年第 5 期。

⑤ 在 2009 年绿坝软件案中，正是由于社会公众的质疑和反对，有关部委才停止强制安装互联网过滤软件。这说明了公众参与对行政性垄断规制的积极意义。参见魏琼：《反抽象行政性垄断之探析——以〈中华人民共和国反垄断法〉第 37 条为文本》，载《法学杂志》2009 年第 12 期。

⑥ See Rory Van Loo, *Digital Market Perfection*, Michigan Law Review, Vol. 117:5, p. 815 – 884 (2019).

化还可能不利于“互联网+”经济发展。我们知道,随着经济的发展,管制行业越来越少,主要的原因是行业管制会带来市场进入的减少,会导致行业固化,会导致竞争的减少,不利于经济的发展。正因如此,各国或地区对市场经济治理的总体趋势是放松管制,而不是加强管制。虽然平台经济是非传统经济,但其并不是市场主体稀缺而需要国家进行行政管制的行业。不仅如此,过去正是由于我国对“互联网+”经济采取相对包容的态度,所以我国的互联网经济取得了巨大发展。于此,若采取过度监管的态度,必将损害该经济形态的高速发展,不利于我国经济实力的增强,也不利于世界经济的发展。因此,本研究认为,“互联网+”经济的反垄断法处理并不要求实施所谓强监管,而应采取科学审慎、常态化、适应性的反垄断法实施思维。

三、“互联网+”经济发展的反垄断法实施机制构成

(一)“互联网+”经济中的反垄断法传统处理机制

“互联网+”经济也是市场经济的一种形态,只不过是其高级形态而已。因此,在传统经济在向“互联网+”经济发展过程中,存在一些垄断行为性质明确的违法行为。对此,需要采用传统的反垄断法处理方式。一般而言,传统的反垄断法处理包括反垄断行政执法处理、反垄断司法处理和反垄断纠纷其他解决方式处理等。

反垄断行政执法处理方式包括经济罚、行为罚、资格罚等。所谓经济罚,主要包括对涉案经营者和相关人员予以罚款等处罚。所谓行为罚,包括作为罚和不作为罚,前者如责令涉案经营者采取一定的行为进行补救违法行为的不利后果,如解除平台封禁、卸载“二选一”软件、取消搭售技术规则、更改违法算法程序等,后者如不得继续歧视消费者等。资格罚包括对违法经营者的资格罚和对相关人员的资格罚,前者如拆分平台企业、撤销互联网经营者协会资格等,后者如对有关人员的处分等。可见,随着“互联网+”经济的发展,相关反垄断法传统处理方式需要融入一些新的形式。

反垄断司法处理因私人诉讼、公益诉讼而起。在我国,反垄断公益诉讼可由消费者协会和检察机关提起。从“互联网+”经济发展的角度看,垄断行为受害人往往人数众多,因此反垄断公益诉讼应发挥其功效。从诉讼机制看,核心在于如何将受害人的诉讼动能调动起来,让广大受害人成为反垄断公益诉讼的

受益者，同时并不增加受害人的诉讼负担。为此，我国的反垄断公益诉讼机制应在传统的受害人选择加入诉讼制的基础上，建立受害人登记则退出诉讼，即自动落入诉讼原告范围的选择退出制反垄断诉讼机制。不仅如此，应发挥现代互联网法院的智慧审判效率，依法实行网络起诉、网络审理、网络宣判、网络执行的现代化诉讼辅助系统，避免不必要的诉讼负担。

传统的反垄断纠纷其他解决方式包括民事纠纷的和解、调解、仲裁等。显然，这些纠纷解决方式虽然在“互联网 +”经济反垄断中具有一定的作用，但主要是适用于解决反垄断私益纠纷，故其在反垄断法实施中仅起部分作用。

值得指出的是，“互联网 +”经济反垄断是一项复杂的事业，其中涉及竞争者、交易相对人、消费者等，因此采用传统方式处理相关案件中应有保障利害关系人参与程序的机制，尤其是在行政处罚、诉讼、仲裁等正式程序中。不仅如此，由于有些“互联网 +”经济反垄断案情复杂，其中需要进行复杂的经济学分析、互联网技术分析甚至其他专业技术分析，因此有必要建立专家论证咨询程序制度，为反垄断法实施提供知识供给。

（二）“互联网 +”经济反垄断指导

在“互联网 +”经济发展中，反垄断行政指导具有积极的意义。在我国，为了规制“互联网 +”经济领域的垄断行为，反垄断执法机构召开了多次提醒告诫会。这对防止具有蔓延扩大化趋势的垄断行为起到了一定的积极作用。值得注意的是，行政指导可以采取回复咨询的方式、提醒告诫的方式、以信函指导的方式。也就是说，广义的行政指导既包括行政机关的主动指导，也包括行政机关因为相对人的咨询而被动地进行行政指导。

无论如何，比较理想的方式是采取较为正式的指导方式。理由在于，行政指导没有强制约束力，因此该类指导应尊重相对人的意愿。若相对人不愿意接受行政指导，应停止行政指导。此外，还应避免因为当事人拒绝行政指导而施以报复性执法。对此，应解决因为行政指导带来的程序救济问题。[①] 值得注意的是，我国的反垄断行政指导有时是与行政处罚结合运用的。这样，就需要正确认识反垄断行政指导的法律效力，规范其适用，避免反垄断行政指导的行政处罚化。

---

① 参见王炳：《反垄断法实施中的行政指导滥用及其矫正》，载《中国行政管理》2019 年第 3 期。

（三）“互联网+”经济反垄断商谈与和解

在“互联网+”经济领域的垄断行为处理中，采取契约式的解决方式是比较有效的方式之一。在此过程中，就存在反垄断执法机构与涉案当事人乃至其他主体之间的商谈问题。从契约的角度看，总有一方发出意思表示，其在性质上既可能属于要约，也可能属于要约邀请。相对应地，最终总有一方对和解的内容作出最后意思表示。于此，尊重意思自治是最为重要的，否则该种方式就不能称为和解。因此，若在商谈与和解中存在强迫、胁迫等情形，则不属于有效的和解。不仅如此，相关主体可以寻求法律救济。但是，一旦执法机构和涉案当事人达成了和解，和解的内容应得到遵守。否则，则带来反垄断调查程序的重启乃至法律责任的追究问题。因此，诸多国家的反垄断立法都对反垄断执法和解进行明确的规定。其实，我国反垄断调查程序中的承诺制度和经营者集中审查中的附加限制性条件制度都是反垄断和解的具体形式。此外，还需指出的是，在反垄断执法和解程序中，需要有第三人利益保护机制，例如开放和解拟定内容的公共评议渠道就是应然建立的机制。对此，需要在反垄断和解过程中认真分析公共评议的内容。否则，可能引起因反垄断和解而导致的反垄断私人诉讼问题。值得指出的是，由于“互联网+”经济领域的反垄断处理仍存在诸多争议，一些市场行为的损害性质很难明确判断，因此采取和解的方式是比较有效的处理方式。为程序正义计，允许竞争者、交易相对人、消费者参与反垄断执法和解程序非常重要，在必要时需要通过举行听证会的方式让利害关系人等主体参与程序。

（四）“互联网+”经济反垄断合规、承诺与报告

1. 反垄断合规

反垄断合规，或称反垄断法合规，即有关主体审查自我行为是否符合反垄断法规定的行为。在反垄断合规中，经营者反垄断合规是其重要组成部分之一。在本质上，经营者反垄断合规是经营者的自我行为，本质上是其守法行为。从效率上看，经营者做好反垄断合规，可以减少垄断行为，进而可以避免反垄断执法，可以节约执法成本。因此，有研究认为，应“将竞争合规摆在与反垄断执法同等重要的位置”。[①] 可见，经营者做好合规可以部分减少反垄断执法的必要

① 参见方翔：《竞争合规的理论阐释与中国方案》，载《安徽师范大学学报（人文社会科学版）》2020 年第 4 期。

性,可能起到反垄断法实施事半功倍的效果。因此,应建立经营者反垄断合规的制度体系。

首先,应明确反垄断合规的法律价值。反垄断合规的法律价值在于可避免经营者构成反垄断法违法、减少反垄断法违法成本、预防受到反垄断处罚制裁,有利于提升经营者声誉,有利于促进经营者长期发展。故此,开展反垄断合规事业宣传是需要有效推进的工作。显然,这项工作应主要由反垄断执法机构推进。

其次,应建立反垄断合规的激励机制。经营者开展反垄断合规的核心动力之一在于其可通过合规获得守法激励。因此,有必要建立反垄断合规行为的激励规则,明确有效开展反垄断合规的经营者在事后有关案件查处中可以获得免予处罚或减轻处罚的激励。当然,这需要以相关法律的明确规定为依据。

再次,应建立反垄断合规的规则指引。经营者开展反垄断合规的核心难题是反垄断法守法知识不足。因此,有效的反垄断合规制度建设的主要工作是建立经营者反垄断合规指引。该指引需将反垄断法规和相关解释性文件合理编撰,按照经营者的市场行为类型,明确反垄断合规的内容和方法。有研究认为,我国的有关指引应当选择规范性调整方式+个别性调整方式,并以专项型立法体例进行,指引文本的正文部分应当采用说明式阐述文法,附件部分应当采用问答式阐述文法。[①] 有研究认为,应推荐企业采取四步骤合规方法,即风险识别、风险评估、风险控制(停止市场行为或向执法机构报告)、内部审计四个步骤,而企业应建立合规制度、成立合规部门、获得管理层支持。[②] 在“互联网+”经济背景下,有明确的反垄断合规指引是非常重要的。对此,反垄断执法机构应结合新经济问题、反垄断法规则的新发展、反垄断法实施的新变化发布规范的反垄断合规指引。

最后,应建立反垄断合规的保障机制。在经营者开展反垄断合规中,由于知识的不足,经营者可能提出咨询。对此,国家应建立反垄断法守法咨询制度,以解决反垄断合规的保障问题。值得注意的是,反垄断合规既可以由经营者自

① 参见丁茂中:《企业竞争合规的政府指引模式国际考察及中国选择》,载《社会科学研究》2015 年第 1 期。

② 参见喻玲:《从威慑到合规指引——反垄断法实施的新趋势》,载《中外法学》2013 年第 6 期。

我实施，也可以委托第三方进行，包括委托行业专家或律师事务所进行。但无论何种形式，都属于经营者反垄断守法的一部分。

2. 经营者承诺

在“互联网+”经济反垄断案件处理过程中，我国存在采取“经营者依法合规经营承诺书”的形式。但是，此类经营者承诺有时可能是通过惩罚威慑手段获取的，[①]因此其中的正当性问题需要审视。值得注意的是，目前的经营者承诺包括两类，即合规承诺和依法经营承诺。从法律性质看，经营者承诺是经营者的主动行为，其是否会带来经营者的义务问题还值得探讨。本研究认为，该承诺并未带来法律上的义务。不过，经营者违反承诺的，是否可能予以作为处罚的加重考量因素值得反思。本研究认为这是合理的。理由在于，经营者经营承诺表明其明知法律规定且有遵守法律的意思，故违反承诺的，则故意违法的主观状态较为明显，而不存在不知法而违法的情形。

3. 经营者报告

经营者是否需要报告反垄断合规情况是一个棘手的法律问题。原因在于，在一般情况下，经营者没有主动报告合规情况的义务。当然，在反垄断案件调查过程中，反垄断执法机构有权责令经营者提供有关信息，该信息理所当然可以含有经营者的反垄断合规信息。当然，这要以经营者有相关合规信息为前提。

此外，在经营者发现其有涉嫌违法垄断行为后，其主动报告垄断行为则是应予以激励的。对此，垄断协议的宽大处理制度有明确的规则。即使是在其他类型的垄断行为案件中，若存在经营者主动报告涉嫌垄断行为的，其报告行为也应成为处罚中酌情考量按照较轻幅度处罚的因素。

除以上反垄断法实施机制外，竞争倡导也是有效的机制之一。有研究指出，在后稀缺时代，需要更高程度的竞争倡导，特别是反垄断执法机构应对那些可能阻止成本减少的破坏性技术相关法规加强宣传和分析，例如在以网络为基础的大规模合作技术方面。[②]

---

① 参见喻玲：《从威慑到合规指引——反垄断法实施的新趋势》，载《中外法学》2013 年第 6 期。

② See Salil K. Mehra, *Competition Law for a Post-Scarcity World*, Texas A&M Law Review, Vol. 4:1, p. 1 – 40(2016).

值得指出的是,建立有效的反垄断法实施机制体系的核心是最大可能地解决反垄断法规则及实施的明确性问题。因此,反垄断法实施机制的有效建立应以反垄断法的完善性、反垄断指南的明确性、反垄断其他规范性文件的清晰性为前提。在“互联网+”背景下,新的垄断问题不断出现,反垄断法的应对实施还存在认知困境,因此需要注重采用非传统性的反垄断法实施机制,发挥经营者的守法动能,促进反垄断法商谈,发挥反垄断程序法的正义价值,以避免反垄断法实施错误带来的弊害。

第六章

"互联网+"经济发展的我国反垄断法保障制度设计

第一节 我国"互联网+"经济反垄断法实施体制变革

一、构建统一协调的实施体制

目前,我国的反垄断法实施是以国家市场监管总局为中心的实施体制。但是,国家市场监管总局需要与行业规制机构形成统一协调的体制。总体而言,我国还存在诸多行业规制机构,例如中国人民银行、国家金融监督管理总局、中国证监会、国家能源局、商务部、交通运输部、教育部、国家体育总局、文化和旅游部、生态环境部、农业农村部、国家广播电视总局、工信部、网信办等。因此,国家市场监管总局的反垄断法实施需要处理好与有关部门的关系。这样,就需要构建统一协调的反垄断法实施体制。

目前,国家市场监管总局已与国家发展改革委、财政部、商务部会同有关部门建立公平竞争审查工作部际联席会议制度。但是,该部际联席会议的事项仅限于公平竞争审查,还未拓展至其他反垄断工作中,故存在一定的不足。

本研究认为,为更加有效地促进反垄断法实施,我国需要形成以反垄断委员会和反垄断部际联席会议为核心的统一协调体制。具体而言,反垄断委员主要负责制度规则的统一协调,[①]而反垄断部际联席会议主要负责具体事宜的协调。当然,二者的最终融合是理想的模式。也就是说,我国应最终形成以反垄断委员会为中心的反垄断法统一协调体制。

---

① 参见王炳:《论反垄断委员会制度的回应性、超越与改良》,载《南京社会科学》2018 年第 10 期。

特别指出的是，无论采用何种反垄断法实施协调体制，“互联网＋”行业主管部门的参与是必要的。因此，工信部、网信办甚至国家数据局等参与统一的反垄断法实施体制是必要的。

二、反垄断委员会的职能变革

众所周知，我国反垄断委员会是历史的产物，主要是为了解决过去的反垄断执法权重叠冲突而设立的，旨在由其协调国家发改委、原国家工商总局、商务部的反垄断执法权。随着2018年国务院机构改革的完成，反垄断执法权统一交由国家市场监管总局行使。这样，反垄断执法权的内部冲突问题已总体解决。但是，我国反垄断执法权的外部冲突仍然存在，例如金融监管机构、工业和信息化规制机构、互联网规制机构以及其他一些行业规制机构仍对相关行业有行业规制权。这就不可避免地导致行业规制权与反垄断执法权的冲突。因此，反垄断委员会的存在仍有必要性。

不过，从组成看，我国反垄断委员会的组成人员主要是相关部委的负责人。这有利于反垄断工作的协调。但是，目前的反垄断委员会组成人员的专业性还有待加强。因此，建议增加5名左右的反垄断专家作为反垄断委员会组成人员，以解决反垄断委员会组成人员的专业技术知识不足问题。同时，这样的改革还有利于增强反垄断委员会的独立性。

此外，本研究还建议形成反垄断委员会咨询制度，建立该制度主要是为了促进咨询特殊行业领域的反垄断事宜。例如，在“互联网＋”经济领域，反垄断委员会可以专门咨询互联网行业领域、人工智能产业领域、软件产业领域的反垄断法事宜，必要时可以聘请3至5名专家形成专家组，以为反垄断委员会的工作提供支撑。

三、国家市场监管总局的执法能力建设

目前，国家市场监管总局实施反垄断法的最大难题是人员有限、资金不足、知识不足等，突出问题是人力资源的相对缺乏。因此，国家市场监管总局不得不将反垄断执法权下移，授权各省级市场监管部门开展反垄断执法工作。在实际工作中，各省级市场监管部门可能又进一步下移反垄断执法权。这样的做法虽然基本解决了反垄断执法人员不足的问题，但是又产生了执法人员知识水平

不足和执法机构独立性不强的问题。从某种程度上看，我国的反垄断法实施似乎回到了类似于原国家工商部门实施反不正当竞争法的时代。显然，这种情况需要改善。

本研究认为，在反垄断法实施已成为国家的常态化事业后，我国需有效解决好市场监管部门的纵向权力配置问题，而最为理想的模式是反垄断执法权仅限于中央与省级两级行使，且应以反垄断执法中央事权行使为中心，而市县级等低层级的市场监管部门不应开展反垄断执法。为此，比较合理的做法是，增加中央与省级两级的市场监管部门人员开展反垄断执法，其他低层级的部门人员不再参加反垄断执法工作。因此，我国应增设中央和省级市场监管部门人员编制，通过公开招录和从其他部门选拔的方式充实反垄断执法队伍。

此外，无论是国家市场监管部门还是省级市场监管部门，都应增加“互联网+”行业领域的专业技术人员进入执法部门。这样，就能够较好地保证反垄断执法人员的专业性。

不仅如此，为了加强反垄断执法的针对性和专业性，我国可以考虑在国家市场监管反垄断部门下成立“互联网+”经济反垄断部门，以回应新经济的反垄断法新问题。

四、工信部和网信办的参与规范

“互联网+”经济领域涉及互联网产业、信息化产业、通信产业等。因此，“互联网+”经济领域的反垄断执法权与工信部的权力存在深度交织状态。但总体而言，工信部的主要职能在于规范行业管理，其属于行业管理机构，而市场监管部门是竞争执法机构。已有研究提出工信部的互联网行业规制如何与消费者保护、反垄断法实施等相互衔接的问题。① 本研究认为，目前工信部和市场监管部门的协调还有待加强，最好的方式之一是二者共同发布有关相关规章。为此，工信部的规制应从高水平竞争的角度考虑行业规制，市场监管部门的反垄断执法应从高水平行业发展的角度进行分析。从历史发展来看，我国的工信行业规制还将在很长一段时间内存在，因此工信部与市场监管部门的协调是长

---

① 参见吴亮：《网络中立管制的法律困境及其出路——以美国实践为视角》，载《环球法律评论》2015 年第 3 期。

期的事宜。

在我国,网信办负责网络内容管理和网络文化产业的相关规制工作。在“互联网+”经济发展中,反垄断执法涉及网络信息安全、网络游戏产业。因此,有关规制需要解决好网信办与市场监管部门的协调关系。本研究认为,就反垄断法实施而言,核心在于市场监管部门需在有关情形中咨商网信办对反垄断规制事宜的建议。

五、反垄断私人实施保障设计

众所周知,反垄断法私人实施的最大难题是私人原告对垄断行为的证明难题。因此,我国应建立支持反垄断法私人实施的后继诉讼制度。因此,比较有效的方式是,应在法律规定上明确行政机关的处罚决定、司法机关的判决认定的事实若同于反垄断民事案件事实的,应得到证据采信。从这个角度看,我国可以通过完善《民事诉讼法》有关规则的方式进行改革。不仅如此,当事人应有权依据《民事诉讼法》申请法院向有关单位和个人调查取证。当然,反垄断调查承诺程序中的证据不宜作为反垄断私人诉讼的充分证据。

六、反垄断群体诉讼体制变革

当前,我国反垄断群体诉讼并未有效发挥作用,反垄断法实施主要依靠反垄断行政执法推进。从效果上看,整个社会的反垄断法实施动能尚未充分发挥出来。因此,我国需要改革反垄断群体诉讼制度,促进该制度的有效运行。根据我国《民事诉讼法》《消费者权益保护法》等法律法规,我国目前有共同诉讼、代表人诉讼、消费公益诉讼、检察公益诉讼规则。不过,这些规则并未能在反垄断诉讼中发挥作用。共同诉讼、代表人诉讼的功能发挥障碍在于程序启动者的举证责任能力不足以及对其可能带来的诉讼成本超过诉讼收益问题。消费公益诉讼、检察公益诉讼规则的不足在于实际受害人并不能参与其中,实际受害人可能也未能真正享受到诉讼利益,且在消费公益诉讼、检察公益诉讼中程序启动者也无较大积极性展开程序。其中的关键原因是,目前的规则未能将不确定性的广大受害人的诉讼能力聚合起来。也就是说,真正有效的制度应使实际受害人分享到诉讼利益,同时不增加受害人的诉讼负担,至少受害人不能因为反垄断诉讼而耗费其不应承担的巨额诉讼成本。

从这个角度看，我国有必要改革反垄断群体诉讼制度，核心是要引入选择退出制、选择加入制、禁止退出制三类反垄断群体诉讼规则。① 对于受害人人数众多的垄断案件，法院可以裁决采用选择退出制群体诉讼规则，即仅申请退出诉讼的受害人不受关涉判决的拘束。这样，就可以将未登记的大多数受害人纳入诉讼原告范围，但其可享受到胜诉利益。对于受害人人数较少的反垄断群体诉讼案件，法院可以裁决采取选择加入制诉讼规则。对于诉讼请求为要求经营者采取行为救济的垄断案件诉讼，法院可以裁决采用禁止退出制诉讼规则，即任何潜在受害人都受到关涉判决的拘束。这样，多元有效的反垄断群体诉讼制度就得以建立。为此，我国有必要通过完善《民事诉讼法》或制定统一的《群体诉讼法》甚至《反垄断群体诉讼法》完善反垄断群体诉讼制度。

第二节　我国“互联网 + ”经济反垄断传统处理与软性处理机制改革建议

一、反垄断执法方面

当前，我国反垄断执法以罚款为主。从规则层面看，反垄断罚款在 2022 年《反垄断法》修订前主要是针对垄断经营者的处罚，上限为其上一年度销售额的 10%。这一规定存在两方面的不足：一是罚款的对象未涉及经营者的相关人员，如经营者的高管、实际控制人或其他直接责任人员，不利于真正惩罚和预防垄断行为。理由是，对经营者的罚款并不影响有关人员的直接利益，直接推动垄断行为形成乃至垄断行为实施的人员并没有得到惩罚。因此，有必要将垄断行为的直接责任人员纳入罚款制度的惩罚对象。为此，我国《反垄断法》在 2022 年的修改中增设了对垄断协议行为经营者的法定代表人、主要负责人和直接责任人员的罚款规则（可以处 100 万元以下的罚款）。不过，该次修订未对滥用市场支配地位行为和违法实施经营者集中行为的经营者的法定代表人、主要

① 参见王炳：《论中国反垄断群体诉讼模式的选择》，载《南京航空航天大学学报（社会科学版）》2019 年第 4 期。

负责人和直接责任人员设置相关罚款规则,对行政性垄断行为主体的有关责任人员的处理规则也不具体。因此,未来《反垄断法》再次修订时需进行完善。二是罚款的数额规定仍需完善。过去,对垄断行为罚款的数额有的偏低,例如对违法实施经营者集中行为的罚款数额就过低,上限仅为50万元,不足以惩罚相关主体。经2022年修订的《反垄断法》第58条对此进行了完善,对违法实施经营者集中行为的经营者"处上一年度销售额百分之十以下的罚款;不具有排除、限制竞争效果的,处五百万元以下的罚款"。此外,根据经2022年修订的《反垄断法》第63条规定,违反该法规定,情节特别严重、影响特别恶劣、造成特别严重后果的,国务院反垄断执法机构可以在该法第56条、第57条、第58条、第62条规定的罚款数额的2倍以上5倍以下确定具体罚款数额。这样,对垄断行为的罚款数额最高可以达到经营者上一年度销售额的50%,对一些情形中的个人的罚款可以达到500万元。但是,这一高额罚款的规定可能带来这样的问题,即反垄断执法机构的自由裁量权过大。对此,未来反垄断法律法规需进行完善,加强程序约束。值得指出的是,在"互联网+"背景下,对相关垄断行为的罚款数额是否有必要作出特殊考量,例如是否比传统垄断行为的罚款数额高出一定的幅度,值得反思。本研究认为,由于"互联网+"经济具有网络效应,相关违法垄断行为牟利的时间较短而获利数额巨大,因此可以在法律规定的限度内处略高的罚款。不过,应对罚款进行合乎比例的幅度区分。也就是说,可以对垄断行为区分出不同的类型,按照不同的损害程度规定相应的罚款。

此外,对于"互联网+"经营者垄断行为的行为罚也需要根据时代发展需要进行规定。也就是说,应将高度概括性的行为罚规则技术化。《关于平台经济领域的反垄断指南》第21条规定了对经营者集中救济的特别措施,如剥离知识产权、技术、数据等无形资产或者剥离相关权益,开放网络、数据或者平台等基础设施,许可关键技术,终止排他性协议,修改平台规则或者算法,承诺兼容或者不降低互操作性水平等。例如,在腾讯控股有限公司收购中国音乐集团股权违法实施经营者集中案中,国家市场监管总局采取了责令解除"独家版权协议"或"其他排他性协议"的处理方式。[①] 总体而言,我国可以将以下技术性的措施转变为法律措施,进而使之成为反垄断行政处罚或救济工具:(1)开放或断开网

① 参见国家市场监管总局(国市监处)〔2021〕67号行政处罚决定书。

络或平台；(2)卸载或更新软件；(3)删除、变更或修复平台规则、算法、程序、命令等；(4)保障兼容或互操作性(含网络、平台、算法、技术、规则、命令、软件、数据等)；(5)剥离平台、数据、算法等。如此，针对“互联网＋”经济领域的反垄断行为罚就不再是高度抽象的措施。

对“互联网＋”经营者垄断行为的资格罚而言，我国反垄断法可以明确在特殊情况下可以拆分平台，可通过有关规定细化平台经营者拆分规则，以促进市场竞争。

此外，从正当程序的角度看，对“互联网＋”经营者垄断行为的行政执法程序还应保障第三人的程序权利，必要时应组织听证会，使竞争者、交易相对人、消费者、社会公众有表达意见建议的机会。此外，若第三人利益受到损害的，其有权提起行政复议、行政诉讼。另外，为了保障反垄断执法的正当性，还应建立专家论证制度，必要时召集反垄断法专家、经济专家、互联网技术专家等对专门技术问题进行论证。为此，有必要建立反垄断专家论证制度的实体规则和程序规则，其中特别需要明确规定有关专家在参与案件中的保密义务、中立义务、谨慎义务等。

二、反垄断和解方面

我国目前的反垄断执法和解规则主要体现在两个方面：一是反垄断调查中止制度和调查终止制度；二是经营者集中附条件批准制度。总体而言，我国相关制度的不足主要在于其未能将契约精神融入进来，导致反垄断和解商谈程序可能并不符合协商正义原则。因此，相关立法应完善之处主要在于：(1)应保障经营者在承诺达成方面的自愿性，同时赋予相关主体的程序救济权利。(2)在和解执行方面，我国需要规定更为严格的法律责任制度。(3)在第三人利益保护方面，需增设公共评论制度，允许第三人参与到反垄断和解程序，以避免事后不必要的诉讼。

三、反垄断指导方面

首先，我国需将反垄断行政指导写入《反垄断法》中。虽然我国积极采用行政指导方式开展反垄断执法，但并无明确的法律规则作为支撑。因此，建议未来修订《反垄断法》时对反垄断行政指导的可适用性作出明确规定。

其次,我国需明确反垄断行政指导的形式。我国法律法规应明确规定反垄断行政指导包括公开倡议书、友情提醒书、友情建议书、公开交流会等形式。但是,应避免采取提醒告诫书方式。理由在于,提醒告诫书在性质上不同于行政指导,其更接近于处罚类的行政警告。

再次,我国需规定反垄断行政指导的效力。我国应明确规定,反垄断行政指导对被指导人不具有法律拘束力,相关主体不受行政指导的约束,但其应自行承担相关反垄断法的违法风险。

最后,我国需明确反垄断行政指导的救济。我国应明确规定,对行政机关滥用行政指导损害当事人权益的,当事人有权提起救济。此外,若第三人因为反垄断行政指导受到损害的,其有权提起行政复议或行政诉讼。

四、反垄断咨询方面

反垄断咨询是经营者主动就反垄断事宜咨询反垄断法实施机构的行为。从法律运行的角度看,应保障反垄断咨询的有效开展,以解决经营者的反垄断疑难问题。从制度规范的层面看,反垄断法实施机构对反垄断咨询应采取正式的回复形式。理由在于,反垄断咨询涉及严肃的反垄断实体或程序问题,涉及反垄断法案件的处理,因此需要高度谨慎。因此,反垄断答复咨询应经过相关部门的认定分析进而进行答复,且应以公开答复形式为宜。另外,从程序规定看,可以规定30日为反垄断法实施机构回复的最长期限,自经营者提交咨询文书次日后起算。

五、反垄断合规方面

国务院反垄断委员会已于2020年发布了《经营者反垄断合规指南》,其中阐明了合规管理制度、合规风险重点、合规风险管理、合规管理保障等,相关部门也发布了一些反垄断合规指引,我国经营者已有诸多反垄断合规实践。但是,我国已有的合规实践表明,由于整体制度尤其是法律制度中的基础性条件的缺乏,导致合规在我国的施行存在诸多困难。① 因此,有必要从法律规则上进行完善。

---

① 参见邓峰:《公司合规的源流及中国的制度局限》,载《比较法研究》2020年第1期。

首先，我国《反垄断法》应规定“国家倡导经营者积极开展反垄断合规行为”。从立法的角度看，该规范属于倡导性规范，而不是义务性规范。也就是说，应明确反垄断合规是倡导性行为，而不是经营者的强制性法律义务的履行行为。原因在于，反垄断合规需要有反垄断专业知识判断，故规定所有经营者必须进行反垄断合规无法解决其知识难题。尽管如此，从效率的角度看，国家有关部门可以将反垄断合规作为一种倡导性行为，并可以将其发展成为行业自律行为。这样，就可以节约反垄断执法成本。但是，“互联网＋”领域的反垄断合规涉及算法、大数据、人工智能等多种复杂技术，因此相关合规建设是一个复杂且长期的事业。

其次，国家建立支持反垄断合规的保障体系，支持“互联网＋”经营者开展反垄断合规。为此，可以通过加强反垄断法实施机构的行政指导、促进反垄断合规评级制度建设等提供反垄断合规保障。① 此外，国家有关部门可以设立反垄断合规公共项目，建立反垄断合规专家库，为企业反垄断合规提供智力支持。其中，应特别支持“互联网＋”经营者开展反垄断合规。

再次，建立反垄断合规的激励机制。有研究认为，我国可以建立“合规证书”制度，规定该证书获取与取消的资格条件与程序、规定不同级别企业的责任减免范围等。② 我国《经营者反垄断合规指南》未在这方面进行突破，其也不可能突破。这需要通过修改基本法律的方式进行规定。

最后，明确反垄断合规开展与否不加重垄断行为责任。也就是说，虽然开展反垄断合规并不排除反垄断法上的责任，但未开展反垄断合规也不意味着经营者需加重承担反垄断法上的责任。

六、反垄断报告方面

《经营者反垄断合规指南》涉及的反垄断报告主要为主动型报告，其显然无法涵盖反垄断报告的全部内容。为此，本研究有三个方面的建议。

首先，应明确反垄断报告分为义务型报告和主动型报告两类。前者是在反垄断案件处理中，反垄断法实施机构通过裁决加于经营者的义务，经营者必须

---

① 参见王磊：《论平台垄断的合规治理》，载《行政法学研究》2023 年第 4 期。

② 参见喻玲：《从威慑到合规指引——反垄断法实施的新趋势》，载《中外法学》2013 年第 6 期。

履行之;未履行报告义务的,应承担相应的法律责任。后者是经营者自愿地将有关事项向反垄断法实施机构报告的行为。

其次,应建立明确的义务型报告规则,包括报告时间、报告内容、法律后果等。为此,有必要建立义务型报告之报告人制度和执法监督部门的监督人制度,以保障义务型报告行为的履行。

最后,应正确引导经营者主动报告。应引导经营者在必要的情况下主动报告,在非必要的情况下不必报告,以减少行政负担。此外,对于经营者主动作出承诺的,应予以鼓励。

七、反垄断诉讼方面

我国的反垄断诉讼制度建设的核心在于促进反垄断群体诉讼制度建设。为此,本研究提出以下建议。

首先,应健全选择退出制、选择加入制、禁止退出制反垄断群体诉讼规则。为此,我国需要改革反垄断群体诉讼规则,建立以选择退出制诉讼为主、选择加入制诉讼和禁止退出制诉讼为辅的诉讼规则。在反垄断选择退出制诉讼规则中,凡法院认定某一反垄断诉讼具有不确定的受害人的,则潜在受害人自动属于原告范围,只有明确表示不愿意受到案件判决约束的当事人才可以选择退出诉讼。在这种规则下,未退出诉讼的潜在受害人可以获得胜诉利益,例如取得电子胜诉利益券。当然,这种诉讼规则的动力杠杆是诉讼代理人的诉讼费用机制。也就是说,在反垄断群体诉讼中,诉讼代理人可因为诉讼代理而获得数额不菲(但也应有限制)的服务费用。而这就可以撬动反垄断群体诉讼动力源的基石。因此,我国未来应积极建构选择退出制反垄断群体诉讼规则。不过,如果垄断行为受害人较少或者诉讼标的无法分割,则需要采用选择加入制反垄断群体诉讼或禁止退出制反垄断群体诉讼。特别指出的是,如果垄断行为人最终需要采取行为救济的方式解决其行为的不利影响时,则反垄断诉讼不能因为受害人主体人数众多、主张不一而作出不同的判决,故此种情形只能采取禁止退出制反垄断群体诉讼规则。

其次,应将消费公益诉讼规则、检察公益诉讼规则与反垄断群体诉讼制度相衔接。其中的核心规则是应允许受害人参与其中,让实际受害人享受到相关诉讼利益。只有这样,才能真正发挥实际受害人的诉讼动能,促进反垄断公益诉讼制度功能的发挥。

最后，细化反垄断群体诉讼的先进规则。在“互联网＋”经济发展中，反垄断群体诉讼机制可以依托互联网法院的便利措施而有效开展。因此，在“互联网＋”经济反垄断群体诉讼中，网络起诉、网络退出诉讼或加入诉讼、网络审判、网络判决、网络执行都可以有效进行。其中，反垄断群体诉讼可以利用大数据、人工智能技术等实现反垄断诉讼的智能化，推进该领域反垄断诉讼效率的提升。

第三节　我国“互联网＋”经济发展的反垄断立法与相关反垄断指南建构

目前，国务院反垄断委员会已发布了平台经济领域的反垄断指南，主要对平台经济的反垄断法问题进行了阐释。但是，“互联网＋”经济的垄断行为不限于平台经济领域，即游离于平台之外的“互联网＋”经济垄断行为也可能存在。因此，我国应结合“互联网＋”经济的情形，继续完善基本法律，建构体系化的反垄断指南，以推进反垄断法的实施。

一、《反垄断法》的未来完善问题

就“互联网＋”经济发展而言，《反垄断法》的完善有三种可能性选择：一是专章规定“互联网＋”经济的反垄断法规则；二是穿插修补式增加“互联网＋”经济的反垄断法规则；三是在《反垄断法》之外制定专门的“互联网＋”经济反垄断基本法律。

本研究认为，比较理性的方式是采取第二种模式。理由在于，反垄断法事业是持续的事业，传统垄断行为与“互联网＋”经济领域的垄断行为存在交织关系，二者无法截然分割。从目前来看，传统的四类垄断行为，即滥用市场支配地位行为、垄断协议行为、经营者集中行为（应禁止或部分禁止的情形）、行政性垄断行为，仍是有效的分类，“互联网＋”经济更多是催生了一些新的垄断行为方式，其中有的是多种垄断行为的融合方式。因此，采取织补修订《反垄断法》的方式较为合理。而采取专章的方式无法在逻辑上处理好规则之间的和谐关系，制定专门立法的方式也可能存在难以处理的规则重叠问题。

值得肯定的是,经过2022年的修订,我国《反垄断法》已对"互联网+"经济发展的反垄断法问题进行了回应。主要体现在:一是增加了一般性禁止性规定,即该法第9条规定"经营者不得利用数据和算法、技术、资本优势以及平台规则等从事本法禁止的垄断行为"。二是增加了组织帮助型垄断协议行为禁止性规定,即该法第19条规定"经营者不得组织其他经营者达成垄断协议或者为其他经营者达成垄断协议提供实质性帮助"。[①] 三是增加了禁止利用数据和算法、技术以及平台规则等从事滥用市场支配地位的行为的规定。[②] 四是增加了对未达到申报标准的经营者集中的申报与调查规定。[③]

不过,上述有的回应是粗线条的,有的回应还存在不足。本研究认为,从"互联网+"经济发展的反垄断法保障角度看,未来《反垄断法》的修订需包括以下方面:一是完善经营者的概念和相关市场的概念,以明确经营者也包括市场经营者(商品生产市场、商品销售市场、服务提供市场的经营者),相关市场包含平台市场。二是概括禁止平台经营者利用人工智能等先进技术从事法律禁止的垄断行为,以对高端互联网平台的垄断行为予以概括禁止。三是明确将一些行为列举于滥用市场支配地位行为之列,包括自我优待、大数据歧视、平台封禁、互操作限制、不合理的销售服务一体化等,以禁止高端互联网平台的智能制造垄断行为、技术垄断行为、智能终端一体化服务垄断行为等滥用市场支配地位行为。四是明确协同行为的构成要件,以有效规制网络化协同垄断行为。五是完善未达到申报标准的经营者集中审查规定,以有效审查高端互联网平台集中。六是完善行政处罚的罚款规则和行为罚规则,将滥用市场支配地位行为和垄断协议行为的经营者的直接责任人员纳入罚款处罚对象,增加行为罚形式,包括开放或断开网络或平台,卸载或更新软件,删除、变更或修复平台规则、算法、程序、命令,保障兼容性、互操作性,剥离平台、数据、算法等。七是引入反垄断行政指导、反垄断合规、竞争倡导规则,完善反垄断中止调查与终止调查规

① 该法第56条第2款规定了相关法律责任适用规则。

② 具体见该法第22条第2款。

③ 该法第26条第2款、第3款规定,经营者集中未达到国务院规定的申报标准,但有证据证明该经营者集中具有或者可能具有排除、限制竞争效果的,国务院反垄断执法机构可以要求经营者申报。经营者未依照前两款规定进行申报的,国务院反垄断执法机构应当依法进行调查。

则、经营者集中附条件许可规则，以有效促进反垄断法实施。八是完善反垄断期限和时效规则，即按照比例原则完善滥用市场支配地位行为和垄断协议行为调查处理期限、达到申报标准的经营者集中申报与审查期限、未达到申报标准的经营者集中处理期限、未达到申报标准的经营者集中的审查时效、违法实施经营者集中的调查处理期限等。九是建立公共评论制度，以促进反垄断行政执法参与。

二、互联网接入使用指南的制定问题

“互联网+”经济运行的前提是互联网的有效应用，对此应有反垄断法加以保障。而制定互联网接入使用指南有利于促进开放互联网、高速互联网、公平互联网的建设，保障互联网成为“互联网+”经济发展的基本要素条件。因此，从基本原则看，互联网接入使用指南应遵守开放原则、公平原则、兼容原则、高效原则等。所谓开放原则，是指互联网接入使用应不受到不合理的限制，应排除正常交易要素以外的任何限制，以保障任何经营者可接入互联网；所谓公平原则，是指接入使用互联网的经营者具有平等的地位，不应受到歧视；所谓兼容原则，是指接入使用互联网的链接设施具有可互操作性，在相关功能实现上不存在障碍；所谓高效原则，是指互联网接入者享有高速互联网、高质量互联网的便利。

从内容上看，互联网接入使用指南应主要分析以下垄断行为：一是互联网接入使用中的滥用市场支配地位行为；二是互联网接入使用中的纵向协议限制行为。前者主要分析互联网企业可能滥用市场支配地位实施拒绝交易、限定交易、差别待遇、搭售、垄断性价格等行为的反垄断法违法问题；后者主要分析互联网接入使用中的纵向协议限制问题，如转售价格维持等行为的认定问题。当然，互联网接入使用领域也可能有其他垄断行为发生，也应进行分析。

一般而言，互联网接入使用中的反垄断法适用除外理由包括正当商业理由抗辩、网络安全抗辩、相对人自身原因抗辩等。其中，正当商业理由抗辩可采取比较竞争者的行为与经营者自身行为、经营者成本利润率等方式进行分析。

三、平台经济领域反垄断指南的修订问题

我国已于2021年发布《关于平台经济领域的反垄断指南》。该指南主要对

平台经济领域的突出问题进行了反垄断法分析。从总体上看,该指南具有先进性,对相关市场界定、算法共谋、轴辐协议、必需设施、“二选一”、大数据差别待遇、VIE 经营者集中、未达到申报标准的经营者集中、掠夺性定价等进行了创新性和特色性规定。① 但是,该指南仍有诸多不足之处,如相关市场界定方法的局限性问题,②必需设施理论适用的不明确问题,③未对安全港问题、自我优待问题、质量降低合谋问题进行有效回应等。④

本研究认为,我国《关于平台经济领域的反垄断指南》的今后完善需要侧重以下方面:(1)关于滥用市场支配地位行为的调整,应完善相关市场的界定方法,完善新型垄断行为的认定分析,如互联网平台互操作性有关的反垄断法分析。(2)关于垄断协议,应重点修订关于算法协同行为的有关规则,详细阐述算法协同行为违法的认定分析方法。(3)关于经营者集中,应重点阐明未达到申报标准的经营者集中的竞争损害分析认定方法以及相关程序启动、审查方法、审查时限、处理方式和处理程序等。(4)关于行政性垄断行为,应更加详细地列举涉及平台经济的行政性垄断行为,同时对可能的豁免范围进行阐明。(5)关于超级平台的垄断行为,应特别阐明超级平台相关垄断行为认定分析的特殊方法、特殊因素等。(6)关于相关理论的采用问题,应考虑有关反垄断理论的发展性,只将较为成熟的理论纳入指南,且应以发展变化的角度阐述相关理论,不应将某一理论的应用绝对化。

四、纵向协议反垄断指南的制定问题

我国《反垄断法》《禁止垄断协议规定》《关于平台经济的反垄断指南》对纵向协议规定或阐述得比较简略,因此出台相关指南具有必要性。纵向协议反垄

---

① 参见徐士英、应品广:《创建平台经济反垄断规制的中国范本——简评〈国务院反垄断委员会关于平台经济领域的反垄断指南〉》,载《中国市场监管研究》2021 年第 2 期;刘金瑞:《应对平台经济新挑战,开启反垄断监管新篇章——〈国务院反垄断委员会关于平台经济领域的反垄断指南〉解析》,载《中国信息安全》2021 年第 2 期。

② 参见陈兵:《平台经济领域相关市场界定方法审视——以〈国务院反垄断委员会关于平台经济领域的反垄断指南〉第 4 条为中心的解读》,载《法治研究》2021 年第 2 期。

③ 参见宁度:《拒绝交易的反垄断法规制——兼评〈关于平台经济领域的反垄断指南〉拒绝交易条款》,载《法治研究》2021 年第 4 期。

④ 参见韩伟:《“平台经济反垄断指南”正式稿简评》,载《竞争政策研究》2021 年第 2 期。

断指南的目的在于阐述何种情形中的纵向垄断协议构成违反反垄断法的情形。在“互联网 + ”经济发展中，纵向一体化可能具有普遍性。因此，应根据不同情形分析之。

众所周知，纵向协议的内容可能具有传导性。例如，生产者与批发者的协议可能传导到批发者与零售商之间的协议，进而传导到零售商与消费者之间的协议，甚至传导到售后服务协议。对此，纵向协议指南应结合行业特点分析纵向协议对竞争的损害。但是，若某个行业形成了上下游市场完全一体化现象，即各个经营者皆将生产、批发、零售、售后服务融入其企业内部行为中，则很难说存在纵向协议。在这种极端情况下，纵向协议的分析是不必要的。纵向协议指南需要分析的是，某个行业的生产、批发、零售、售后服务环节仍是独立的，相关环节仍然存在独立的竞争性，上游环节与下游环节之间的行为存在竞争影响，对此需分析纵向协议的反竞争问题。

纵向协议指南分析的重点应主要在于纵向协议是否是一个阻碍竞争的安排。其中，核心是要比较分析纵向协议对竞争对手的阻碍性影响、是否带有消费者利益分享效果、是否带来社会福利最大化效果等。也就是说，纵向协议指南应特别注重对效率正当理由的分析。

纵向协议指南中应注重对算法、大数据、平台规则、技术措施的反垄断法问题分析。也就是说，应在对价格垄断协议分析的基础上，重视分析采用先进信息技术手段实施纵向协议限制行为的违法性问题。于此，应注重对个人信息安全、隐私保护、数据安全、关键信息基础设施安全等问题的分析。此外，还应注重对相关知识产权问题的分析。理由在于，纵向协议可能是为了保护相关主体的专利权、著作权、商业秘密权而实施的。不过，相关具体分析中还要分析相关行为是否具有合理性。

五、网络信息分享反垄断指南的制定问题

在“互联网 + ”经济领域，平台信息分享和非平台信息分享都可能产生反垄断法问题。我国《反垄断法》《禁止垄断协议规定》《关于平台经济领域的反垄断指南》对这一问题未予以较好回应。因此，有必要通过相关反垄断指南进行阐释。网络信息分享反垄断指南的目的是促进互联网信息分享，同时限制其对竞争的损害，重在分析何种信息分享可能构成垄断协议。

因此，该指南应明确，促进网络信息分享以促进“互联网＋”经济发展是基本原则之一。也就是说，反垄断法不应对网络信息分享采取完全敌视的态度。在过去很长一段时间，反垄断法对垄断协议采取的是总体上对立的态度，因此对其规定也十分严格。但是，随着“互联网＋”经济的发展，信息分享为人们带来了更多福利，因此反垄断法需要调整方向，应采取促进信息分享但规制其弊害的态度。

换言之，反垄断法应主要惩罚主观上具有恶意的垄断协议行为，对具有严重不利后果的垄断协议行为应处理之，对负面影响不大的情形一般不必予以处理。只有这样，才能有效地促进“互联网＋”经济的发展。故此，反垄断指南需阐明网络信息分享可能构成违法的情况。总体而言，可以采取善意标准、公共利益标准等进行判断。

进言之，本身违法原则应仅限适用于具有主观恶意的垄断协议行为，对其他情形则需要采取合理原则进行分析。在具体分析中，核心是采取假定与抗辩的分析结构进行分析。也就是说，在某个网络信息分享行为是否构成垄断协议的认定中，应特别注重程序正义，让经营者有自我辩解其行为正当的机会。还需指出的是，网络信息分享可能是基于网络安全的原因、保护消费者利益的原因而构成应予以保护的行为。

六、网络知识产权领域相关反垄断指南的问题

就“互联网＋”经济而言，反垄断指南应对算法知识产权、数据知识产权、软件知识产权以及智能制造技术相关知识产权的反垄断法问题进行回应。从这个角度看，我国《关于知识产权领域的反垄断指南》《关于平台经济领域的反垄断指南》存在不足。为此，我国可以通过修改完善《关于知识产权领域的反垄断指南》或单独发布《网络知识产权领域的反垄断指南》阐述相关法律问题，阐述“互联网＋”背景下知识产权利益相关主体的关系平衡。

在“互联网＋”经济领域，相关知识产权的价值随着竞争的加剧而不断贬值。因此，某项知识产权是否具有限制性、是否具有保护的意义需要结合互联网环境进行分析。

此外，对于属于标准必要专利的情形，应分析必需设施理论的适用条件和方法。如果某一专利构成标准必要专利，则需要分析以下问题：该专利是否是

其他主体开展市场行为的必要的条件;竞争者或相对人可否通过合理的方式进行取得;标准必要专利持有人拒绝受害人的理由是否正当问题等。

第四节 我国“互联网+”经济发展的反垄断法适用难题应对策略建议

鉴于“互联网+”经济的反垄断法特殊问题,本研究提出以下特殊适用难题的应对策略建议。

一、价值目标的平衡:采用消费者分享型社会总福利最大化基准

在“互联网+”经济领域的反垄断法案件处理中,最大的难题是价值目标的平衡问题。虽然《反垄断法》和《关于平台经济领域的反垄断指南》明确了反垄断的多元价值目标,但是这些价值目标的平衡协调是一个难题。例如,在“互联网+”经济中,超大型企业的创新、效率如何获得正当评估,即既不能高估也不能低估创新、效率的价值问题,是一大挑战。对此,根据前章论证,本研究认为,多元价值目标平衡的理性标准是消费者分享型社会总福利最大化基准。

也就是说,任何经营者的任何市场行为只有符合消费者分享型社会总福利最大化基准才属于正当。否则,如果满足反垄断法实施的事实条件,相关主体的市场行为为违法行为。根据该基准,经营者的市场行为在满足下列条件时属于正当行为:其市场行为促进了社会总福利最大化,同时消费者可分享相关福利。其中,消费者分享的福利既包括经济性福利,也包括非经济性福利。无论如何,即使消费者在当前无法分享到经济性福利,其在当前也应可分享到非经济性福利,例如个性化体验、多元选择等。否则,若满足垄断行为认定的其他条件,经营者的市场行为就是应予以追责的垄断行为。

根据上述基准,超大型企业的创新抗辩至少应体现出其市场行为使得消费者可分享到非经济性福利,否则其市场行为若满足其他条件就是违法的垄断行为。当然,若超大型企业的创新抗辩还为消费者带来了实际的经济性福利,则其抗辩理由也是成立的。

对于超大型企业的效率抗辩是否正当的问题,同样可以基于消费者分享型

社会总福利最大化的基准进行分析。如果经营者提出的成本节约、效率提高是应予以保护的事由,就应当证明该情形使得消费者福利分享得到了实现,至少是消费者分享到了非经济性福利。

这样,根据消费者分享型社会总福利最大化的基准,我们就可以在具体案件中较好地处理好当前比较棘手的创新保护问题、效率抗辩问题,也能够较好地处理好知识产权保护问题,更可以较好地处理好竞争自由、竞争公平等价值目标的平衡问题。

二、经营者概念的革新:市场经营者概念的引入

在传统的反垄断法中,经营者主要是商品(服务)经营者,包括商品生产者、批发者、销售者等,其开展的生产、批发、销售行为一般发生于具有空间阻隔的物理空间内。但是,在“互联网+”经济中,商品的生产、批发、销售通过互联网连接起来,且诸多经营者聚集于平台中。这样,就出现了平台经营者。在本质上,平台经营者属于市场经营者,其经营的对象是网络市场,其相关市场是相关平台市场,其交易相对人不限于商品经营者和消费者,还包括支付经营者、运输经营者等,其经营条件包括网络、硬件、软件、算法、数据等。从这一角度看,法律上需要革新经营者的概念,即在传统的商品(服务)经营者概念的基础上,需要加入“市场经营者”的新概念。

但是,值得指出的是,同一经营者可能同时兼有市场经营者和商品经营者的双重身份。例如,平台经营者除经营平台市场外,自身还可能提供商品或服务,此时的平台经营者就兼有市场经营者和商品经营者的双重身份。

在以上基础上,再认定经营者实施的滥用市场支配地位行为、垄断协议行为、经营者集中行为就简单得多。

三、相关市场范畴的革新:平台市场概念的增设

传统反垄断法上的相关市场以商品市场为中心,并需从时间上、地域上进行限定。在后来的发展中,技术市场和创新市场的概念拓展了相关市场的疆域。当前,则应更加重视对技术市场和创新市场的分析。但是,无论是商品市场、技术市场还是创新市场,都是从某一个市场要素出发进行分析的,具有相对的单一性。随着“互联网+”经济的发展,经济形式向网络聚集,经营者网络平

台也成为一种经营客体。基于此,有必要在传统相关市场范畴的基础上增设平台市场的范畴。引入平台市场的概念有利于界定平台经营者之间的竞争关系,有利于厘清平台经营者与平台内经营者的关系,有利于更加准确地界定相关市场,进而可更加合理地认定市场行为的竞争影响和决定如何处理相关主体的行为。

尽管我国《关于平台经济领域的反垄断指南》第4条阐述了“可以根据该平台整体界定相关商品市场”的问题,但其仍将平台市场置于商品市场的范畴之下,仍有局限性,故有必要修改之,应明确“平台市场是具有较为紧密替代关系的平台所构成的市场”。

应当指出的是,增加平台市场的范畴并不排斥采用商品市场的概念处理应当界定相关商品市场的案件。原因在于,尽管“互联网+”经济进入市场经济的各领域,但并非每个经营者都经营平台,多数经营者经营的范围仍是商品或服务,因此对相关主体的垄断行为调查处理中仍应分析商品或服务市场问题,在特殊情况下有时还需要对双边市场、多边市场进行分析。

另需指出的是,就我国而言,商品市场、技术市场已在相关反垄断指南中得以阐明,但创新市场的范畴尚未独立出来。因此,有必要在反垄断指南中阐明创新市场的概念,可阐明“创新市场是指具有较为紧密替代关系的研究开发所构成的市场,具体根据研发资产投入情况、研发工作情况、研究技术使用情况等因素进行认定”。

四、垄断行为的认定:复合性垄断行为的区分

在传统的反垄断法实施中,滥用市场支配地位行为、垄断协议行为、经营者集中行为、行政性垄断行为的独立性程度较高,一般很容易区分。但是,随着“互联网+”经济的发展,互联网将市场联系得十分紧密,经营者、竞争者、交易相对人、消费者很容易聚合在一起。这样,经营者的垄断行为可能具有复合性,例如网络平台的行为可能同时具有滥用市场支配地位行为和垄断协议行为的性质,某一垄断协议可能同时具有纵向协议和横向协议的成分,某一经营者的纵向拓展可能带来经营者集中的效果等。

于此,反垄断法需要合理地区分不同垄断行为。合理地区分不同性质的垄断行为不仅有利于对相关行为进行定性,也有利于合理地框定违法行为人。例

如,网络平台的行为若属于滥用市场支配地位行为,违法者仅限于该市场支配地位者;若将相关行为认定为纵向垄断协议行为,则还需要处理其下游经营者。又如,若在垄断协议处理中不存在通过纵向协议推演出横向协议的情形,则不大可能处罚相关横向协议的经营者。再如,若将纵向拓展行为认定为垄断协议行为和经营者集中行为,则相关不同的反垄断法规制的差异巨大。因此,在“互联网+”经济领域,应合理地区分复合性垄断行为,作出准确定性,进而予以理性处理。

应当指出的是,由于“互联网+”经济垄断行为存在一定的聚合性,因此需要在合理区分的基础上按照比例原则规定不同类型的垄断行为的法律责任。

五、豁免的考量:网络化豁免事项的分析

在传统的反垄断法豁免中,基于安全、社会公益、技术进步、中小企业发展、对外贸易等理由可以对一些垄断行为网开一面。在“互联网+”经济领域,反垄断法豁免应分析信息技术革命所带来的豁免领域的新变化。例如,网络安全、网络公益、智能制造技术进步等都是需要考虑的豁免对象。在网络安全事项中,网络平台安全、网络基础设施安全、计算机安全、软件安全等都是应当予以分析的内容。也就是说,我们需要对“互联网+”时代的反垄断法豁免问题进行特别考虑,其中有的豁免是随着“互联网+”经济发展而需要新设的豁免事项,有的则是传统豁免事项的网络化、智能化、数据化事项。《关于平台经济领域的反垄断指南》对滥用市场支配地位行为认定中的正当理由问题进行了阐明,其中一些涉及新型的豁免理由,如新业务、新商品、新用户、促销、数据安全、经营模式、特定资源投入、随机性交易等。这些分析显然具有积极的意义。不过,该指南对垄断协议有关的豁免事项未作规定。因此,我国应阐明基于网络安全、网络公益、智能制造技术进步、互联网故障等特殊正当理由也构成新型豁免事项。

六、技术分析的转向:人机一体化行为分析

在传统的垄断行为认定分析中,对经营者的行为(其中含经营者高管、雇员的行为)的认定分析是核心,因此人的行为表现甚至行为时的主观状态都是需要分析的内容,最为典型的情况是对协同行为有时需要进行主观要件分析。但

是，随着“互联网＋”经济的发展，人的行为由计算机、软件、人工智能、算法等替代或辅助实施。这样，在分析经营者的垄断行为时就需要将信息技术要素实施的行为纳入一体化分析。在当前阶段，计算机、软件、人工智能、算法仍是人的辅助性工具，其基本是根据人的设计、指令运行的。到了人工智能的高级阶段，智能化工具的行为可能具有一定的独立性，但仍与人的行为相牵连，且行为结果或收益都汇聚于经营者。因此，对于“互联网＋”经济领域的垄断行为，应将人机纳入一体化分析，通过分析经营者的高管、雇员、计算机、硬件、软件、算法、智能机器人的“行为”“事件”等，结合监管算法、大数据分析等综合认定经营者行为对竞争的影响，对案件进行定性，进而进行反垄断法处理。只有这样，才能促进“互联网＋”经济发展中的反垄断法的现代化。

结　论

在国家积极推进“互联网 +”行动的背景下,以云计算、物联网、大数据、人工智能为代表的新一代信息技术与现代制造业、生产性服务业深度融合,互联网向经济社会领域加速渗透并由“消费互联网”向“产业互联网”发展,“互联网 +”经济发展呈现出网络化、智能化、服务化、协同化特征。在“互联网 +”经济发展中,一些新型垄断行为已产生,并可能在制造业、农业、能源、环保、金融、电子商务、物流等行业广泛出现,这将使“互联网 +”产业垄断与反垄断法实施问题十分突出。因此,研究“互联网 +”经济领域的反垄断法保障问题至关重要。

(一)“互联网 +”经济领域的垄断与反垄断法难题

“互联网 +”经济形态具有网络化、智能化、服务化、协同化特征,“互联网 +”产业垄断行为也带有这些特征。当前,一些“互联网 +”产业垄断行为已开始出现。总体而言,“互联网 +”经济发展中的垄断行为主要包括高端互联网平台垄断、先进制造技术垄断、智能终端服务垄断、网络化协同垄断等。因此,“互联网 +”经济领域的反垄断法实施难题主要在于要处理高端互联网平台滥用行为认定与排除、高端互联网平台的经营者集中规制、先进制造技术垄断与知识产权保护、智能终端一体化服务垄断与正当理由、网络化协同垄断与合法大数据分享问题等复杂关系。具体包括以下几方面。

一是高端互联网平台滥用行为认定与排除问题。在“互联网 +”经济时代,互联网平台不再是简单信息的发布者,而是数据的聚合、提炼、加工和分析者,其属于高端互联网平台。高端互联网平台的特征在于其数据的海量化、数据管理的智能化、数据利用的高速化等。因此,在网络效应的基础上,高端互联网平台通过智能化的管理手段,利用客户的反馈循环形成数据优势,并通过杠杆效应,使其数据信息优势迅速扩大,进而可能滥用数据信息优势损害市场竞争,并波及多个相关市场,使得新的市场进入非常困难。总体而言,高端互联网平台既可能实施拒绝交易等阻碍性滥用行为妨碍市场进入,也可能实施剥削性滥用行为以获得非法垄断利益。显然,高端互联网平台滥用行为不仅损害市场竞争,还损害消费者利益,应受到反垄断法调整。但是,在高端互联网平台滥用行为的认定中,是否存在效率、用户隐私保护、平台数据权利保护等抗辩正当理由是一个十分棘手的问题。理由在于,多元平台竞争未必带来效率,平台保护用户隐私也是法律赋予平台的义务,而基于平台数据管理而产生的数据权利也具有正当性。这使得高端互联网平台滥用行为认定与排除问题更加复杂。

当然,在高端互联网平台滥用行为认定与排除问题中,相关市场的认定问题是其中一个基础但棘手的问题。原因在于,由于互联网平台相关主体的多元性与互联网的无国界性,如何界定互联网行业的相关市场就存在巨大挑战。一般而言,采用单边市场理论分析互联网行业的相关市场并不合理,而采用双边市场理论在某些情况下合理,但有时采用双边市场理论也不适当,需要引入复杂的多边市场分析方法。因此,学界对相关市场界定也存在依据网关协议数据的独立价格计算法、供给替代分析法、需求替代分析法、改进的假定垄断者测试分析法、盈利模式测试法、产品性能测试法、销售方式测试法、双边竞争性产品分析法、经营者利润来源市场分析法、间接网络效应分析法、临界损失法和集群市场分析法、围绕损害理论展开分析法、产品界定和替代性分析二环节分析法、多边市场结构评价分析法、多元化相关市场界定法、平台生态系统分析法等不同观点。这增加了反垄断法实施的复杂性。

二是高端互联网平台的经营者集中规制问题。在“互联网+”行业领域,经营者集中涉及多个类型,如聚合平台经营者集中、一般平台经营者集中、平台内经营者集中、软件经营者集中等。高端互联网平台的经营者集中规制问题的特殊性主要体现在以下几方面:(1)强制申报经营者集中的申报标准问题。高端互联网平台的资本数额、市场份额、销售额差异较大,有的远远超过传统大企业的规模,有的则远远低于传统大企业的规模,其并购的对象可能规模较小,甚至可能是初创企业。因此,是否需要调整高端互联网平台的经营者集中申报标准及其计算方法就是一个问题。(2)未达到申报标准的经营者集中规制问题。即使是在传统的反垄断法实施中,未达到申报标准的经营者集中也可能是反垄断法的调整对象。在"互联网 +"时代,即使规定了相对较低的经营者集中强制申报标准,但仍有一些经营者集中虽未达到申报标准却有排除、限制竞争的可能。因此,如何处理未达到申报标准的高端互联网平台集中规制问题就十分重要。(3)对经营者集中排除、限制竞争的分析问题。高端互联网平台经营者集中的分析难点包括市场竞争的动态性、创新保护的必要性、效率维护等方面。就"互联网 +"市场的竞争动态性而言,由于市场进入、退出可能都比较快速,因此如何评估经营者集中对相关市场的影响就是难题。就创新保护的必要性而言,并购企业可能具有创新企业的特征,被并购企业也可能具有创新性,因此如何保护市场创新就是经营者集中审查中需要解决的问题。就效率维护而言,高端互联网平台企业的效率与互联网优势企业的"赢者通吃"特征相联系,因此如何认定"赢者通吃"平台的效率及其并购所带来的效率就是棘手的问题。如果认定不当,可能带来反垄断法实施的错误假阳性或错误假阴性问题。(4)对经营者集中的救济问题。高端互联网平台的经营者集中涉及平台技术、平台数据、平台其他设施,因此采取结构性的剥离性救济似乎是困难的。但是,如果采取行为性救济方式,则存在如何合乎比例地确定救济方案问题。其中,由于"互联网 +"企业的高速变动性,如何确定行为救济的时间长短问题就十分棘手。(5)经营者集中与其他关联行为的区分问题。高端互联网平台经营者集中可能就是平台经营者滥用市场支配地位行为的方式,且在集中过程中可能存在垄断协议行为问题。因此,在高端互联网平台的经营者集中规制中,如何处理经营者与相关行为的关系就显得十分重要。

三是先进制造技术垄断与知识产权保护问题。在"互联网 +"时代,先进制造技术与互联网深度融合,制造过程不再是条块分割的多个程序的简单拼合,而是智能化程序控制的过程。因此,先进制造技术改变了传统制造的方式,其中涉及数字化软件、物联网技术、定制化生产等要素。这样,先进制造技术是制造设备、智能软件、先进材料等多要素紧密结合应用的领域,在一项先进制造技术的背后是诸多行业领域技术的交汇和融合,其中可能包含多项专利或非专利技术等知识产权。这样,如何防止先进制造技术滥用以保护市场竞争与创新则是一个难题。更为复杂的是,一些先进制造技术可能发展成为技术标准,进而引起标准必要专利的反垄断法难题。先进制造技术垄断行为的认定难题在于,如何平衡其中的知识产权保护问题。我们知道,无论是美国、欧盟,还是我国,都对先进制造技术发展采取创新促进策略，核心在于保护先进制造技术的知识产权。而“互联网+”时代的先进制造技术则强化了制造技术的信息化、网络化、智能化，使得知识产权保护问题复杂化。因此，其中的反垄断法实施难题在于如何认定先进制造技术垄断行为相关的知识产权抗辩问题。当然，其中产品市场、技术市场、创新市场的复杂问题也是先进制造技术垄断行为处理中的难题，尤其是先进制造技术涉及的相关技术市场和创新市场还不十分明晰时，反垄断法实施问题更加复杂。

四是智能终端一体化服务垄断与正当理由问题。智能终端一体化服务垄断是“互联网+”时代的另一个反垄断法难题。智能终端一体化服务垄断的表现在于，产品或服务的售后服务网络化，其完全由经营者远程控制。这样，产品或服务的销售市场与售后服务市场呈现一体化，纵向限制的程度急剧增加。在智能终端一体化服务中，产品或服务的销售市场与售后市场紧密融合，生产者、销售者和售后服务者一体化，以单一企业或紧密结合型的企业联合形式出现，上下游市场的相关性进一步提高。这就带来上、下游市场之间的封锁问题，可能使市场竞争者无法进入售后服务市场。这种阻碍的表现是，智能化技术连接销售商品或服务与售后服务，在未解码智能化技术的情况下，竞争者无法提供售后服务。智能终端一体化服务垄断对市场竞争的损害是十分明显的。但是，也应值得注意的是，智能终端一体化服务也能提高经营者效率，对消费者而言并非完全没有福利，因此如何权衡智能终端一体化服务带来的积极影响与智能终端一体化服务垄断所导致的弊害是一个难题。此外，智能终端一体化服务中也可能存在商品服务安全、客户主动要求等特殊理由。这都给反垄断法实施带来巨大挑战。

五是网络化协同垄断与合法大数据分享问题。在反垄断法中，协同行为是垄断协议的形式之一。协同行为认定的难题在于，经营者实施协同行为是通过非明示协议的方式进行的，常常是经营者行为一致但心照不宣。在“互联网+”时代，经营者实施协同行为更加便捷。原因在于，无论是在互联网平台中，还是在其他互联网媒介中，诸多数据信息是较为公开流动的，这就极有可能为网络化协同垄断提供便利。网络化协同垄断行为不再采用传统的方式进行，而是通过互联网数据、算法、平台技术等进行。其中核心的难题在于，经营者实施协同行为所依据的数据信息也是市场交易的数据信息，数据信息成为经营者协同行为的媒介甚至手段。更令人担忧的情形是，人工智能的参与协同行为乃至直接实施协同行为将使问题变得更加复杂。例如，监督算法、平行算法、信号算法、自我学习算法，可能促进算法合谋。在算法合谋中，明示共谋容易判断，默示共谋的问题则十分复杂。因为除其中可能带来协同行为问题外，还存在向社会公众传递信息的问题。也就是说，算法的应用有利于提升市场透明度，进而促进竞争，这是算法的积极作用。这样，就产生了如何区分协同行为与合法大数据分享的难题。

（二）“互联网＋”经济发展的反垄断法理论保障

针对“互联网＋”经济领域的反垄断法问题，传统的哈佛学派和芝加哥学派的反垄断法理论都存在一定的适用困境。哈佛学派以结构主义方法对待垄断问题，认为只要市场结构出现了垄断问题，反垄断法就应当介入，介入的方法也主要是剥离资产、营业、技术等结构性手段。但是，“互联网＋”经济中的“赢者通吃”现象、非结构性影响型并购现象、多边市场现象、动态性特征等与哈佛学派的结构主义方法相悖。芝加哥学派以效率分析为中心，从市场行为的角度分析垄断问题，进而分析反垄断法的适用问题，介入的方法也主要是行为性救济手段。但是，“互联网＋”经济存在高变动性，一个企业的生存时间有时很短，市场中的企业数量和组成变化较大，效率很难认定。不仅如此，“互联网＋”经济还存在免费市场与价格理论的背离问题，因此消费者福利计算更加困难，尤其是消费者福利已不限于经济性福利时。后芝加哥学派虽然注重博弈论、信息经济学的运用，但并未形成统一的方法。最近几年兴起的新布兰代斯学派虽直面了新科技时代的反垄断法挑战，反对芝加哥学派的效率唯一目标，倡导反垄断法的多元功能，包括保护民主、促进收入平等、促进就业、保护中小企业、保护隐私等，强调保护竞争过程，但是该学派过度扩张反垄断法的功能，且并未提出理性的反垄断法适用标准。因此，理性构建“互联网＋”经济发展的反垄断法理论是必要的。

在方法论上，保守主义和重构主义的方法论都不够科学，正确的是应采取多元主义和合作实验主义的解决方法，尊重新经济学规律，形成新反垄断思维。理由是，随着“互联网＋”经济的发展，新经济领域和新经济环境出现，产生了新的反垄断法问题。这样，反垄断法就不得不进行调整。故此，保守主义的反垄断法观是不正确的。而重构主义反垄断法观可能过于夸大了互联网经济领域的反垄断挑战问题，分裂了传统经济的要素与新经济要素，割裂了历史与当代的关系。理性地看，基于正义论、人民中心论、现实主义和反垄断法规则，“互联网+”经济领域的反垄断法观应遵循多元主义观。不仅如此，我们还应坚持合作实验主义反垄断法观。理由在于，在“互联网+”经济发展中，面对当前的反垄断法难题，尤其是当无法找到明确的反垄断法标准时，反垄断法实施机构、经营者、竞争者等通过共同学习、寻求改变，以寻求正义是合理的。为此，应结合新经济学规律，结合网络效应、规模经济、“赢者通吃”、智能化、动态性等新经济特征，形成新反垄断思维。

总体而言，在“互联网+”经济发展中，理性的反垄断法理论应包括消费者分享型社会总福利最大化理论、动态正义理论、促进创新理论、多向交流理论以及其他正当的传统经典理论。其一，在人类仍然存在资源稀缺的条件下，人类的更全面发展还是未竟的事业，在“互联网+”经济背景下，比较合理的反垄断法标准应是消费者分享型社会总福利最大化标准，或称消费者分享型社会总福利最大化理论，即反垄断法的目标应是实现社会总福利最大化并同时使消费者得到分享。这既克服了非向消费者分配福利的弊端，也克服了一些芝加哥学者主张的纯消费者利益标准的不足。其二，在“互联网+”经济时代，反垄断法事业应坚持动态正义观。理由是，正义的客体、正义的标准、正义的主体常发生变化，因此反垄断正义是一个动态平衡的过程。其三，随着时代的发展，促进创新在反垄断法中的地位越来越重要，在当前尤为如此，理应成为消费者分享型社会总福利最大化标准的子标准之一。其四，从“互联网+”经济的反垄断法实施角度看，反垄断法实施机构、涉嫌垄断企业、其他经营者、消费者等主体的意思应得到充分的交流。因此，反垄断法实施须遵循多向交流理论的观念。其五，虽然“互联网+”经济领域的反垄断法问题需要有新的反垄断法思维，但是一些传统反垄断法的经典理论方法仍有用武之地。因此，“互联网+”的反垄断法实施仍需立足一些传统反垄断法的经典理论，同时进行理性变革。

（三）“互联网+”经济发展的反垄断法规则体系内容保障

“互联网+”经济反垄断法规则的体系可以分为一般法和特别法两个层面。从法律渊源上看，基本法律、附属法规和解释性文件都可能构成“互联网+”经济反垄断法规则的组成部分。从历史的角度看，“互联网+”经济是市场经济的一种形式，具有经济形态的共性特征，因此以经验为基础形成的反垄断法的一般体系对“互联网+”经济仍有一定的有效性。但是，“互联网+”经济与工业时代的市场经济、早期信息时代的市场经济存在一些差异，表现在市场交易的互联网中心化尤其是平台化、交易过程的数据化、交易方式的算法化甚至智能化，而其容易滋生“二选一”行为、“大数据杀熟”行为、算法协同行为等新型垄断行为。这样，反垄断法的实施原则、标准和方法就需要有一定的革新。可见，“互联网 +”经济发展对反垄断法实施规则具有特殊的制度需求。为此，诸多国家或地区都在不断探讨“互联网 +”经济的反垄断法规则建构问题。

“互联网 +”经济反垄断法规则的内容总体上应包括反垄断法实施目标、实施原则、实施方法、实施豁免、分析框架、损害评估等。总体而言，由于“互联网 +”经济对社会经济发展的巨大促进效益，促进“互联网 +”经济发展是一个基本方向。因此，相关反垄断法目标应在于促进“互联网 +”经济发展，促进社会福利最大化，最终为消费者福利最大化服务。换言之，“互联网 +”经济领域反垄断的总目标是促进消费者分享型社会总福利最大化。在这个目标之下，可以厘清创新、效率、公平、自由等其他目标的序位。

在实施原则方面，“互联网 +”经济领域的反垄断法原则应根据所处的经济发展阶段确定，当前应以合理原则为主、本身违法原则为辅。理由在于，当前的“互联网 +”经济领域的反垄断法问题与过去相比更为复杂，诸多问题还需要结合个案进行具体分析，因此应更多采用合理原则。具体而言，合理原则主要适用于多数滥用市场支配地位行为案件、一些垄断协议案件和经营者集中案件。本身违法原则主要适用于核心卡特尔行为案件、少数滥用市场支配地位行为案件、一些行政性垄断行为案件中。

在实施方法方面，个案分析方法、事实分析方法、假定分析方法、比较分析方法、“互联网 +”特殊要素分析方法等是“互联网 +”经济领域的反垄断法实施中应重视的方面。其中，应辩证地分析规模经济、网络效应、“赢者通吃”等新经济特征，应区分性地分析用户黏性和用户转换成本，应结合“互联网 +”技术分析市场竞争的动态性。

在实施豁免方面，反垄断法实施中的一般豁免也适用于“互联网 +”经济领域。不过，也应注意“互联网 +”经济垄断豁免的特殊性和特殊情形。“互联网 +”经济领域的反垄断法豁免主要有基于安全理由的豁免、基于创新理由的豁免、基于竞争损害微小的豁免、基于公共利益的豁免、基于知识产权保护的豁免、基于中小企业保护的豁免、基于对外贸易的豁免等。其中，基于网络安全、硬件安全、软件安全、信息安全、数据安全、算法安全等理由的豁免属于基于安全理由的豁免；基于网络经济模式创新、算法创新、用户体验创新等理由的豁免属于基于创新理由的豁免。

在分析框架方面，应在传统分析框架的基础上加强对“互联网＋”因素的分析。其一，对于滥用市场支配地位行为的分析，一般应按照界定相关市场、认定市场支配地位、分析市场行为的损害、分析市场行为是否具有正当理由的步骤进行。就相关市场界定问题而言，相关市场界定仍是滥用市场支配地位行为认定的起点，新经济时代界定相关市场存在困境并不是不界定相关市场的理由，而“互联网＋”经济的特殊性决定了放弃相关市场界定的做法也不合理。在相关市场的界定中，核心问题是采取单边市场、双边市场、多边市场抑或整体市场的界定方法。关于相关市场的认定，应加强对产品市场、技术市场和创新市场的区分，重视对技术市场和创新市场的分析。关于行为认定问题，应注重分析新型的行为，如平台“二选一”行为、自我优待行为、“大数据杀熟”行为、“最优惠”条款行为等。关于特殊因素分析，应注重分析平台、用户黏性、数据、流量、算法、人工智能、云服务、智能技术等特殊因素。其二，对垄断协议的分析主要涉及横向协议的本身违法性、纵向协议的积极方面等，核心在于分析经营者抗辩的正当理由。特别值得注意的是，垄断协议认定中应分析算法协议、平台规则、数据协议、技术性协议等特殊反垄断法问题。其三，对经营者集中的分析主要在于集中损害分析和集中积极影响分析，重点是比较有无经营者集中对竞争的影响，注重对破坏性、竞争阻碍性集中的规制分析，应特别分析初创企业并购、特殊盈利模式企业并购、特殊架构企业并购等情形。其四，对“互联网＋”经济中的行政性垄断行为，应注重分析相关行政行为是否具有法律、行政法规上的合法授权，应特别分析行政主体是否基于网络安全等正当理由实施某种与市场主体有关的行为，应注重分析“互联网＋”政务等（如政务平台、政务数据开放）引起的行政性垄断行为。

在损害评估方面，反垄断行政执法案件中的垄断损害分析包括社会总福利损害分析和消费者福利损害的总体分析。在评估社会总福利损害时，需要计算不存在垄断行为情况下的社会总福利和存在垄断行为时的社会总福利之间的差额。垄断行为案件相关市场消费者的损害可以比较有无垄断行为的不同情况下的消费者福利差额。不过，非经济性福利作为一种特殊的消费者福利，属于消费者福利损害评估中的组成内容。反垄断民事案件中的垄断行为损害分析需在垄断行为损害总体分析的基础上,分析垄断行为对竞争者的具体损害、对交易相对人的具体损害、对消费者的具体损害,以确定对具体受害人的赔偿数额。其中,消费者经济性福利损害可以通过行业调查、大数据分析、听证会等方式进行分析,可以参考消费者价格指数分析消费者经济性福利损害。对于消费者非经济性福利损害,则可以通过定性分析消费者的用户满意度、消费者多元选择、用户体验度等进行分析。

在实施的重点领域方面,应重点关注超大型平台经营者的垄断行为,同时关注其他经营者的新型垄断行为,主要关注处理有关经营者通过人工智能、算法、大数据、平台规则、硬件、软件、技术措施等实施的相关垄断行为。同时,也需要关注处理行政主体在政府平台开放、大数据利用等方面的行政性垄断行为。

(四)"互联网+"经济发展的反垄断法重点实施方法保障

在"互联网+"经济发展中,有诸多反垄断法实施问题需要解决,特别是超级平台滥用市场支配地位、智能制造技术应用、先进技术互操作性、算法合谋行为、未达到申报标准的经营者集中等反垄断法问题。

就超级平台滥用市场支配地位行为的反垄断法实施而言,界定相关市场仍是必要的步骤,若超级平台并不直接向终端消费者提供商品或服务则相关市场为平台市场,若超级平台在经营平台的同时也向终端消费者提供商品服务则相关市场在上一相关市场界定的基础上增加了其提供终端商品服务的相关市场。在效率抗辩方面,对行为人可能提出的经营者自身的效率、经营者相关主体的效率、经济发展的效率应根据消费者分享型社会总福利最大化标准进行分析。在创新抗辩方面,超级平台的创新可能涉及新业务、新产品、新服务、新投入等。在反垄断法上,对一个经营者的行为是否是创新的问题,不仅应分析该行为是否带来社会总福利最大化,还要分析是否让消费者分享到相关福利。在特殊滥用行为的认定方面,应加强对超级平台封禁行为、"二选一"行为、大数据滥用行为、滥用必需设施行为的认定分析。

就智能制造领域的反垄断法实施方法而言,需要重点分析以下问题:其一,智能制造标准的反垄断法问题。智能制造标准技术构成标准必要专利客体并不一定能得出经营者拥有市场支配地位,核心在于分析是否存在违反公平、无歧视、合理原则的情形,在分析中应特别分析智能制造标准技术的特殊性。其二,协同化制造的反垄断法问题。协同化制造中最值得关切的是协同制造者之间是否存在垄断协议行为;如果出现了协同化制造企业之间的并购或其他经营者集中行为,经营者集中审查就需要分析集中行为是否减少市场竞争。其三,个性化定制有关的反垄断法问题。个性化定制既可能涉及生产者的滥用市场支配地位行为,如不公平高价、拒绝交易、限定交易、搭售、差别待遇等;也可能涉及多个经营者的垄断协议行为,如统一定价、转售价格维持等。其四,智能制造平台的反垄断法问题。智能制造平台自身可能是一个独立的制造型企业的平台,也可能是众多制造型企业的聚合平台。从这个角度看,智能制造平台经营者可能构成反垄断法上的市场支配地位经营者。若智能制造平台属于制造型企业聚合平台,则可能引起复杂的反垄断法问题,包括滥用市场支配地位行为、垄断协议、经营者集中问题等。其五,智能制造工具的反垄断法问题。智能制造工具的相关反垄断法问题主要涉及知识产权滥用问题,其中需要着重分析智能制造工具的互操作性问题。其六,智能制造专利联营的反垄断法问题。智能制造专利联营既可能引起垄断协议问题,也可能引起滥用市场支配地位行为问题。其中,在联营专利授权许可的过程中,也可能出现垄断行为,如因为许可费条款、交叉许可条款、限制单独许可条款、一揽子许可条款、回授条款、非对抗条款等引起不公平高价、搭售、差别待遇等违法行为等。

就先进技术互操作性领域的反垄断法实施方法而言,互操作性主要是要求上游产品经营者保证下游产品能在上游产品中得以运用。在互操作性的反垄断法问题中,必需设施理论应谨慎适用,在市场手段可以解决互操作性和法律规定使得互操作性接口的必需设施性质改变的情况下不应采用必需设施理论。若互操作性技术涉及知识产权,应根据知识产权行使中的反垄断法规则认定处理。从创新保护的角度看,互操作性制度应在上游产品经营者与下游产品经营者之间维持合理的利益平衡,需要按照必要、合理、公平、比例原则处理互操作性的程度问题。在互操作性的反垄断法救济执行中,以许可合同的方式处理可以较好地进行利益平衡。

就算法合谋行为的反垄断法实施方法而言,对于某一算法合谋行为究竟是归入横向垄断协议行为,是归入纵向垄断协议行为,还是归入组织帮助型垄断协议行为,应根据个案情况,具体问题具体分析。其中,对于算法协同行为的认定,需要考虑目的违法或效果违法的不同情形进行分析。其中,涉及算法层面的，可分析算法设计、算法工具、算法过程、算法结果等，分析经营者能否对相关算法作出合理解释，进而认定是否存在算法协同行为。就算法合谋的责任承担而言，算法的使用者、参与者一般是算法合谋行为的责任主体，而算法设计者是否承担算法合谋责任应进行具体分析。

对于未达到申报标准的经营者集中规制的核心是对当事人设定义务，而非一般集中审查之复权和违法调查之追责，故应按限权、比例、合作、补救、及时原则，采特殊集中审查模式。具体而言，对未达到申报标准的经营者集中规制应形成预防、防止、补救三阶段规制体系，采取经营者主动申报、规制机关责令申报、第三人请求规制的合作型启动方式，实施快速双层审查机制。

（五）“互联网＋”经济发展的反垄断法实施体制机制保障

随着“互联网＋”经济的发展，反垄断法实施体制方面出现了新的需求。“互联网＋”经济涉及互联网通讯层规制机构、互联网应用层规制机构、信息化产业规制机构等行业领域的规制机构等，故“互联网＋”经济发展的反垄断法实施体制需要解决好反垄断法实施机构与上述机构之间的关系问题。由于专门反垄断法实施机构可能缺乏“互联网＋”行业的专业知识，而行业管制机构缺乏反垄断法的专门知识，因而有效地发挥二者知识优势是十分重要的。为了专门应对新经济领域的反垄断法问题，在反垄断执法机构内成立独立的工作部门是必要的，但不应将其独立于传统的反垄断执法机构之外。此外，让“互联网＋”专业技术人员进入反垄断法实施机构是促进反垄断法有效实施的重要保障之一。

从反垄断法实施机制看，在推进“互联网＋”经济发展中，既需要强制性的反垄断法实施机制，也需要非强制性的反垄断法实施机制。首先，“互联网＋”经济中存在一些违法性质清楚、情节严重的垄断行为，需要以强制性的反垄断法实施机制应对。其次，在“互联网＋”经济发展中，对涉嫌违法行为不利后果尚不明显的行为和涉嫌违法行为不利后果尚有待认定分析的行为有时需要以非强制性的反垄断法实施机制应对。在“互联网＋”经济发展的初期，需要采取更多的非强制性反垄断法实施机制处理有关行为。最后，需要协调处理好反垄断法强制性实施机制与非强制性实施机制的关系。在此过程中，应避免过度监管。理由在于，反垄断法实施监管化的做法损害公共主体实施、私人实施、司法机关实施。

具体而言，传统反垄断法处理包括反垄断行政执法处理、反垄断司法处理和反垄断纠纷其他解决方式处理等。随着“互联网＋”经济的发展，相关反垄断法传统处理需要融入新形式(解除平台封禁、卸载软件、取消搭售技术规则、更改违法算法程序等),建立新机制(如反垄断群体诉讼机制等),促进互联网化(加强网络化处理),引入新程序(专家论证咨询程序等),为反垄断法实施提供有效供给。

为应对“互联网+”经济发展的变化性、信息技术的复杂性,反垄断执法方式应进行革新,应促进新型反垄断法实施机制如事前指导、事中咨商与和解、常规合规与报告等机制的运用。因此,反垄断法实施应完善事前指导机制,减少可避免的违法行为;完善事中协商与和解机制,通过意思自治使公共实施机构与涉嫌违法者达成重叠共识,形成解决方案,避免执法争执与纠纷,进而降低法律实施成本;而完善改进常规合规与报告机制,不仅能进行违法预防,还可避免同一违法者再次违法。当然,为了更好地处理实体问题和保障程序正义,“互联网+”经济反垄断法实施中应建立专家参与机制、社会公众参与机制,以保障反垄断法实施中公平正义的实现。更为关键的是,反垄断法相关规则应明确规定新型实施机制的适用条件、适用程序、法律效力、救济机制等,依法保护当事人、利害关系人、第三人的程序权利,保障该类机制的协商性、合作性、非强制性,发挥相关主体的守法主动性,避免新型机制的行政处罚化。

(六)“互联网+”经济发展的我国反垄断法保障制度设计

在反垄断法实施体制变革方面:应构建统一协调的实施体制,形成以反垄断委员会和反垄断部际联席会议为核心的统一协调体制,反垄断委员主要负责制度规则的统一协调,而反垄断部际联席会议主要负责具体事宜的协调。其中,应促进反垄断委员会的协调职能变革,加强其专业性,可增设5名左右的专家委员,形成反垄断委员会咨询制度;应加强国家市场监管总局的执法能力建设,有效解决纵向权力配置问题,反垄断执法权仅仅限于中央与省级两级行使,且应以反垄断执法中央事权行使为中心,而市县级等低层级的市场监管部门不应开展反垄断执法,应增加“互联网+”行业领域的专业技术人员进入执法部门,内设“互联网+”经济反垄断部门;应规范网信办、工信部的执法参与权,加强工信部和市场监管部门的协调,必要时二者共同发布相关规章,网信办有权依法对市场监管部门的反垄断执法提出建议。在反垄断私人实施保障方面,应建立支持反垄断法私人实施的后继诉讼制度,明确行政机关的处罚决定、其他有关司法机关的判决若属于相同事实的,可以得到证据采信。在反垄断群体诉讼体制变革方面,核心是要引入选择退出制、选择加入制、禁止退出制三类反垄断群体诉讼制度,具体由法院裁决选择适用。

在反垄断传统处理与软性处理机制改革方面:关于反垄断执法制度,应将滥用市场支配地位行为、违法实施经营者集中行为的直接责任人员也纳入罚款制度的惩罚对象;增设技术性措施类行为罚,包括开放或断开网络或平台,卸载或更新软件,删除、变更或修复平台规则算法、程序、命令,保障兼容性、互操作性,剥离平台、数据、算法等;建立专家论证制度。关于反垄断和解,应保障经营者在承诺达成方面的自愿性,同时赋予相关主体的程序救济权利;规定更为严格的和解执行责任制度;增设公共评论制度,允许第三人参与反垄断和解程序。关于反垄断指导,应通过反垄断基本法律规定行政指导制度,通过有关法律法规明确反垄断行政指导包括公开倡议书、友情提醒书、友情建议书、反垄断公开交流会等形式,反垄断行政指导不具有法律效力,相关主体不受行政指导的约束但其应自行承担相关反垄断法违法风险,规定当事人对行政机关滥用行政指导损害当事人权益的有权提起救济。关于反垄断咨询,反垄断法实施机构对反垄断咨询应采取正式的回复方式,采公开答复形式,时限一般为30日,自经营者提交咨询文书次日后起算。关于反垄断合规,反垄断基本法律应规定国家倡导经营者积极开展反垄断合规行为;建立支持反垄断合规的保障体系,支持"互联网+"经营者开展反垄断合规;建立反垄断合规激励机制;明确经营者开展反垄断合规与否不加重其垄断行为责任。关于反垄断报告,应在《经营者反垄断合规指南》主动型报告规则的基础上,建立明确的义务型报告规则,包括报告时间、报告内容、法律后果等。关于反垄断诉讼,应健全选择退出制、选择加入制、禁止退出制反垄断群体诉讼规则;将消费公益诉讼、检察公益诉讼机制与反垄断群体诉讼制度相衔接,允许受害人参与消费公益诉讼和检察公益诉讼;细化"互联网+"时代的反垄断群体诉讼的具体规则。

在反垄断立法与相关反垄断指南建构方面:关于《反垄断法》的完善,由于反垄断法事业是持续的事业,传统垄断行为与"互联网+"经济领域的垄断行为存在交织关系,二者无法截然分割,故应采取织补修订的方式完善《反垄断法》,而采用《反垄断法》专章、专门立法的回应方式并不合理。虽然《反垄断法》的新修订已对"互联网+"经济领域的垄断行为作出了一定回应,但仍显不足,故需要继续完善。从“互联网+”经济发展的反垄断法保障的角度看，未来《反垄断法》的修订需包括以下方面：一是完善经营者的概念和相关市场的概念，以明确经营者也包括市场经营者（商品生产市场、商品销售市场、服务提供市场的经营者），相关市场包含平台市场。二是概括禁止平台经营者利用人工智能等先进技术从事法律禁止的垄断行为，以对高端互联网平台的垄断行为予以概括禁止。三是明确将一些行为列举于滥用市场支配地位行为之列，包括自我优待、大数据歧视、平台封禁、互操作限制、不合理的销售服务一体化等，以禁止高端互联网平台的智能制造垄断行为、技术垄断行为、智能终端一体化服务垄断行为等滥用市场支配地位行为。四是明确协同行为的构成要件，以有效规制网络化协同垄断行为。五是完善未达到申报标准的经营者集中审查规定，以有效审查高端互联网平台集中。六是完善行政处罚的罚款规则和行为罚规则，将滥用市场支配地位行为和垄断协议经营者的直接责任人员纳入罚款处罚对象，增加行为罚形式，包括开放或断开网络或平台，卸载或更新软件，删除、变更或修复平台规则、算法、程序、命令，保障兼容性、互操作性，剥离平台、数据、算法等。七是引入反垄断行政指导、反垄断合规、竞争倡导规则，完善反垄断中止调查与终止调查规则、经营者集中附条件许可规则，以有效促进反垄断法实施。八是完善反垄断期限和时效规则，即按照比例原则完善滥用市场支配地位行为和垄断协议行为调查处理期限、达到申报标准的经营者集中申报与审查期限、未达到申报标准的经营者集中处理期限、未达到申报标准的经营者集中的审查时效、违法实施经营者集中的调查处理期限等。九是建立公共评论制度，以促进反垄断行政执法参与。关于互联网接入使用指南的制定，应遵守开放原则、公平原则、兼容原则、高效原则等，具体阐明互联网接入使用中的滥用市场支配地位行为和纵向协议限制行为等行为的具体认定分析方法。关于平台经济相关反垄断指南的修订，应从以下方面完善：在滥用市场支配地位行为的调整方面，应完善相关市场认定的方法，完善互联网平台互操作性有关的反垄断法分析；在垄断协议方面，应重点修订关于算法协同行为的有关规则，详细分析算法协同行为的认定分析方法；在关于经营者集中方面，应重点阐明未达到申报标准的经营者集中的程序启动、审查方法、审查时限、处理方式和处理程序等；在行政性垄断行为方面，应更加详细地列举涉及平台经济的行政性垄断行为，同时对可能的豁免范围进行阐明；此外，还应对超级平台的垄断行为进行特别分析。

关于纵向协议反垄断指南(含"互联网+"经济领域)的制定,应注重对人工智能、算法、大数据、平台规则、技术措施有关行为的反垄断分析,并对安全、隐私保护、大数据安全问题进行分析。关于网络信息分享反垄断指南的制定,应以促进互联网信息分享同时限制其对竞争的损害为原则,分析何种信息分享可能构成垄断协议。关于网络知识产权领域相关反垄断指南,应修改《关于知识产权领域的反垄断指南》或单独发布《网络知识产权领域的反垄断指南》,对算法知识产权、数据知识产权、软件知识产权以及智能制造技术相关知识产权的反垄断法问题进行回应。

在反垄断法适用难题应对策略方面:一是应采用消费者分享型社会总福利最大化基准平衡价值目标冲突,即垄断行为认定的基准是市场行为是否促进了社会总福利最大化同时消费者可分享相关福利。二是革新经营者概念,在商品(服务)经营者概念的基础上,引入"市场经营者"的新概念。三是革新相关市场范畴,在商品市场、技术市场范畴的基础上独立分析创新市场,增设平台市场的范畴。四是在垄断行为的认定中,由于"互联网+"经济中的经营者、竞争者、交易相对人、消费者很容易聚合在一起,经营者的垄断行为可能具有复合性,故应合理地区分复合性垄断行为的性质,作出准确定性,进而予以理性处理。五是在豁免方面,应加强网络化豁免事项的分析,除新业务、新商品、新用户、促销、数据安全、经营模式、特定资源投入、随机性交易豁免事由外,应阐明基于网络安全、网络公益、智能制造技术进步、互联网故障等特殊正当理由也构成新型豁免事项。六是关于技术分析方面,应加强人机一体化行为分析,通过分析经营者的高管、雇员、计算机、硬件、软件、算法、智能人的行为或运行情况,结合监管算法、大数据分析等方法综合认定经营者行为对竞争的影响,对进行案件定性,进而进行反垄断法处理。

综上可见,"互联网+"经济发展的反垄断法保障要在促进"互联网+"经济健康发展的同时避免"互联网+"垄断行为的不利损害,合理平衡"互联网+"产业行为的积极效应与消极效应的关系,积极发挥不同主体的知识优势,实现公共规制、社会规制、私人规制之间的和谐关系,在传统执法方式的基础上采用软性执法机制,合理化反垄断法实施规则,积极运用反垄断指南指导"互联网+"经济的良性发展,科学运用先进反垄断法理论、方法、策略解决反垄断法难题,为我国"互联网+"经济强国建设保驾护航。

参考文献

一、中文文献

（一）著作类

1. 张文魁：《数字经济的产业组织与反垄断：数字市场全球治理及中国政策》，中国人民大学出版社2023年版。

2. 袁嘉：《互联网平台竞争的反垄断规制》，中国政法大学出版社2021年版。

3. 张江莉：《反垄断法在互联网领域的实施》，中国法制出版社2020年版。

4. 裴轶：《互联网经济中滥用市场支配地位的反垄断法规制》，中国政法大学出版社2019年版。

5. 叶明：《互联网经济对反垄断法的挑战及对策》，法律出版社2019年版。

6. 王中美：《互联网反垄断法难题及其解决》，上海社会科学院出版社2019年版。

7. 仲春：《创新与反垄断——互联网企业滥用行为之法律规制研究》，法律出版社2016年版。

8. 冯江主编：《中国网络市场之竞争法博弈》，法律出版社2015年版。

9. 蒋岩波：《网络产业的反垄断政策研究》，中国社会科学出版社2008年版。

10. 张小强：《网络经济的反垄断法规制》，法律出版社2007年版。

11. 许光耀：《垄断协议的反垄断法调整》，人民出版社2018年版。

12. 陈秀山：《现代竞争理论与竞争政策》，商务印书馆1997年版。

13. 方燕：《互联网竞争逻辑与反垄断政策：纷争与出路》，社会科学文献出版社2020年版。

14. 于立主编:《互联网经济学与竞争政策》,商务印书馆 2020 年版。

15. [美]理查德 · A. 波斯纳:《反托拉斯法》(第 2 版),孙秋宁译,中国政法大学出版社 2003 年版。

16. [美]美国律师协会反垄断分会编:《美国并购审查程序暨实务指南》(第 3 版),李之彦、王涛译,北京大学出版社 2011 年版。

(二)论文类

1. 李剑:《数字平台管制:公共性理论的反思与经济管制的适用》,载《法学研究》2023 年第 5 期。

2. 周汉华:《论平台经济反垄断与监管的二元分治》,载《中国法学》2023 年第 1 期。

3. 侯利阳:《平台反垄断的中国抉择:强化反垄断法抑或引入行业规制?》,载《比较法研究》2023 年第 1 期。

4. 金俭:《超越市场力量和垄断力量:平台经济时代的反垄断规制》,载《比较法研究》2023 年第 1 期。

5. 张玫瑰:《互联网平台反垄断法律规制的范式转型——反垄断法事前干预范式的构建》,载《政治与法律》2023 年第 4 期。

6. 郭传凯:《超级平台企业滥用市场力量行为的法律规制——一种专门性规制的路径》,载《法商研究》2022 年第 6 期。

7. 高薇:《平台监管公用事业理论的话语展开》,载《比较法研究》2022 年第 4 期。

8. 马平川:《平台反垄断的监管变革及其应对》,载《法学评论》2022 年第 4 期。

9. 李剑:《平台经济领域的反垄断法实施:以经济效率目标为出发点》,载《中外法学》2022 年第 1 期。

10. 孙晋:《数字平台的反垄断监管》,载《中国社会科学》2021 年第 5 期。

11. 张晨颖:《公共性视角下的互联网平台反垄断规制》,载《法学研究》2021 年第 4 期。

12. 杨东:《论反垄断法的重构:应对数字经济的挑战》,载《中国法学》2020 年第 3 期。

13. 孔祥俊:《论互联网平台反垄断的宏观定位——基于政治、政策和法律的分析》,载《比较法研究》2021 年第 2 期。

14. 王先林、方翔:《平台经济领域反垄断的趋势、挑战与应对》,载《山东大学学报(哲学社会科学版)》2021 年第 2 期。

15. 方翔:《论数字经济时代反垄断法的创新价值目标》,载《法学》2021 年第 12 期。

16. 刘云:《互联网平台反垄断的国际趋势及中国应对》,载《政法论坛》2020 年第 6 期。

17. 张江莉:《互联网平台竞争与反垄断规制——以 3Q 反垄断诉讼为视角》,载《中外法学》2015 年第 1 期。

18. 丁晓东:《平台反垄断的法律标准——美国“运通案”的反思与互联网市场界定》,载《法律科学(西北政法大学学报)》2021 年第 4 期。

19. 陈兵:《因应超级平台对反垄断法规制的挑战》,载《法学》2020 年第 2 期。

20. 翟巍:《超大型数字平台企业双轮垄断的规制范式》,载《财经法学》2021 年第 1 期。

21. 丁晓东:《论数据垄断:大数据视野下反垄断的法理思考》,载《东方法学》2021 年第 3 期。

22. 殷继国:《大数据市场反垄断规制的理论逻辑与基本路径》,载《政治与法律》2019 年第 10 期。

23. 曾田:《网络内容平台竞争与反垄断问题研究》,载《知识产权》2019 年第 10 期。

24. 曾迪:《大数据背景下互联网平台反垄断法适用难题及对策研究》,载《重庆邮电大学学报(社会科学版)》2019 年第 3 期。

25. 陈兵:《大数据的竞争法属性及规制意义》,载《法学》2018 年第 8 期。

26. 周围:《算法共谋的反垄断法规制》,载《法学》2020 年第 1 期。

27. 刘友华:《算法偏见及其规制路径研究》,载《法学杂志》2019 年第 6 期。

28. 陈兵:《数字经济发展对市场监管的挑战与应对——以“与数据相关行为”为核心的讨论》,载《东北大学学报(社会科学版)》2019 年第 4 期。

29. 丁茂中:《数字经济领域“相关市场”界定的守正与变革》,载《法学》2023 年第 7 期。

30. 张江莉:《论相关产品市场界定中的“产品界定”——多边平台反垄断案件的新难题》,载《法学评论》2019 年第 1 期。

31. 侯利阳、李剑:《免费模式下的互联网产业相关产品市场界定》,载《现代法学》2014 年第 6 期。

32. 蒋岩波:《互联网产业中相关市场界定的司法困境与出路——基于双边市场条件》,载《法学家》2012 年第 6 期。

33. 仲春:《互联网行业反垄断执法中相关市场界定》,载《法律科学(西北政法大学学报)》2012 年第 4 期。

34. 杨文明:《网络经济中相关市场的界定》,载《西南政法大学学报》2012 年第 4 期。

35. 韩伟:《“平台经济反垄断指南”正式稿简评》,载《竞争政策研究》2021 年第 2 期。

36. 陈兵:《平台经济领域相关市场界定方法审视——以〈国务院反垄断委员会关于平台经济领域的反垄断指南〉第 4 条为中心的解读》,载《法治研究》2021 年第 2 期。

37. 徐士英、应品广:《创建平台经济反垄断规制的中国范本——简评〈国务院反垄断委员会关于平台经济领域的反垄断指南〉》,载《中国市场监管研究》2021 年第 2 期。

38. 吴宗法、陈伟:《互联网反垄断规制的难点及应对思路》,载《价格理论与实践》2016 年第 6 期。

39. 吴子熙:《反垄断法促进数字平台创新的法经济学分析》,载《当代法学》2023 年第 3 期。

40. 张枭:《互联网经济对反垄断法的挑战及制度重构——基于互联网平台垄断法经济学模型》,载《浙江学刊》2021 年第 2 期。

41. 吴亮:《网络中立管制的法律困境及其出路——以美国实践为视角》,载《环球法律评论》2015 年第 3 期。

42. 孙瑜晨:《互联网共享经济监管模式的转型:迈向竞争导向型监管》,载《河北法学》2018 年第 10 期。

43. 吕明瑜:《知识经济引发的反垄断法新问题探析》,载《甘肃政法学院学报》2010 年第 1 期。

44. 贾开:《“实验主义治理理论”视角下互联网平台公司的反垄断规制:困境与破局》,载《财经法学》2015 年第 5 期。

45. 邓峰:《传导、杠杆与中国反垄断法的定位——以可口可乐并购汇源反垄断法审查案为例》,载《中国法学》2011 年第 1 期。

46. 许光耀:《互联网产业中双边市场情形下支配地位滥用行为的反垄断法调整——兼评奇虎诉腾讯案》,载《法学评论》2018 年第 1 期。

47. 吴韬、何晴:《美国“苹果电子书价格垄断案”争点释疑》,载《法学》2017 年第 2 期。

48. 张晨颖:《平台掠夺性定价的反垄断思路——以反垄断法预防功能的限度为视角》,载《东方法学》2023 年第 2 期。

49. 张占江:《个人信息保护的反垄断法视角》,载《中外法学》2022 年第 3 期。

50. 孟雁北:《反垄断法规制平台剥削性滥用的争议与抉择》,载《中外法学》2022 年第 2 期。

51. 叶明:《互联网企业掠夺性定价的认定研究》,载《法律科学(西北政法大学学报)》2015 年第 5 期。

52. 叶明:《互联网企业独家交易行为的反垄断法分析》,载《现代法学》2014 年第 4 期。

53. 袁波:《必需数据反垄断法强制开放的理据与进路》,载《东方法学》2023 年第 3 期。

54. 袁波:《标准必要专利权人市场支配地位的认定——兼议“推定说”和“认定说”之争》,载《法学》2017 年第 3 期。

55. 魏立舟:《标准必要专利情形下禁令救济的反垄断法规制——从“橘皮书标准”到“华为诉中兴”》,载《环球法律评论》2015 年第 6 期。

56. 王炳:《密码技术滥用行为的反垄断法规制》,载《暨南学报(哲学社会科学版)》2019 年第 9 期。

57. 邓志松、戴健民:《数字经济的垄断与竞争:兼评欧盟谷歌反垄断案》,载《竞争政策研究》2017 年第 5 期。

58. 王妮妮:《互联网搭售行为的反垄断规制——“3Q 案”与“微软案”的比较》,载《江西社会科学》2015 年第 4 期。

59. 申屠彩芳:《网络环境下滥用市场支配地位行为的认定——以腾讯 QQ 要求用户“二选一”行为为例》,载《杭州电子科技大学学报(社会科学版)》2011 年第 3 期。

60. 蒋岩波、王胜伟:《互联网产业的竞争与排他性交易行为的反垄断规制——以“3Q”案为例》,载《河南社会科学》2016 年第 7 期。

61. 岳琳、唐素琴:《云计算相关市场与市场支配地位的认定及挑战》,载《电子知识产权》2013 年第 6 期。

62. 刘佳:《云计算产业中市场支配地位的认定》,载《山东理工大学学报(社会科学版)》2016 年第 2 期。

63. 王晓晔:《论电商平台“二选一”行为的法律规制》,载《现代法学》2020 年第 3 期。

64. 袁波:《电子商务领域“二选一”行为竞争法规制的困境及出路》,载《法学》2020 年第 8 期。

65. 焦海涛:《“二选一”行为的反垄断法分析》,载《财经法学》2018 年第 5 期。

66. 郑鹏程:《论拒绝交易反垄断规制的立法完善——以原料药反垄断执法为切入点》,载《现代法学》2021 年第 5 期。

67. 宁度:《拒绝交易的反垄断法规制——兼评〈关于平台经济领域的反垄断指南〉拒绝交易条款》,载《法治研究》2021 年第 4 期。

68. 周汉华:《互操作的意义及法律构造》,载《中外法学》2023 年第 3 期。

69. 殷继国:《互联网平台封禁行为的反垄断法规制》,载《现代法学》2021 年第 4 期。

70. 张江莉、张镭:《互联网“平台封禁”的反垄断法规制》,载《竞争政策研究》2020 年第 5 期。

71. 袁波:《走出互联网领域反垄断法分析的七个误区——以“微信封禁飞书”事件为中心》,载《竞争政策研究》2020 年第 1 期。

72. 段宏磊:《数字经济反垄断背景下链接封禁行为的规制路径》,载《财会月刊》2021 年第 12 期。

73. 郑鹏程、张坤:《论软件搭售违法认定中的难题及其解决办法》,载《湖南大学学报(社会科学版)》2015 年第 3 期。

74. 王延川:《算法合谋的演生逻辑与治理路径》,载《华东政法大学学报》2023 年第 3 期。

75. 王玉辉:《垄断协议组织帮助行为条款缺陷及其补救》,载《法学》2023 年第 2 期。

76. 焦海涛:《垄断协议达成中的组织与帮助行为》,载《中州学刊》2023 年第 2 期。

77. 刘辉:《双向驱动型算法解释工具:以默示算法共谋为场景的探索》,载《现代法学》2022 年第 6 期。

78. 郝俊淇:《论我国垄断协议类型序列的立法完善》,载《中国政法大学学报》2022 年第 1 期。

79. 杨文明:《算法时代的垄断协议规制:挑战与应对》,载《比较法研究》2022 年第 1 期。

80. 戴龙:《论组织帮助型垄断协议的规制——兼议我国〈反垄断法〉的修订》,载《法学评论》2021 年第 1 期。

81. 时建中:《共同市场支配地位制度拓展适用于算法默示共谋研究》,载《中国法学》2020 年第 2 期。

82. 张晨颖:《共同市场支配地位的理论基础与规则构造》,载《中国法学》2020 年第 2 期。

83. 胥智仁:《共同市场支配地位“共同实体”要件之认定研究——寡头垄断成员内部竞争状态的解构》,载《比较法研究》2021 年第 5 期。

84. 殷继国等:《人工智能时代算法共谋的规制困境及其破解路径》,载《华南理工大学学报(社会科学版)》2020 年第 4 期。

85. 江山:《大数据语境下卡特尔发现的范式转换》,载《当代法学》2019 年第 2 期。

86. 钟原:《大数据时代垄断协议规制的法律困境及其类型化解决思路》,载《天府新论》2018 年第 2 期。

87. 曾雄:《人工智能时代下算法共谋的反垄断法规制》,载《网络法律评论》2016 年第 2 期。

88. 孙晋、徐则林:《平台经济中最惠待遇条款的反垄断法规制》,载《当代法学》2019 年第 5 期。

89. 黄勇、田辰:《网络分销模式中最惠国待遇条款的反垄断法分析》,载《法律适用》2014 年第 9 期。

90. 陈焱:《互联网经济下特殊产品经销协议的集体豁免规则》,载《上海政法学院学报(法治论丛)》2012 年第 5 期。

91. 王磊:《数据驱动型并购中隐私损害的反垄断审查》,载《当代法学》2023 年第 3 期。

92. 王伟:《平台扼杀式并购的反垄断法规制》,载《中外法学》2022 年第 1 期。

93. 孙晋:《谦抑理念下互联网服务行业经营者集中救济调适》,载《中国法学》2018 年第 6 期。

94. 仲春:《我国数字经济领域经营者集中审查制度的检视与完善》,载《法学评论》2021 年第 4 期。

95. 叶明、梁静:《我国互联网领域经营者集中反垄断审查的不足与改进》,载《西南政法大学学报》2021 年第 1 期。

96. 叶明、梁静:《我国移动互联网领域经营者集中申报标准问题研究》,载《竞争政策研究》2019 年第 6 期。

97. 王先林:《我国反垄断法修订完善的三个维度》,载《华东政法大学学报》2020 年第 2 期。

98. 王晓晔:《我国〈反垄断法〉修订的几点思考》,载《法学评论》2020 年第 2 期。

99. 张守文:《反垄断法的完善:定位、定向与定则》,载《华东政法大学学报》2020 年第 2 期。

100. 刘继峰:《反垄断法益分析方法的建构及其运用》,载《中国法学》2013 年第 6 期。

101. 叶卫平:《反垄断法的价值构造》,载《中国法学》2012 年第 3 期。

102. 焦海涛:《我国反垄断法修订中比例原则的引入》,载《华东政法大学学报》2020 年第 2 期。

103. 姚建军:《本身违法原则与合理原则在垄断协议案中的适用》,载《人民司法》2015 年第 2 期。

104. 任剑新:《美国反垄断思想的新发展——芝加哥学派与后芝加哥学派

的比较》,载《环球法律评论》2004 年第 2 期。

105. 周茂荣、辜海笑:《新产业组织理论的兴起对美国反托拉斯政策的影响》,载《国外社会科学》2003 年第 4 期。

106. 侯利阳:《大历史视角下的反垄断法与本土化移植》,载《交大法学》2018 年第 4 期。

107. 喻玲:《个性化推荐、公共性贬损与数字新闻市场反垄断》,载《法学》2022 年第 11 期。

108. 王伟:《学术期刊数据库的反垄断监管》,载《现代法学》2022 年第 4 期。

109. 张卫东:《欧美竞争法在邮政行业的适用及其对我国的借鉴意义》,载《环球法律评论》2013 年第 3 期。

110. 郭宗杰:《日本禁止私人垄断及确保公正交易法最新发展研究》,载《价格理论与实践》2010 年第 8 期。

111. 王炳:《反垄断法实施中的行政指导滥用及其矫正》,载《中国行政管理》2019 年第 3 期。

112. 王磊:《论平台垄断的合规治理》,载《行政法学研究》2023 年第 4 期。

113. 丁茂中:《企业竞争合规的政府指引模式国际考察及中国选择》,载《社会科学研究》2015 年第 1 期。

114. 喻玲:《从威慑到合规指引——反垄断法实施的新趋势》,载《中外法学》2013 年第 6 期。

115. 方翔:《竞争合规的理论阐释与中国方案》,载《安徽师范大学学报(人文社会科学版)》2020 年第 4 期。

116. 邓峰:《公司合规的源流及中国的制度局限》,载《比较法研究》2020 年第 1 期。

117. 王炳:《论反垄断委员会制度的回应性、超越与改良》,载《南京社会科学》2018 年第 10 期。

118. 张晨颖:《损失视角下的垄断行为责任体系研究》,载《清华法学》2018 年第 5 期。

119. 李俊峰:《反垄断法中交易不成损害的可赔偿性》,载《现代法学》2012 年第 4 期。

120. 黄勇、申耘宇:《论互联网反垄断民事诉讼的多重功能》,载《法律适用》2014 年第 7 期。

121. 朱理:《〈关于审理因垄断行为引发的民事纠纷案件应用法律若干问题的规定〉的理解与适用》,载《人民司法》2012 年第 15 期。

122. 王炳:《论中国反垄断群体诉讼模式的选择》,载《南京航空航天大学学报(社会科学版)》2019 年第 4 期。

123. 郑鹏程:《论搭售的违法判断标准》,载《中国法学》2019 年第 2 期。

124. 李剑:《合理原则下的单一产品问题——基于中国反垄断法搭售案件的思考》,载《法学家》2015 年第 1 期。

125. 王晓晔:《转售价格维持的反垄断规制适用"合理原则"之批判》,载《法商研究》2021 年第 1 期。

126. 张骏:《转售价格维持反垄断法规制路径之争的化解》,载《法学》2017 年第 7 期。

127. 刘蔚文:《美国控制转售价格判例的演进及其启示》,载《华东政法大学学报》2012 年第 1 期。

128. 于立、冯博:《维持转售价格法律适用问题中的"定性"与"定量"——"锐邦诉强生案"的法律经济学分析》,载《中国物价》2014 年第 1 期。

129. 江山:《反垄断法上协同行为的规范认定》,载《法商研究》2021 年第 5 期。

130. 王炳:《反垄断法中协同性单边公告违法性的认定标准》,载《法律科学(西北政法大学学报)》2020 年第 3 期。

131. 孙瑜晨:《反垄断中价格协同行为的认定及其规制逻辑》,载《北京理工大学学报(社会科学版)》2017 年第 5 期。

132. 宁度:《论协同行为的证明》,载《价格理论与实践》2016 年第 1 期。

133. 许光耀:《"经济学证据"与协同行为的考察因素》,载《竞争政策研究》2015 年第 1 期。

134. 郭宗杰:《反垄断法上的协同行为研究》,载《暨南学报(哲学社会科学版)》2011 年第 6 期。

135. 陈云良、陈婷:《垄断协议中协同行为的证明问题研究》,载《政治与法律》2008 年第 10 期。

136. 肖江平:《我国垄断协议豁免执法程序的制度设计——基于〈反垄断法〉修订的分析》,载《华东政法大学学报》2020 年第 2 期。

137. 丁茂中:《论我国经营者集中控制制度的立法完善》,载《法商研究》2020 年第 2 期。

138. 徐瑞阳:《论经营者集中申报标准实施机制的完善》,载《法学家》2016 年第 6 期。

139. 叶军:《经营者集中法律界定模式研究》,载《中国法学》2015 年第 5 期。

140. 方小敏:《经营者集中申报标准研究》,载《法商研究》2008 年第 3 期。

141. 李国海、王潇:《论反垄断法对未达申报标准的经营者集中之规制》,载《中南大学学报(社会科学版)》2023 年第 4 期。

142. 余东华:《欧美并购规制政策中效率条款的演进及对中国的启示》,载《天津社会科学》2010 年第 3 期。

143. 王炳:《公平竞争审查的合宪性审查进路》,载《法学评论》2021 年第 2 期。

144. 魏琼:《反抽象行政性垄断之探析——以〈中华人民共和国反垄断法〉第 37 条为文本》,载《法学杂志》2009 年第 12 期。

145. 马长山:《智能互联网时代的法律变革》,载《法学研究》2018 年第 4 期。

146. 唐林垚:《人工智能时代的算法规制:责任分层与义务合规》,载《现代法学》2020 年第 1 期。

147. 韩旭至:《人工智能不是人:从主体构建批判到非主体规制策略》,载《大连海事大学学报(社会科学版)》2019 年第 4 期。

148. 马长山:《人工智能的社会风险及其法律规制》,载《法律科学(西北政法大学学报)》2018 年第 6 期。

149. 闫坤如:《人工智能设计的风险及其规避》,载《理论探索》2018 年第 5 期。

150. 鲁楠:《科技革命、法哲学与后人类境况》,载《中国法律评论》2018 年第 2 期。

151. 郑玉双:《破解技术中立难题——法律与科技之关系的法理学再思》,

载《华东政法大学学报》2018 年第 1 期。

152. 林洹民:《个人对抗商业自动决策算法的私权设计》,载《清华法学》2020 年第 4 期。

153. 肖冬梅:《“后真相”背后的算法权力及其公法规制路径》,载《行政法学研究》2020 年第 4 期。

154. 张凌寒:《算法权力的兴起、异化及法律规制》,载《法商研究》2019 年第 4 期。

155. 张凌寒:《算法规制的迭代与革新》,载《法学论坛》2019 年第 2 期。

156. 王聪:《“共同善”维度下的算法规制》,载《法学》2019 年第 12 期。

157. 丁晓东:《算法与歧视——从美国教育平权案看算法伦理与法律解释》,载《中外法学》2017 年第 6 期。

158. 周向红、王琳:《算法黑箱:APP 经济成长中的 BUG》,载《检察风云》2017 年第 22 期。

159. 刘乃梁:《包容审慎原则的竞争要义——以网约车监管为例》,载《法学评论》2019 年第 5 期。

160. 梅扬:《比例原则的适用范围与限度》,载《法学研究》2020 年第 2 期。

161. 张淑芳:《行政主体义务设定的法律规则研究》,载《法商研究(中南政法学院学报)》2001 年第 6 期。

162. 姜明安:《中国依宪治国和法治政府建设的主要特色》,载《政治与法律》2019 年第 8 期。

163. 甘强:《经济法中的国家干预——基于法律文本的实证考察》,载《现代法学》2013 年第 5 期。

164. 车浩:《“扒窃”入刑:贴身禁忌与行为人刑法》,载《中国法学》2013 年第 1 期。

165. 高秦伟:《传染病防控中的隔离措施》,载《中外法学》2020 年第 3 期。

166. 施天涛:《对从属公司及其少数股东利益的法律保护》,载《比较法研究》1996 年第 4 期。

167. 鄢显俊:《论信息技术革命的社会历史原因——基于 SST 理论的分析》,载《科学学研究》2005 年第 5 期。

168. 全国科技名词审定委员会:《通信科学技术名词》,载《中国科技术语》

2007年第1期。

169. 方兴东等:《全球互联网50年:发展阶段与演进逻辑》,载《新闻记者》2019年第7期。

170. 陈建功、李晓东:《中国互联网发展的历史阶段划分》,载《互联网天地》2014年第3期。

171. 徐志发:《“互联网+”背景和内涵研究——兼谈电信运营企业的历史机遇》,载《通信管理与技术》2015年第3期。

172. 孙其博等:《物联网:概念、架构与关键技术研究综述》,载《北京邮电大学学报》2010年第3期。

173. 龙虎、李娜:《大数据处理技术下的电商云平台建设与应用研究》,载《电脑知识与技术》2018年第28期。

174. 王水莲等:《共享经济平台价值创造过程模型研究——以滴滴、爱彼迎和抖音为例》,载《管理评论》2019年第7期。

175. 路甬祥:《关于先进制造技术》,载《自然杂志》1996年第4期。

176. 李京文:《我国先进制造领域高技术产业发展的思路》,载《中国工业经济》2000年第2期。

177. 杨叔子等:《再论先进制造技术及其发展趋势》,载《机械工程学报》2006年第1期。

178. 宁汝新:《数字化技术是先进制造的核心技术》,载《中国制造业信息化》2011年第6期。

179. 张清郁:《基于“互联网+”的先进制造技术探析》,载《内燃机与配件》2018年第12期。

180. 张霖等:《云制造及相关先进制造模式分析》,载《计算机集成制造系统》2011年第3期。

181. 李锋等:《基于语义的智能终端产品服务系统定制》,载《制造业自动化》2019年第2期。

182. 王卫国、潘雨:《智能终端运营管理系统之微服务架构改造实践》,载《信息技术与网络安全》2018年第10期。

183. 陈亚军、邵贝恩:《Web服务在企业生产销售一体化系统中的应用》,载《微计算机信息》2006年第30期。

184. 王朝晖:《个性化服务体验与云平台 - 智能终端两点计算架构》,载《移动通信》2013 年第 9 期。

185. 张建勋等:《云计算研究进展综述》,载《计算机应用研究》2010 年第 2 期。

186. 罗先觉、尹锋林:《云计算对知识产权保护的若干影响》,载《知识产权》2012 年第 4 期。

187. 景秀丽:《云计算背景下软件企业创新的趋势——基于技术创新和模式创新层面》,载《沈阳师范大学学报(社会科学版)》2012 年第 6 期。

188. 孙宝文等:《互联网行业反垄断管制必要性的再判断》,载《经济学动态》2017 年第 7 期。

189. 王自力等:《跨期外部性、零售服务与转售价格维持》,载《当代财经》2019 年第 2 期。

190. 应珊珊、蒋传海:《收入共享契约下价格歧视及配置效率分析》,载《管理科学学报》2018 年第 10 期。

191. 蔡万刚等:《基于双边市场的互联网平台企业倾斜定价模型与策略》,载《上海理工大学学报》2019 年第 1 期。

192. 陈永伟:《人工智能与经济学:近期文献的一个综述》,载《东北财经大学学报》2018 年第 3 期。

193. 尹少成:《"互联网 + "与政府监管转型:机遇、挑战与对策》,载《法学杂志》2016 年第 6 期。

194. 李秦梓等:《新技术新监管背景下的算法治理研究》,载《信息通信技术与政策》2019 年第 4 期。

195. 邱国栋、王易:《"数据 - 智慧"决策模型:基于大数据的理论构建研究》,载《中国软科学》2018 年第 12 期。

196. 王健、吴宗泽:《论数据作为反垄断法中的必要设施》,载《法治研究》2021 年第 2 期。

197. 翟巍:《〈德国反限制竞争法〉数字化改革的缘起、目标与路径——〈德国反限制竞争法〉第十次修订述评》,载王先林主编:《竞争法律与政策评论》第 6 卷,法律出版社 2020 年版。

198. 韩伟、李正:《日本〈数据与竞争政策调研报告〉要点与启示》,载陈云良主编:《经济法论丛》第31期,社会科学文献出版社2018年版。

199. 吴太轩:《互联网企业搭售行为的违法性认定研究——以反垄断法为视角》,载李昌麟、岳彩申主编:《经济法论坛》第12卷,法律出版社2014年版。

200. 孙晋、王菁:《〈澳大利亚2008年合并指南〉评析——兼论我国经营者集中控制制度的立法完善》,载漆多俊主编:《经济法论丛》第20卷,武汉大学出版社2011年版。

(三)判决决定书类

1. 最高人民法院民事判决书,(2013)民三终字第4号。

2. 上海市高级人民法院民事判决书,(2012)沪高民三(知)终字第63号。

3. 广东省高级人民法院民事判决书,(2013)粤高法民三终字第306号。

4. 浙江省高级人民法院民事裁定书,(2018)浙民辖终321号。

5. 北京市第二中级人民法院行政判决书,(2018)京02行终82号。

6. 广东省深圳市中级人民法院民事判决书,(2017)粤03民初250号。

7. 北京市第一中级人民法院民事判决书,(2006)一中民初字第8569号。

8. 上海知识产权法院民事判决书,(2015)沪知民初字第508号。

9. 西安铁路运输中级法院行政判决书,(2017)陕71行终231号。

10. 国家发展和改革委员会〔2016〕7号行政处罚决定书。

11. 国家发展和改革委员会〔2015〕1号行政处罚决定书。

12. 国家市场监督管理总局(国市监处)〔2021〕28号行政处罚决定书。

13. 国家市场监督管理总局(国市监处)〔2021〕67号行政处罚决定书。

14. 上海市市场监督管理局(沪市监反垄处)〔2020〕6201901001号行政处罚决定书。

(四)网络文献类

1. 陈永伟:《五部法案上线,GAFA好日子到头了吗》,载经济观察网,http://www.eeo.com.cn/2021/0618/492147.shtml。

2. 市场监管总局:《关于禁止虎牙公司与斗鱼国际控股有限公司合并案反垄断审查决定的公告》,载国家市场监督管理总局网,http://www.samr.gov.cn/cms_files/filemanager/samr/www/samrnew/jzxts/tzgg/ftjpz/202107/t20210708_332421.html。

二、外文文献

（一）著作类

1. Ariel Ezrachi, *EU Competition Law: An Analytical Guide to the Leading Cases*, Hart Publishing, 2014.

2. Phillip Areeda, Louis Kaplow & Aaron Edlin, *Antitrust Analysis: Problems, Text and Cases*, Aspen Publishers, 2004.

3. Antonio Cucinotta, Roberto Pardolesi & Roger Van Den Bergh, *Post-Chicago Developments in Antitrust Law*, Edward Elgar, 2002.

4. Rudolph J. R. Peritz, *Competition Policy in America, 1888 - 1992: History, Rhetoric, Law*, Oxford University Press, 1996.

（二）论文类

1. Ryan Young, *Sometimes Bigger Is Better*, Reason, Vol. 52:8, p. 38 - 43 (2021).

2. Aurelien Portuese, *Beyond Antitrust Populism: Towards Robust Antitrust*, Journal of Economic Affairs, Vol. 40:2, p. 237 - 258 (2020).

3. Lina M. Khan, *The End of Antitrust History Revisited*, Harvard Law Review, Vol. 133:5, p. 1655 - 1682 (2020).

4. Christopher S. Yoo, *The Post-Chicago Antitrust Revolution: A Retrospective*, University of Pennsylvania Law Review, Vol. 168:7, p. 2145 - 2170 (2020).

5. D. Daniel Sokol, *Antitrust's Curse of Bigness Problem*, Michigan Law Review, Vol. 118:6, p. 1259 - 1282 (2020).

6. Jedediah Britton-Purdy et al., *Building a Law-and-Political-Economy Framework: Beyond the Twentieth-Century Synthesis*, Yale Law Journal, Vol. 129:6, p. 1784 - 1835 (2020).

7. Elyse Dorsey et al., *Consumer Welfare & the Rule of Law: The Case against the New Populist Antitrust Movement*, Pepperdine Law Review, Vol. 47:4, p. 861 - 916 (2020).

8. C. Scott Hemphill & Tim Wu, *Nascent Competitors*, University of Pennsylvania Law Review, Vol. 168:7, p. 1879 – 1910(2020).

9. William E. Kovacic, *The Chicago Obsession in the Interpretation of US Antitrust History*, University of Chicago Law Review, Vol. 87:2, p. 459 – 494 (2020).

10. Leon B. Greenfield, Perry A. Lange & Nicole Callan, *Antitrust Populism and the Consumer Welfare Standard: What Are We Actually Debating?*, Antitrust Law Journal, Vol. 83:2, p. 393 – 428(2020).

11. A. Douglas Melamed, *Antitrust Law and Its Critics*, Antitrust Law Journal, Vol. 83:1, p. 269 – 292(2020).

12. Michael Caldecott, *Paradigm or Paradox: Canada's Competition Law Regime in the New Age of Populism*, Canadian Competition Law Review, Vol. 33:1, p. 51 – 99(2020).

13. Francesco Ducci, *Ex Ante Regulation and Antitrust Remedies for Digital Markets*, Canadian Business Law Journal, Vol. 67:1, p. 65 – 82(2023).

14. Eoin Jackson, *Upping the (Ex) Ante-Digital Competition Reform in the Era of Google Shopping*, Plassey Law Review, Vol. 2, p. 7 – 19(2022).

15. Herbert Hovenkamp, *Antitrust and Platform Monopoly*, Yale Law Journal, Vol. 130:8, p. 1952 – 2021(2021).

16. Nikolas Guggenberger, *Essential Platforms*, Stanford Technology Law Review, Vol. 24:2, p. 237 – 343(2021).

17. Nikolas Guggenberger, *The Essential Facilities Doctrine in the Digital Economy: Dispelling Persistent Myths*, Yale Journal of Law and Technology, Vol. 23:2, p. 301 – 359(2021).

18. Lina M. Khan, *The Separation of Platforms and Commerce*, Columbia Law Review, Vol. 119:4, p. 937 – 1098(2019).

19. Christine S. Wilson, Thomas J. Klotz & Jeremy A. Sandford, *Recalibrating the Dialogue on Welfare Standards: Reinserting the Total Welfare Standard into the Debate*, George Mason Law Review, Vol. 26:5, p. 1435 – 1490 (2019).

20. Sandeep Vaheesan, *Accommodating Capital and Policing Labor: Antitrust in the Two Gilded Ages*, Maryland Law Review, Vol. 78:4, p. 766 - 827(2019).

21. Seth B. Sacher & John M. Yun, *Twelve Fallacies of the Neo-Antitrust Movement*, George Mason Law Review, Vol. 26:5, p. 1491 - 1530(2019).

22. Frederic Jenny, *Populism, Fairness and Competition: Should We Care and What Could We Do?*, The Japanese Economic Review, Vol. 70:3, p. 280 - 297 (2019).

23. Juliana Oliveira Domingues & Eduardo Molan Gaban, *Antitrust Law and Economic Power: The Populist and the "New Brandeis" Movement*, Revista Justica do Direito, Vol. 33:3, p. 222 - 244(2019).

24. Joshua D. Wright et al., *Requiem for a Paradox: The Dubious Rise and Inevitable Fall of Hipster Antitrust*, Arizona State Law Journal, Vol. 51:1, p. 293 - 370(2019).

25. Herbert Hovenkamp, *Is Antitrust's Consumer Welfare Principle Imperiled?*, Journal of Corporation Law, Vol. 45:1, p. 65 - 94(2019).

26. Lina Khan, *The New Brandeis Movement: America's Antimonopoly Debate*, Journal of European Competition Law & Practice, Vol. 9:3, p. 131 - 132 (2018).

27. Lina M. Khan, *Sources of Tech Platform Power*, Georgetown Law & Technology Review, Vol. 2:2, p. 325 - 334(2018).

28. Carl Shapiro, *Antitrust in a Time of Populism*, International Journal of Industrial Organization, Vol. 61, p. 714 - 748(2018).

29. Herbert Hovenkamp, *Progressive Antitrust*, University of Illinois Law Review, Vol. 2018:1, p. 71 - 114(2018).

30. Lina M Khan, *The Ideological Roots of America's Market Power Problem*, Yale Law Journal Forum, Vol. 127, p. 960 - 979(2017 - 2018).

31. Sandeep Vaheesan, *The Twilight of the Technocrats' Monopoly on Antitrust*, Yale Law Journal Forum, Vol. 127, p. 980 - 995(2017 - 2018).

32. Lina M. Khan, *Amazon's Antitrust Paradox*, Yale Law Journal, Vol. 126:3, p. 710 - 805(2017).

33. Lina M. Khan & Sandeep Vaheesan, *Market Power and Inequality: The Antitrust Counterrevolution and Its Discontents*, Harvard Law & Policy Review, Vol. 11:1, p. 235 - 294(2017).

34. Peter Alexiadis, *Forging a European Competition Policy Response to Online Platforms*, Business Law International, Vol. 18:2, p. 91 - 154(2017).

35. Sofia Ranchordas, *Peers or Professionals: The P2P-Economy and Competition Law*, European Competition and Regulatory Law Review, Vol. 1:4, p. 320 - 333(2017).

36. D. Daniel Sokol, *Troubled Waters between U. S. and European Antitrust*, Michigan Law Review, Vol. 115:6, p. 955 - 978(2017).

37. Tim Wu, *Antitrust via Rulemaking: Competition Catalysts*, Colorado Technology Law Journal, Vol. 16:1, p. 33 - 64(2017).

38. Robert D. Atkinson & Michael Lind, *The Neo-Brandeisian Attack on Big Business: Large Firms Benefit Society in Underappreciated Ways*, National Review, Vol. 69:18, p. 18 - 20(2017).

39. Kenneth G. Elzinga & Micah Webber, *Louis Brandeis and Contemporary Antitrust Enforcement*, Touro Law Review, Vol. 33:1, p. 277 - 322(2017).

40. Steven C. Salop & Carl Shapiro, *Jean Tirole's Nobel Prize in Economics: The Rigorous Foundations of Post-Chicago Antitrust Economics*, Antitrust, Vol. 29:2, p. 76 - 81(2015).

41. Kenneth Heyer, *Consumer Welfare and the Legacy of Robert Bork*, Journal of Law and Economics, Vol. 57:3, p. s19 - s32(2014).

42. Zephyr Teachout & Lina M. Khan, *Market Structure and Political Law: A Taxonomy of Power*, Duke Journal of Constitutional Law & Public Policy, Vol. 9:1, p. 37 - 74(2014).

43. Sandeep Vaheesan, *The Evolving Populisms of Antitrust*, Nebraska Law Review, Vol. 93:2, p. 370 - 428(2014).

44. Roger D. Blair & D. Daniel Sokol, *Welfare Standards in U. S. and E. U. Antitrust Enforcement*, Fordham Law Review, Vol. 81:5, p. 2497 - 2542(2013).

45. Gonenc Gurkaynak, Derya Durlu & Margaret Hagan, *Antitrust on the*

Internet: *A Comparative Assessment of Competition Law Enforcement in the Internet Realm*, Business Law International, Vol. 14:1, p. 51 – 90(2013).

46. Daniel A. Crane, *A Neo-Chicago Perspective on Antitrust Institutions*, Antitrust Law Journal, Vol. 78:1, p. 43 – 66(2012).

47. Robert H. Bork & J. Gregory Sidak, *What Does the Chicago School Teach about Internet Search and the Antitrust Treatment of Google*, Journal of Competition Law and Economics, Vol. 8:4, p. 663 – 700(2012).

48. Barak Orbach & Grace Campbell Rebling, *The Antitrust Curse of Bigness*, Southern California Law Review, Vol. 85:3, p. 605 – 656(2012).

49. Brandon Wong, *Freezing Innovation*: *How the Platform Competition and Opportunity Act Will Freeze Funds in the Tech Start-up Market*, Pepperdine Law Review, Vol. 50:2, p. 399 – 442(2023).

50. Maurice E. Stucke, *Reconsidering Antitrust's Goals*, Boston College Law Review, Vol. 53:2, p. 551 – 630(2012).

51. Thomas J. Horton, *Unraveling the Chicago/Harvard Antitrust Double Helix*: *Applying Evolutionary Theory to Guard Competitors and Revive Antitrust Jury Trials*, University of Baltimore Law Review, Vol. 41:4, p. 615 – 670(2012).

52. Barak Y. Orbach, *The Antitrust Consumer Welfare Paradox*, Journal of Competition Law & Economics, Vol. 7:1, p. 133 – 164(2011).

53. Herbert Hovenkamp, *Harvard, Chicago, and Transaction Cost Economics in Antitrust Analysis*, Antitrust Bulletin, Vol. 55:3, p. 613 – 662(2010).

54. Steven C. Salop, *Question*: *What Is the Real and Proper Antitrust Welfare Standard-Answer*: *The True Consumer Welfare Standard*, Loyola Consumer Law Review, Vol. 22:3, p. 336 – 353(210).

55. Herbert Hovenkamp, *Digital Cluster Markets*, Columbia Business Law Review, Vol. 2022:1, p. 246 – 278(2022).

56. Jens-Uwe Franck & Martin Peitz, *Market Definition in the Platform Economy*, Cambridge Yearbook of European Legal Studies, Vol. 23, p. 91 – 127 (2021).

57. Louis Kaplow, *Why (Ever) Define Markets*, Harvard Law Review, Vol.

124:2,p. 437 –517(2010).

58. Daniel A. Crane, *Chicago, Post-Chicago, and Neo-Chicago*, University of Chicago Law Review, Vol. 76:4, p. 1911 – 1934(2009).

59. William E. Kovacic, *The Intellectual DNA of Modern U. S. Competition Law for Dominant Firm Conduct: The Chicago/Harvard Double Helix*, Columbia Business Law Review, Vol. 2007:1, p. 1 – 82(2007).

60. Daniel A. Crane, *Rules versus Standards in Antitrust Adjudication*, Washington and Lee Law Review, Vol. 64:1, p. 49 – 110(2007).

61. Richard A. Posner, *Brandeis and Holmes, Business and Economics, Then and Now*, Review of Law and Economics, Vol. 1:1, p. 1 – 14(2005).

62. William E. Kovacic, *The Modern Evolution of U. S. Competition Policy Enforcement Norms*, Antitrust Law Journal, Vol. 71:2, p. 377 – 478(2003).

63. Louis Kaplow & Steven Shavell, *Fairness versus Welfare: Notes on the Pareto Principle, Preferences, and Distributive Justice*, The Journal of Legal Studies, Vol. 32:1, p. 331 – 362(2003).

64. Richard A. Posner, *Antitrust in the New Economy*, Antitrust Law Journal, Vol. 68:3, p. 925 – 944(2001).

65. Eleanor M. Fox & Lawrence A. Sullivan, *Antitrust—Retrospective and Prospective: Where Are We Coming from—Where Are We Going*, New York University Law Review, Vol. 62:5, p. 936 – 988(1987).

66. Laurence H. Tribe, *Constitutional Calculus: Equal Justice or Economic Efficiency*, Harvard Law Review, Vol. 98:3, p. 592 – 621(1985).

67. Herbert Hovenkamp, *Distributive Justice and the Antitrust Laws*, George Washington Law Review, Vol. 51:1, p. 1 – 31(1982).

68. Eleanor M. Fox, *Modernization of Antitrust: A New Equilibrium*, Cornell Law Review, Vol. 66:6, p. 1140 – 1192(1980 – 1981).

69. Jeffrey L. Harrison, *After Forty Years of Antitrust Revision and Apple Inc. v. Pepper, What Now Illinois Brick?*, William and Mary Business Law Review, Vol. 11:3, p. 695 – 732(2020).

70. Rob Frieden, *Two-Sided Internet Markets and the Need to Assess Both*

Upstream and Downstream Impacts, American University Law Review, Vol. 68:3, p. 713 – 760(2019).

71. Gintare Surblyte-Namaviciene, *Implementing the ECN + Directive in Lithuania: Towards an over-Enforcement of Competition Law*, Yearbook of Antitrust and Regulatory Studies, Vol. 20, p. 173 – 204(2019).

72. Herbert Hovenkamp, *Antitrust Interoperability Remedies*, Columbia Law Review Forum, Vol. 123, p. 1 – 36(2023).

73. Wolfgang Kerber & Heike Schweitzer, *Interoperability in the Digital Economy*, Journal of Intellectual Property, Information Technology and Electronic Commerce Law, Vol. 8:1, p. 39 – 58(2017).

74. Rory Van Loo, *Rise of the Digital Regulator*, Duke Law Journal, Vol. 66:6, p. 1267 – 1330(2017).

75. Bjorn Lundqvist, *Standardization for the Digital Economy: The Issue of Interoperability and Access under Competition Law*, Antitrust Bulletin, Vol. 62:4, p. 710 – 725(2017).

76. Kenneth A. Bamberger & Orly Lobel, *Platform Market Power*, Berkeley Technology Law Journal, Vol. 32:3, p. 1051 – 1092(2017).

77. Bartosz Targanski, *Antitrust Liability in the Context of Online Platforms*, Yearbook of Antitrust and Regulatory Studies, Vol. 14, p. 293 – 298(2016).

78. Giacomo Luchetta, *Is the Google Platform a Two-Sided Market*, Journal of Competition Law and Economics, Vol. 10:1, p. 185 – 208(2014).

79. William Hubbard, *The Debilitating Effect of Exclusive Rights: Patents and Productive Inefficiency*, Florida Law Review, Vol. 66:5, p. 2045 – 2098(2014).

80. Denis Zhernovy, *Service Innovation: Neo-Schumpeterian Perspective*, International Journal of Economics and Law, Vol. 3:8, p. 109 – 113(2013).

81. Michal S. Gal & Spencer Weber Waller, *Antitrust in High-Technology Industries: A Symposium Introduction*, Journal of Competition Law and Economics, Vol. 8:3, p. 449 – 458(2012).

82. Julie Beth Albert, *Adding Uncertainty to the Virtual Shopping Cart: Antitrust Regulation of Internet Minimum Advertised Price Policies*, Fordham Law

Review, Vol. 80:4, p. 1679 – 1720(2012).

83. Tim Wu, *Taking Innovation Seriously: Antitrust Enforcement If Innovation Mattered Most*, Antitrust Law Journal, Vol. 78:2, p. 313 – 328(2012).

84. Alan Devlin & Michael Jacobs, *Anticompetitive Innovation and the Quality of Invention*, Berkeley Technology Law Journal, Vol. 27: 1, p. 1 – 54(2012).

85. Peggy J. Hoyt, *Developing Antitrust Policy on the Internet: Lessons from the Airline Industry*, Transportation Law Journal, Vol. 28: 2, p. 315 – 352(2001).

86. Shane Greenstein, *Glimmers and Signs of Innovative Health in the Commercial Internet*, Journal on Telecommunications and High Technology Law, Vol. 8:1, p. 25 – 78(2010).

87. Aaron K. Perzanowski, *Rethinking Anticircumvention's Interoperability Policy*, U. C. Davis Law Review, Vol. 42:5, p. 1549 – 1620(2009).

88. Pamela Samuelson, *Are Patents on Interfaces Impeding Interoperability*, Minnesota Law Review, Vol. 93:6, p. 1943 – 2019(2009).

89. Alan Devlin, Michael Jacobs & Bruno Peixoto, *Success, Dominance, and Interoperability*, Indiana Law Journal, Vol. 84:4, p. 1157 – 1202(2009).

90. Philip J. Weiser, *Regulating Interoperability: Lessons from AT&T, Microsoft, and Beyond*, Antitrust Law Journal, Vol. 76:1, p. 271 – 306(2009).

91. Thomas O. Barnett, *Interoperability between Antitrust and Intellectual Property*, George Mason Law Review, Vol. 14:4, p. 859 – 870(2007).

92. Deana Sobel, *A Bite out of Apple-iTunes, Interoperability, and France's Dadvsi Law*, Berkeley Technology Law Journal, Vol. 22:1, p. 267 – 292(2007).

93. Kristine Laudadio Devine, *Preserving Competition in Multi-Sided Innovative Markets: How Do You Solve a Problem Like Google*, North Carolina Journal of Law and Technology, Vol. 10:1, p. 59 – 118(2008).

94. John Henry Schlegel, *On The Many Flavors of Capitalism or Reflections on Schumpeter's Ghost*, Buffalo Law Review, Vol. 56: 4, p. 965 – 1026(2008).

95. Jonathan B. Baker, *Beyond Schumpeter vs. Arrows: Antitrust Fosters Innovation*, Antitrust Law Journal, Vol. 74:3, p. 575 – 602(2007).

96. Richard Gilbert, *Looking for Mr. Schumpeter: Where Are We in the*

Competition-Innovation Debate, Innovation Policy and the Economy, Vol. 6, p. 159 - 215(2006).

97. John E. Lopatka & William H. Page, *Monopolization, Innovation, and Consumer Welfare*, George Washington Law Review, Vol. 69: 3, p. 368 - 424 (2001).

98. Frank H. Easterbrook, *Chicago on Vertical Restrictions*, Competition Law International, Vol. 3:1, p. 3 - 7(2007).

99. Elyssa Diamond, *Distrust & Antitrust: Using Facebook to Understand Competition Law's Role in Regulating Data and Data Privacy Concerns around the World*, Fordham International Law Journal, Vol. 45: 5, p. 873 - 906(2022).

100. Michal S. Gal, *Algorithms as Illegal Agreements*, Berkeley Technology Law Journal, Vol. 34:1, p. 67 - 118(2019).

101. Salil K Mehra, *Price Discrimination-Driven Algorithmic Collusion: Platforms for Durable Cartels*, Stanford Journal of Law, Business & Finance, Vol. 26:1, p. 171 - 221(2021).

102. Paolo Siciliani, *Tackling Algorithmic-Facilitated Tacit Collusion in a Proportionate Way*, Journal of European Competition Law & Practice, Vol. 10:1, p. 31 - 35(2019).

103. Francisco Beneke & Mark-Oliver Mackenrodt, *Artifificial Intelligence and Collusion*, International Review of Intellectual Property and Competition Law, Vol. 50:1, p. 109 - 134(2019).

104. Kaylynn Noethlich, *Artificially Intelligent and Free to Monopolize: A New Threat to Competitive Markets around the World*, American University International Law Review, Vol. 34:4, p. 923 - 976(2019).

105. Alex Potter, Laura Collins & Martin Dickson, *Antitrust. com: Navigating European Enforcement Priorities in Online Distribution*, Antitrust, Vol. 33:2, p. 94 - 102(2019).

106. Sumit Singh Bhadauria & Lokesh Vyas, *Algorithmic Pricing & Collusion: The Limits of Antitrust Enforcement*, Nirma University Law Journal, Vol. 8:2, p. 87 - 106(2019).

107. Judit Firniksz & Borbala Domotorfy, *Information Exchange Going Digital-Challenges to Hungarian Competition Law Enforcement*, Yearbook of Antitrust and Regulatory Studies, Vol. 12:19, p. 111 – 138(2019).

108. Barbora Jedličková, *Digital Polyopoly*, World Competition, Vol. 42:3, p. 309 – 334(2019).

109. Stefan Thomas, *Harmful Signals-Cartel Prohibition and Oligopoly Theory in the Age of Machine Learning*, Journal of Competition Law & Economics, Vol. 15:2 – 3, p. 159 – 203(2019).

110. Diego Hernández, *Drawing the Boundaries Between Hub-and-Spoke Cartels and Vertical Agreements: Lessons from the United Kingdom and the United States to Chilean Competition Law*, World Competition, Vol. 41:2, p. 275 – 298 (2018).

111. Joseph E. Harrington Jr., *Developing Competition Law for Collusion by Autonomous Artificial Agents*, Journal of Competition Law & Economics, Vol. 14:3, p. 331 – 363(2018).

112. Ulrich Schwalbe, *Algorithms, Machine Learning, and Collusion*, Journal of Competition Law and Economics, Vol. 14:4, p. 568 – 607(2018).

113. Ai Deng, *What do We Know about Algorithmic Tacit Collusion?*, Antitrust, Vol. 33:1, p. 88 – 95(2018).

114. Niccolo Colombo, *Virtual Competition: Human Liability Vis-a-Vis Artificial Intelligence's Anticompetitive Behaviours*, European Competition and Regulatory Law Review, Vol. 2:1, p. 11 – 23(2018).

115. Catalina Gonzalez Verdugo, *Horizontal Restraint Regulations in the EU and the US in the Era of Algorithmic Tacit Collusion*, UCL Journal of Law and Jurisprudence, Vol. 7:1, p. 114 – 141(2018).

116. Michal S. Gal & Niva Elkin-Koren, *Algorithmic Consumers*, Harvard Journal of Law & Technology, Vol. 30:2, p. 309 – 354(2017).

117. Ariel Ezrachi & Maurice E. Stucke, *Artificial Intelligence & Collusion: When Computers Inhibit Competition*, University of Illinois Law Review, Vol. 2017:5, p. 1775 – 1810(2017).

118. Ariel Ezrachi & Maurice E. Stucke, *Tacit Collusion on Steriods—The Tale on Online Price Transparency, Advanced Monitoring and Collusion*, Competition Law & Policy Debate, Vol. 3:2, p. 24 – 33(2017).

119. Vaclav Smejkal, *Cartels by Robots-Current Antitrust Law in Search of an Answer*, Journal for International and European Law, Economics and Market Integrations, Vol. 4:2, p. 1 – 18(2017).

120. Terrell McSweeny & Brian O'Dea, *The Implications of Algorithmic Pricing for Coordinated Effects Analysis and Price Discrimination Markets in Antitrust Enforcement*, Antitrust, Vol. 32:1, p. 75 – 81(2017).

121. Vassilis Hatzopoulos & Sofia Roma, *Caring for Sharing: The Collaborative Economy under EU Law*, Common Market Law Review, Vol. 54:1, p. 81 – 128(2017).

122. Virgilijus Valancius, *Recent CJEU Case Law Trends in Competition Law*, International Comparative Jurisprudence, Vol. 3:2, p. 137 – 152(2017).

123. Pierre de Brandt & Julie Probst, *Proving Concentration in the Text of Online Platforms: A Comment on the Eturas Case*, European Competition and Regulatory Law Review, Vol. 1:1, p. 74 – 79(2017).

124. Marc Abenhaïm, *Public Distancing and Liability in Cartel Cases: Does Distance Lend Enchantment?*, World Competition, Vol. 39:3, p. 413 – 430(2016).

125. Salil K. Mehra, *Antitrust and the Robo-Seller: Competition in the Time of Algorithms*, Minnesota Law Review, Vol. 100:4, p. 1323 – 1376(2016).

126. Gian Luca Zampa & Cecilia Carli, *Information Exchanges, Concerted Practices by Object and Financial/Commodity Trading*, Competition Law & Policy Debate, Vol. 1:2, p. 73 – 81(2015).

127. Julia Shamir & Noam Shamir, *Colluding under the Radar: Achieving Collusion through Vertical Exchange of Information*, Cleveland State Law Review, Vol. 63:3, p. 621 – 674(2015).

128. Richard Posner, *Review of Kaplow, Competition Policy and Price Fixing*, Antitrust Law Journal, Vol. 79:2, p. 761 – 768(2014).

129. William H. Page, *Objective and Subjective Theories of Concerted Action*,

Antitrust Law Journal, Vol. 79:1, p. 215 – 252(2013).

130. Chang-Su Choe, *Antitrust Economics for Proof of Concerted Price-Fixing: Practical Points for U. S. and Korean Antitrust Jurisprudence*, International Law & Management Review, Vol. 8:2, p. 1 – 34(2012).

131. Qianlan Wu, *EU-China Competition Dialogue: A New Step in the Internationalisation of EU Competition Law*, European Law Journal, Vol. 18:3, p. 461 – 477(2012).

132. Louis Kaplow, *Direct versus Communications-Based Prohibitions on Price Fixing*, Journal of Legal Analysis, Vol. 3:2, p. 449 – 538(2011).

133. Kelvin Hiu Fai Kwok, *A Rule of Reason Approach to the Antitrust Issues of the Google Book Search Settlement*, DePaul Business & Commercial Law Journal, Vol. 10:1, p. 1 – 54(2011).

134. Louis Kaplow, *On the Meaning of Horizontal Agreements in Competition Law*, California Law Review, Vol. 99:3, p. 683 – 818(2011).

135. William E. Kovacic et al., *Plus Factors and Agreement in Antitrust Law*, Michigan Law Review, Vol. 110:3, p. 393 – 436(2011).

136. David Bailey, *Single, Overall Agreement in EU Competition Law*, Common Market Law Review, Vol. 47:2, p. 473 – 508(2010).

137. Matthew Bennett & Philip Collins, *The Law and Economics of Information Sharing: The Good, the Bad and the Ugly*, European Competition Journal, Vol. 6:2, p. 311 – 338(2010).

138. David Bailey, *Publicly Distancing Oneself from a Cartel*, World Competition, Vol. 31:2, p. 177 – 204(2008).

139. Ryan T. Jardine, *Economic Law-Vertical Minimum Pricing in Leegin-Adrift with the Rule of Reason: Sinking with Stare Decisis; Leegin Creative Leather Prod., Inc. v. PSKS, Inc.*, Wyoming Law Review, Vol. 8:2, p. 683 – 702 (2008).

140. F. David Osinski, *What Constitutes a Plus Factor*, Economics Committee Newsletter, Vol. 7:1 p. 6 – 9(2007).

141. William H. Page, *Communication and Concerted Action*, Loyola

University Chicago Law Journal, Vol. 38:3, p. 405 – 460(2007).

142. Albertina Albors-Llorens, *Horizontal Agreements and Concerted Practices in EC Competition Law: Unlawful and Legitimate Contacts Between Competitors*, Antitrust Bulletin, Vol. 51:4, p. 837 – 876(2006).

143. Joseph Skocilich, *Narrower Is Better-The Third Circuit's Latest Word on Conscious Parallelism and the Problem of Plus Factors: In re Flat Glass*, Villanova Law Review, Vol. 50:5, p. 1309 – 1330(2005).

144. Anna-Louise Hinds, *Airtours: A Consolidation of Existing Law on Collective Dominance*, Irish Journal of European Law, Vol. 12: 2, p. 233 – 258 (2005).

145. Oliver Black, *Communication, Concerted Practices and the Oligopoly Problem*, European Competition Journal, Vol. 1:2, p. 341 – 346(2005).

146. Julian M. Joshua & Sarah Jordan, *Combinations, Concerted Practices and Cartels: Adopting the Concept of Conspiracy in European Community Competition Law*, Northwestern Journal of International Law & Business, Vol. 24:3, p. 647 – 682 (2004).

147. Barry J Rodger, *The Oligopoly Problem and the Concept of Collective Dominance: EC Developments in the Light of U. S. Trends in Antitrust Law and Policy*, Columbia Journal of European Law, Vol. 2:1, p. 25 – 48(1995).

148. Joseph Kattan, *Beyond Facilitating Practices: Price Signaling and Price Protection Clauses in the New Antitrust Environment*, Antitrust Law Journal, Vol. 63:1, p. 133 – 152(1994).

149. Susan S. DeSanti & Ernest A. Nagata, *Competitor Communications: Facilitating Practices or Invitations to Collude-An Application of Theories to Proposed Horizontal Agreements Submitted for Antitrust Review*, Antitrust Law Journal, Vol. 63:1, p. 93 – 132(1994).

150. Kevin J. Arquit, *The Boundaries of Horizontal Restraints: Facilitating Practices and Invitations to Collude*, Antitrust Law Journal, Vol. 61:2, p. 531 – 548 (1993).

151. Randall David Marks, *Can Conspiracy Theory Solve the Oligopoly*

Problem, Maryland Law Review, Vol. 45:2, p. 387 – 431(1986).

152. Frank H. Easterbrook, *Limits of Antitrust*, Texas Law Review, Vol. 63:1, p. 1 – 40(1984).

153. Kenneth G. Elzinga, *New Developments on the Cartel Front*, Antitrust Bulletin, Vol. 29:1, p. 3 – 26(1984).

154. Emil John Jr. Kotalik, *Conscious Parallelism: The Business Judgment Defense in a Summary Judgment Context*, Hastings Law Journal, Vol. 35:1, p. 115 – 132(1983).

155. Donald S. Clark, *Price-Fixing without Collusion: An Antitrust Analysis of Facilitating Practices after Ethyl Corp.*, Wisconsin Law Review, Vol. 1983:4, p. 887 – 952(1983).

156. Michael D. Blechman, *Conscious Parallelism, Signalling and Facilitating Devices: The Problem of Tacit Collusion under the Antitrust Laws*, New York Law School Law Review, Vol. 24:4, p. 881 – 906(1979).

157. Milton Handler, *Antitrust – 1978*, Columbia Law Review, Vol. 78:7, p. 1363 – 1428(1978).

158. Donald F. Turner, *The Definition of Agreement Under the Sherman Act: Conscious Parallelism and Refusals to Deal*, Harvard Law Review, Vol. 75:4, p. 1011 – 1064(1962).

159. Mikah Roberts, *Killer Acquisitions and the Death of Competition in the Digital Economy*, The Tennessee Journal of Business Law, Vol. 24:1, p. 61 – 114 (2022).

160. Amy C. Madl, *Killing Innovation?: Antitrust Implications of Killer Acquisitions*, Yale Journal on Regulation Bulletin, Vol. 38, p. 28 – 52(2020).

161. Timothy J. Muris & Jonathan E. Nuechterlein, *First Principles for Review of Long-Consummated Mergers*, Criterion Journal on Innovation, Vol. 5, p. 29 – 48(2020).

162. Caitlin M. Durand, *Who Blesses the Merger? Antitrust's Role in Maintaining Access to Reproductive Health Care in the Wake of Catholic Hospital Mergers*, Boston College Law Review, Vol. 61:7, p. 2595 – 2642(2020).

163. Ashleigh Cavagnino, *Deficiencies in Australia's Current Merger Regime: The Call to Combat Creeping Acquisitions*, International Trade and Business Law Review, Vol. 22, p. 119 – 204(2019).

164. Marianne Henne Moller & Simen Klevstrand, *Alarm Case Signals Increased Risk of Post-Closing Merger Review*, European Competition and Regulatory Law Review, Vol. 2:4, p. 296 – 298(2018).

165. Cormac O'Daly, *Major Developments in EU Merger Control* (2016), Competition Law & Policy Debate, Vol. 3:1, p. 4 – 23(2017).

166. Rachel Brandenburger et al., *Merger Control Revisited: Are Antitrust Authorities Investigating the Right Deals*, Antitrust, Vol. 31:2, p. 28 – 36(2017).

167. Ross E. Bautista, *The Never-Ending Quest for Clarity amidst Uncertainty: Hospital M&A and Antitrust Scrutiny*, San Diego Law Review, Vol. 54:1, p. 149 – 176(2017).

168. Max Huffman, *Worlds Colliding: Competition Policy and Bankruptcy Asset Sales*, Villanova Law Review, Vol. 60:5, p. 839 – 902(2015).

169. Jakub Kociubinski, *Proposed Review of Non-Controlling Minority Shareholding Acquisitions under the EU Merger Regulation*, European Networks Law and Regulation Quarterly, Vol. 2015:3, p. 164 – 175(2015).

170. Gabrielle Williamson & Marie-Madeleine Husunu, *Non-Controlling Minority Shareholdings in EU Merger Control*, Business Law International, Vol. 15:2, p. 123 – 132(2014).

171. William E. Kovacic et al., *Merger Control Procedures and Institutions: A Comparison of EU and U. S. Practice*, Antitrust Bulletin, Vol. 59:1, p. 55 – 110 (2014).

172. Gavin Robert, *Merger Control Procedure and Enforcement: An International Comparison*, European Competition Journal, Vol. 10:3, p. 523 – 550 (2014).

173. Paul Collins & Michael Laskey, *Striking the Right Balance: 25 Years of Merger Review in Canada*, Canadian Competition Law Review, Vol. 25:2, p. 419 – 434(2012).

174. Daniel A. Crane, *Rethinking Merger Efficiencies*, Michigan Law Review, Vol. 110:3, p. 347 - 392(2011).

175. Terry Calvani & Karen Alderman, *BRIC in the International Merger Review Edifice*, Cornell International Law Journal, Vol. 43:1, p. 73 - 146(2010).

176. Catalin Stefan Rusu, *Ex-Ante or Ex-Post Merger Control*, Revista Romana de Drept al Afacerilor, Vol. 2009:7, p. 54 - 82(2009).

177. Susan Beth Farmer, *The Evolution of Chinese Merger Notification Guidelines: A Work in Progress Integrating Global Consensus and Domestic Imperatives*, Tulane Journal of International and Comparative Law, Vol. 18:1, p. 1 - 92(2009).

178. Paul K. Gorecki, et al., *The Role of Economic Evidence in Merger Control in Ireland: Current and Future Practice*, European Competition Journal, Vol. 3:2, p. 345 - 372(2007).

179. Paul J. Stancil, *Atomism and the Private Merger Challenge*, Temple Law Review, Vol. 78:4, p. 949 - 1024(2005).

180. Scott A. Sher, *Closed but Not Forgotten: Government Review of Consummated Mergers Under Section 7 of the Clayton Act*, Santa Clara Law Review, Vol. 45:1, p. 41 - 98(2004).

181. Nathalie Jalabert-Doury, *The International Competition Network-Convergence dans le Domaince des Concentrations*, International Business Law Journal, Vol. 2003:6, p. 697 - 710(2003).

182. Andrew G. Howell, *Why Premerger Review Needed Reform and Still Does*, William and Mary Law Review, Vol. 43:4, p. 1703 - 1746(2002).

183. William J. Baer, *Reflections on Twenty Years of Merger Enforcement under the Hart-Scott-Rondino Act*, Antitrust Law Journal, Vol. 65:3, p. 825 - 864 (1997).

184. Joe Sims & Deborah P. Herman, *The Effect of Twenty Years of Hart-Scott-Rodino on Merger Practice: A Case Study in the Law of Unintended Consequences Applied to Antitrust Legislation*, Antitrust Law Journal, Vol. 65:3, p. 865 - 904(1997).

185. Otto Sandrock & Elke van Arnheim, *New Merger Control Rules in the EEC*, International Lawyer (ABA), Vol. 25:4, p. 859 - 874(1991).

186. Mikhail S. Kouliavtsev, *Measuring the Extent of Structural Remedy in Section 7 Settlements: Was the US DOJ Successful in the 1990s?*, Review of Industrial Organization, Vol. 30:1, p. 1 - 27(2007).

187. David Givensky, *Investigating Consummated Mergers: The Antitrust Agencies'Shift Toward a Retroactive Enforcement Policy*, Review of Banking & Financial Law, Vol. 32:1, p. 88 - 97(2012).

188. Douglas NeJaime, *When New Governance Fails*, Ohio State Law Journal, Vol. 70:2, p. 323 - 402(2009).

189. Justin Desautels-Stein, *Extraterritoriality, Antitrust, and the Pragmatism Style*, Emory International Law Review, Vol. 22:2, p. 499 - 570(2008).

190. Charles F. Sabel & William H. Simon, *Destabilization Rights: How Public Law Litigation Succeeds*, Harvard Law Review, Vol. 117: 4, p. 1016 - 1101 (2004).

191. William E. Kovacic, *Evaluating Antitrust Experiments: Using Ex Post Assessments of Government Enforcement Decisions to Inform Competition Policy*, George Mason Law Review, Vol. 9:3, p. 843 - 862(2001).

192. Ashutosh Bhagwat, *Modes of Regulatory Enforcement and the Problem of Administrative Discretion*, Hastings Law Journal, Vol. 50: 5, p. 1275 - 1332 (1999).

193. Martin Shapiro, *Administrative Discretion: The Next Stage*, Yale Law Journal, Vol. 92:8, p. 1487 - 1522(1983).

194. Pedro Aranguez-Diaz, *A New Opportunity for Digital Competition: Facebook, Libra, and Antitrust*, Stetson Law Review, Vol. 50: 1, p. 199 - 232 (2020).

195. Rory Van Loo, *Digital Market Perfection*, Michigan Law Review, Vol. 117:5, p. 815 - 884(2019).

196. Salil K. Mehra, *Competition Law for a Post-Scarcity World*, Texas A&M Law Review, Vol. 4:1, p. 1 - 40(2016).

197. John M. Newman, *Antitrust in Zero-Price Markets: Foundations*, University of Pennsylvania Law Review, Vol. 164:1, p. 149 – 206(2015).

198. Sofia Ranchordas, *Innovation Experimentalism in the Age of the Sharing Economy*, Lewis & Clark Law Review, Vol. 19:4, p. 871 – 924(2015).

199. Einer Elhauge, *Why the Google Books Settlement is Procompetitive*, Journal of Legal Analysis, Vol. 2:1, p. 1 – 68(2010).

200. Daniel A. Crane, *Technocracy and Antitrust*, Texas Law Review, Vol. 86:6, p. 1159 – 1222(2008).

201. Cento G. Veljanovski, *Competition Law Issues in the Computer Industry: An Economic Perspective*, Queensland University of Technology Law and Justice Journal, Vol. 3:1, p. 3 – 27(2003).

202. Magdalena Knapp, *Liability for Anti-Competitive Conduct of A Third Party under EU Competition Law*, Yearbook of Antitrust and Regulatory Studies, Vol. 17, p. 75 – 92(2018).

203. Sanjukta Paul & Sandeep Vaheesan, *Make Antitrust Democratic Again*, The Nation, Nov. 25, 2019, p. 15.

204. Marina Lao, *Strengthening Antitrust Enforcement Within the Consumer Welfare Rubric*, CPI Antitrust Chronicle, Nov. 7, 2019, p. 35.

205. Elyse Dorsey, Jan Rybnicek & Joshua Wright, *Hipster Antitrust Meets Public Choice Economics: The Consumer Welfare Standard, Rule of Law, and Rent-Seeking*, CPI Antitrust Chronicle, Apr. 18, 2018, p. 21 – 33.

206. Daniel A. Crane, *Four Questions for the Neo-Brandeisians*, CPI Antitrust Chronicle, Apr. 17, 2018, p. 67.

207. Michal S. Gal, *Algorithmic-Facilitated Coordination: Market and Legal Solutions*, CPI Antitrust Chronicle, May 15, 2017, p. 28.

(三)判决决定书类

1. Federal Trade Commission *v.* Facebook Inc., No. 1:20 – cv – 03590 – JEB (D. D. C. 2021).

2. Ohio *v.* American Express Co., 138 S. Ct. 2274 (2018).

3. Meyer *v.* Kalanick, No. 1:15 – cv – 09796 – JSR(S. D. N. Y. 2016).

4. United States *v.* Apple, Inc., 791 F. 3d 290 (2d Cir. 2015).

5. DSM Desotech, Inc. *v.* 3D Sys. Corp., 749 F. 3d 1332 (Fed. Cir. 2014).

6. United States *v.* Bazaarvoice, Inc., No. 3:13 – cv – 00133 – WHO (N. D. Cal. 2014).

7. FTC and State of Idaho *v.* St. Luke's Health Sys., Ltd., No. 1:12 – cv – 00560 – BLW-REB (D. Idaho 2013).

8. U. S. and State of New York *v.* Twin America LLC, No. 1:12 – cv – 08989 – ALC – GWG (S. D. N. Y. 2012).

9. Laumann *v.* Nat'l Hockey League, 907 F. Supp. 2d 465 (S. D. N. Y. 2012).

10. U. S. *v.* Microsoft Corporation, No. 98 – 1232 (CKK) (D. D. C. 2007).

11. United States *v.* Oracle Corp., 331 F. Supp. 2d 1098 (N. D. Cal. 2004).

12. Williamson Oil Co., Inc. *v.* Philip Morris U. S. A., 346 F. 3d 1287 (11th Cir. 2003).

13. In re High Fructose Corn Syrup Antitrust Litigation, 295 F. 3d 651 (7th Cir. 2002).

14. United States *v.* Microsoft Corp., 253 F. 3d 34 (D. C. Cir. 2001).

15. Blomkest Fertilizer, Inc. *v.* Potash. Corp. of Saskatchewan, Inc., 203 F. 3d 1028 (8th Cir. 2000).

16. United States *v.* Airline Tariff Publishing Co., et al., No. 92 – 2854 (D. D. C. 1994).

17. Federal Trade Commission *v.* Indiana Federation of Dentists, 476 U. S. 447 (1986).

18. C-O-Two Fire Equip. Co. *v.* United States, 197 F. 2d 489 (9th Cir. 1952), cert. denied, 344 U. S. 892 (1952).

19. Interstate Circuit *v.* United States, 306 U. S. 208 (1939).

20. "Eturas" UAB and Others *v.* Lietuvos Respublikos konkurencijos taryba, Case C – 74/14, ECLI:EU:C:2016:42.

21. Dole Food and Dole Fresh Fruit Europe *v.* Commission, Case C – 286/13 P, ECLI:EU:C:2015:184.

22. Commission *v.* Verhuizingen Coppens, Case C441/11 P, ECLI: EU: C: 2012:778.

23. T-Mobile Netherlands BV and Others *v.* Raad van bestuur van de Nederlandse Mededingingsautoriteit, Case C – 8/08, [2009] ECR 1 – 04529, ECLI: EU:C:2009:343.

24. Microsoft Corp. *v.* Commission, Case T – 201/04, [2007] ECR II – 03601, ECLI:EU:T:2007:289.

25. Nederlandse Federatieve Vereniging voor de Groothandel op Elektrotechnisch Gebied *v.* Commission, Case C105/04 P, [2006] ECR I8725, ECLI: EU: C: 2006:592.

26. Westfalen Gassen Nederland BV *v.* Commission, Case T – 303/02, [2006] ECR II – 4567, ECLI:EU:T:2006:374.

27. JJB Sports Plc *v.* Office of Fair Trading, [2004] CAT 17.

28. Thyssen Stahl *v.* Commission, Case C – 194/99 P, [2003] ECR I – 10821, ECLI:EU:C:2003:527.

29. Tréfileurope *v.* Commission, Case T – 141/89, [1995] ECR II – 00791, ECLI:EU: T:1995:62.

30. A. Ahlström Osakeyhtiö and others *v.* Commission of the European Communities, Joined cases C – 89/85, C – 104/85, C – 114/85, C – 116/85, C – 117/85 and C – 125/85 to C – 129/85, [1993] ECR – I – 01307, ECLI: EU: C: 1993:120.

31. Solvay *v.* Commission, Case T – 12/89, [1992] ECR II – 907, ECLI:EU: T:1992:34.

32. Hercules Chemicals *v.* Commission, Case T – 7/89, [1991] ECR II – 01711, ECLI:EU:T:1991:75.

33. ICI *v.* Commission, Case 48 – 69, ECLI:EU:C:1972:70.

34. Consten and Grundig *v.* Commission, Joined Cases 56/64 and 58/64, [1966] ECR 299, ECLI:EU:C:1966:41.

35. European Commission Decision of 4 May 2017 relating to a proceeding under Article 102 of the Treaty on the Functioning of the European Union (TFEU) and Article 54 of the EEA Agreement, Case AT. 40153 – E-book MFNs and related matters, 2017/C 264/06.

36. European Commission Decision of 24 July 2018 relating to proceedings under Article 101 of the Treaty on the Functioning of the European Union and Article 53 of the EEA Agreement, Case AT. 40182 – Pioneer, 2018/C 338/11.

37. European Commission Decision of 24 July 2018 relating to proceedings under Article 101 of the Treaty on the Functioning of the European Union, Case AT. 40465 – ASUS, 2018/C 338/08.

38. The UK Competition and Market Authority Decision of 12 August 2016 relating to Online of Sales of Posters and Frames, case 50223.

（四）官方文件类

1. The Committee on the Judiciary of the House of Representatives, U. S., H. R. 3825 – 117th Congress (2021 – 2022): Ending Platform Monopolies Act, 24 June 2021.

2. The Committee on the Judiciary of the House of Representatives, U. S., H. R. 3816 – 117th Congress (2021 – 2022): American Choice and Innovation Online Act, 24 June 2021.

3. The Committee on the Judiciary of the House of Representatives, U. S., H. R. 3826 – 117th Congress (2021 – 2022): Platform Competition and Opportunity Act of 2021, 24 June 2021.

4. The Committee on the Judiciary of the House of Representatives, U. S., H. R. 3843 – 117th Congress (2021 – 2022): Merger Filing Fee Modernization Act of 2021, 11 June 2021.

5. The Committee on the Judiciary of the House of Representatives, U. S., H. R. 3849 – 117th Congress (2021 – 2022): Augmenting Compatibility and Competition by Enabling Service Switching Act of 2021 or the ACCESS Act of 2021, 24 June 2021.

6. The Committee on the Judiciary of the House of Representatives, U. S., H.

R. 3460 – 117th Congress(2021 – 2022):State Antitrust Enforcement Venue Act of 2021,24 June 2021.

7. The Subcommittee on Antitrust,Commercial and Administrative Law of the Committee on the Judiciary, U. S. , Investigation of Competition in the Digital Marketplace: Majority Staff Report and Recommendations,July 2022.

8. U. S. Department of Justice and the Federal Trade Commission, Antitrust Guidelines for the Licensing of Intellectual Property,12 January 2017.

9. U. S. , Investigations of Consummated and Non-Notifiable Mergers (Submission to the OECD Working Party No. 3 on Co-operation and Enforcement), 25 February 2014.

10. U. S. Department of Justice and the Federal Trade Commission,Horizontal Merger Guidelines,19 August 2010.

11. U. S. Department of Justice and the Federal Trade Commission, Antitrust Guidelines for Collaborations Among Competitors,4 April 2000.

12. U. S. Department of Justice and the Federal Trade Commission,Streamline Jurisdictional Procedures,1994.

13. The Staff of the Bureau of Competition of the Federal Trade Commission, U. S. ,A Study of the Commission’s Divestiture Process,1999.

14. European Commission, Proposal for A Regulation of the European Parliament and of the Council on a Single Market For Digital Services (Digital Services Act) and Amending Directive 2000/31/EC,15 December 2020.

15. European Commission, Proposal for A Regulation of the European Parliament and of the Council on Contestable And Fair Markets In The Digital Sector (Digital Markets Act),15 December 2020.

16. European Commission,Report from the Commission to the Council and the European Parliament-Final Report on the E-commerce Sector Inquiry,COM(2017) 229 Final,10 May 2017.

17. European Union,Algorithms and Collusion(submitted for Item 10 of the 127th OECD Competition Committee),21 – 23 June 2017.

18. European Commission,Notice on Agreements of Minor Importance which

do not Appreciably Restrict Competition under Article 101(1)of the Treaty on the Functioning of the European Union (De Minimis Notice), 2014/C 291/01, 30 August 2014.

19. European Commission, Guidelines on the Effect on Trade Concept Contained in Articles 81and 82 of the Treaty,2004/C 101/07,27 April 2004.

20. European Union, Investigations of Consummated and Non-Notifiable Mergers(Submission to the OECD Working Party No. 3 on Co-operation and Enforcement),25 February 2014.

21. United Kingdom, Investigations of Consummated and Non-Notifiable Mergers(Submission to the OECD Working Party No. 3 on Co-operation and Enforcement),25 February 2014.

22. UK Competition and Market Authority, Pricing Algorithms-Economic Working Paper on the Use of Algorithms to Facilitate Collusion and Personalised Pricing,8 October 2018.

23. Sweden, Investigations of Consummated and Non-Notifiable Mergers (Submission to the OECD Working Party No. 3 on Co-operation and Enforcement), 25 February 2014.

24. Ireland, Investigations of Consummated and Non-Notifiable Mergers (Submission to the OECD Working Party No. 3 on Co-operation and Enforcement), 25 February 2014.

25. The Competition and Consumer Protection Commission, Ireland, Notice in Respect of Non-notifiable Mergers and Acquisitions,31 October 2014.

26. Federal Antimonopoly Service of the Russian Federation, The State Duma Adopted Amendments to the Law "On Protection of Competition" Abolishing Post-Merger Control(Press Releases),17 December 2013.

27. Canada, Investigations of Consummated and Non-Notifiable Mergers (Submission to the OECD Working Party No. 3 on Co-operation and Enforcement), 25 February 2014.

28. Chile, Investigations of Consummated and Non-Notifiable Mergers (Submission to the OECD Working Party No. 3 on Co-operation and Enforcement),

25 February 2014.

29. Australia, Investigations of Consummated and Non-Notifiable Mergers (Submission to the OECD Working Party No. 3 on Co-operation and Enforcement), 25 February 2014.

30. Japan, Investigations of Consummated and Non-Notifiable Mergers (Submission to the OECD Working Party No. 3 on Co-operation and Enforcement), 25 February 2014.

31. Japan Fair Trade Commission, Policies Concerning Procedures of Review of Business Combination, 14 June 2011.

32. The Business and Industry Advisory Committee (“BIAC”), Investigations of Consummated and Non-Notifiable Mergers (Submission to the OECD Working Party No. 3 on Co-operation and Enforcement), 25 February 2014.

(五)网络文献类

1. Tim Wu, *After Consumer Welfare, Now What? The “Protection of Competition” Standard in Practice*, Competition Policy International, https://www.competitionpolicyinternational.com/after-consumer-welfare-now-what-the-protection-of-competition-standard-in-practice/,访问日期:2023年6月20日。

2. Tim Wu, *The Curse of Bigness: New Deal Supplement*, Connecting REpositories, https://core.ac.uk/download/pdf/328008435.pdf,访问日期:2023年6月20日。

3. Tim Wu, *The “Protection of the Competitive Process” Standard*, Columbia Law School Scholarship Archive, https://scholarship.law.columbia.edu/cgi/viewcontent.cgi?article=3293&context=faculty_scholarship,访问日期:2023年6月30日。

4. Ganesh Sitaraman, *Taking Antitrust Away from the Courts: A Structural Approach to Reversing the Second Age of Monopoly Power*, Roosevelt Institute, https://rooseveltinstitute.org/publications/taking-antitrust-away-from-the-courts/,访问日期:2023年6月30日。

5. Douglas Ginsburg, *Judging a Book: Ginsburg Reviews “The Curse of Bigness”*, Law360, https://www.law360.com/articles/1099074,访问日期:2023

年 6 月 30 日。

6. Diana Moss, *The Consumer Welfare Standard in Antitrust: Outdated or a Harbor in a Sea of Doubt? Testimony Before the United States Senate Committee on the Judiciary Subcommittee on Antitrust, Competition and Consumer Right*, United States Senate Committee on the Judiciary, https://www.judiciary.senate.gov/download/12-13-17-moss-testimony,访问日期:2023 年 6 月 20 日。

7. Barry C. Lynn, *The Consumer Welfare Standard in Antitrust: Outdated or a Harbor in a Sea of Doubt? Testimony Before the United States Senate Committee on the Judiciary Subcommittee on Antitrust, Competition and Consumer Right*, United States Senate Committee on the Judiciary, https://www.judiciary.senate.gov/download/12-13-17-Lynn-testimony,访问日期:2023 年 6 月 20 日。

8. Charles James, *Guiding Principles and Recommended Practices for Merger Notification*, Antitrust Division of U. S. Department of Justice, https://www.justice.gov/atr/file/519691/download,访问日期:2023 年 6 月 20 日。

9. Bruno Salcedo, *Pricing Algorithms and Tacit Collusion*, Bruno Salcedo, http://brunosalcedo.com/docs/collusion.pdf,访问日期:2023 年 6 月 20 日。

后　记

相续，乃人生的旅程，尽管每个人的生命都是断代史。学术，乃人类的相续，尽管每个人的思想亦是断代史，甚至可能是段年史。无论如何，思索深邃终究是存在的价值所依，至少于我如此。

在和平仍是世界某些地区的乌托邦的岁月，人类却已基本克服了 21 世纪第三个 10 年伊始爆发的世纪病毒肆虐。遗憾的是，许多人不幸地过早地离开了这个值得他们继续挥洒人生的美好世界。于此，在尚有一丝气息时，吾将这份研究成果继续整理付梓，以对已进行的研究做一个交代。当然，这可能是为了更好地开展另一个国家社科基金项目（《构筑国家竞争新优势视域下超大型平台的反垄断法规制研究》）的研究，以避免研究上的前后过度牵扯，尽管本书中已开始不得不涉及新项目的相关内容。

此处的思绪主要是为了表示谢忱，而非其他！首先最希冀表达的是，对所有对我传道授业解惑的老师表示感谢！无论他们对我是记忆深刻还是根本无顾，无论他们已仙逝还是健在——其中包括我的祖父——我的最重要的启蒙老师，他们都曾将知识传承于我，也使得我可以接续知识！

当然，也要对我的学术同仁表示感谢！正是与诸君无数次的交流，使得我的思考更加冷静、执着、勇敢。他们有的是令人崇敬的长者，有的是睿智的同龄人，有的是青年智者。

此外，也感谢在课题研究中提供诸多支持的人！其中包括校、省、国家社科基金规划办的老师、匿名评审专家！也非常感谢法律出版社的编辑们的辛勤工作！

于此，也感谢我曾指导的研究生朱佳姮、夏雨珊、周凤鑫、张敏、黄钎格、冯帮宣等协助我进行本课题研究阶段的一些资料收集和文字校对工作！

最后,更要感谢我的家人！没有你们的支持和理解,这部著作不可能这么早完成并付诸出版!

王炳于石头城

二〇二三年高秋